◎ 龙岩学院博士科研启动项目（LB2018005）
◎ 福建省教育厅中青年教师教育科研项目（JAS19356）阶段性成果

知识产权保护视角下
中国货物和服务贸易出口发展研究

A Research on Export Development of China's Goods and Services Trade from the Perspective of Intellectual Property Protection

◎ 杨林燕　著

西安交通大学出版社
XI'AN JIAOTONG UNIVERSITY PRESS

图书在版编目（CIP）数据

知识产权保护视角下中国货物和服务贸易出口发展研究 / 杨林燕著．—西安：西安交通大学出版社，2020.12

ISBN 978-7-5605-7976-4

Ⅰ．①知… Ⅱ．①杨… Ⅲ．①出口贸易－知识产权保护－研究－中国 Ⅳ．①D923.404

中国版本图书馆 CIP 数据核字（2020）第 189853 号

书　　名　知识产权保护视角下中国货物和服务贸易出口发展研究
著　　者　杨林燕
责任编辑　张瑞娟
责任校对　李　文

出版发行　西安交通大学出版社
（西安市兴庆南路 1 号　邮政编码 710048）
网　　址　http://www.xjtupress.com
电　　话　（029）82668357　82667874（发行中心）
（029）82668315（总编办）
传　　真　（029）82668280
印　　刷　湖南省众鑫印务有限公司

开　　本　710mm×1000mm　1/16　印张　17　字数　263 千字
版次印次　2021 年 3 月第 1 版　2021 年 3 月第 1 次印刷
书　　号　ISBN 978-7-5605-7976-4
定　　价　98.00 元

如发现印装质量问题，请与本社发行中心联系调换。

杨林燕　龙岩学院经济与管理学院讲师，中级经济师，经济学博士，福建省商务厅外贸专家库成员。在《国际贸易问题》《中国经济问题》《中国科技论坛》等期刊发表学术论文二十余篇，参与教育部人文社科规划基金项目、福建省“软科学”项目等多项课题，主持福建省教育厅中青年教师教育科研项目、龙岩市社科规划重点项目、龙岩市第四次全国经济普查重点项目等多项课题，曾获2016年湖北省社会科学优秀成果奖三等奖。

前　言

对外贸易是拉动中国经济增长的重要引擎之一。对外贸易的发展加快了中国参与全球化的进程，助推了中国经济的崛起。改革开放40多年来，中国的对外贸易取得了举世瞩目的成就。中国的货物贸易进出口总额从改革开放之初的200亿美元增长到2018年的46 224.2亿美元，年均增长率约为14.62%。2013年中国超越美国，成为世界第一货物贸易大国，这是中国对外贸易发展道路上的一个新里程碑。中国的货物贸易出口额从1978年的97.5亿美元增长到2018年的24 866.8亿美元，年均增长率约为14.50%。中国服务贸易进出口总额从1982年的44亿美元增长至2018年的7 918.81亿美元，位居全球第二。进入21世纪以来，随着科学技术的进步和全球经济一体化趋势的深入发展，中国货物和服务贸易出口结构不断优化。从2010年开始，中国工业制成品占货物贸易出口总额的比重基本维持在95%左右，工业制成品占据了绝对的主导地位；其中，高新技术产品出口额占货物贸易出口总额的比重呈不断上升趋势，从2002年的20.80%逐渐上升到2018年的30.16%。中国加入世界贸易组织后，保险、金融、知识产权使用及电信、计算机和信息服务等新兴服务业发展迅速，服务贸易出口结构也不断优化。2002—2018年我国保险服务、金融服务、通信、计算机和信息服务出口年均增长率均超过25%，占服务贸易出口总额的比重呈逐渐上升趋势。

在经济全球化和贸易自由化进程不断加快的背景下，世界各国间的货物和服务贸易往来更加频繁。科技进步引致知识型商品和服务贸易量不断增加，与贸易产品相关的知识产权保护问题也受到各国普遍关注。《与贸易有关的知识产权协定》

（*Agreement on Trade-Related Aspects of Intellectual Property Rights*，TRIPs）签署后，国际贸易参与国都普遍采取了各种知识产权保护措施，知识产权保护制度在一国的生产制造和对外贸易中也发挥着越来越重要的作用。中国自2008年实施《国家知识产权战略纲要》以来，知识产权的相关法律法规体系不断完善，知识产权创造水平得到有效提升，知识产权执法保护更加严格，知识产权的运用效益逐渐显现，知识产权管理能力得到极大增强，知识产权的国际交流与合作向纵深发展。处于转型期的中国，如何通过加强知识产权保护制度优化出口产品结构，提升本国出口产品在国际市场的竞争力，这一热点问题备受国内外研究者的关注。关于知识产权保护对中国货物和服务贸易出口影响效应的理论与实证研究，可以为优化出口产品结构和提升出口贸易竞争力提供决策参考。

本书共分为九章，总体可以分为研究基础、理论研究、现状分析、实证研究和研究总结五个部分。

第一部分研究基础，即第一章，主要介绍本书的研究背景以及研究意义，并对国内外相关文献进行系统回顾与评述，进而阐述本书的研究内容、研究方法和创新点。

第二部分理论研究，主要是规范分析，包括第二章和第三章。第二章主要总结国际贸易中的知识产权保护相关理论，涉及法学、经济学、国际贸易学，在此基础上探析知识产权保护与国际贸易挂钩的直接依据。第三章主要分析知识产权保护对货物和服务贸易出口的影响机理。

第三部分现状分析，包括第四章和第五章。第四章主要对中国知识产权保护现状进行分析，并运用修正的G-P指数，结合立法水平、执法力度的测算指标，来估算中国整体、各个地区及工业行业的知识产权保护水平。第五章主要对中国货物和服务出口的现状进行分析并在此基础上测算货物和服务贸易出口技术复杂度指数和出口比较优势指数。

第四部分实证研究，主要从实证检验的角度分析知识产权保护强度对货物和服务贸易出口的影响效应，具体包括第六、七、八章三章内容。第六章主要基于异质性企业理论，采用扩展的引力模型来实证分析知识产权保护对中国货物贸易和服务贸易出口量的影响效应，包含“扩展边际”和“集约边际”的影响效应。第七章主要从出口产品技术含量的角度分析知识产权保护强度对中国货物贸易和服务贸易出口技术复杂度的影响效应。第八章采用计量模型考察知识产权保护强度对中国货物贸易和服务贸易出口比较优势的影响效应。

第五部分研究总结，即第九章，总结全书主要的研究结论，分别从政府、行业协会和企业层面提出优化知识产权保护、促进货物和服务出口发展的政策建议，并指出本书存在的不足，对未来的研究进行展望。

本书得到了华中科技大学李昭华教授、刘海云教授、方齐云教授、张建华教授，龙岩学院蔡立雄教授、黄可权副教授、郑国诜副教授等专家的指导，感谢他们对本书提出的宝贵意见。当然，鉴于作者的水平和能力有限，不妥之处也敬请各位读者批评指正。

本书的出版，获得了龙岩学院“奇迈书系”出版基金资助——感激在心。

杨林燕

2020年2月于福建龙岩

目　录

第一章 导 论

第一节 研究背景与意义

一、研究背景

20世纪90年代以来，中国出口贸易增长迅速，1992—2018年的年均增速远高于同期国内生产总值的年均增长率，出口贸易成为拉动中国经济增长的“三驾马车”之一。海关统计数据显示，2018年中国货物进出口总额为30.51万亿元人民币，比2017年增长9.7%。然而，中国对外贸易面临的压力从未减小，且有持续增大之势。近五年来中国出口贸易增长速度明显放缓，不仅对发达国家的出口贸易增长速度减缓了，而且对一部分贸易往来密切的发展中国家的出口增幅也下降了。与此同时，人民币持续升值，极大地削弱了中国出口产品的价格竞争优势，过去因劳动力价格低廉而带来的成本优势正逐渐消失。2008年全球金融危机爆发之后，各国经济复苏之路举步维艰，发达国家贸易保护主义逐步回升且呈现加强趋势，发展中国家为缓解国内经济压力，也采取各种形式的贸易保护主义。在众多的贸易保护政策中，由于知识产权保护具有更强的隐蔽性，所以它正逐渐成为各国保护本国市场的重要手段之一。国家知识产权局发布的统计报告显示，近年来，中国出口企业遭遇的国外知识产权纠纷呈明显上升趋势，其带来的损害赔偿动辄上亿美元，使中国出口贸易发展面临严峻的挑战。价格优势逐渐消失导致产品竞争力的下滑，频繁遭遇知识产权壁垒让许多中国出口企业雪上加霜。如何利用知识产权保护来解决上述问题需要认真思考。

新兴技术在20世纪90年代初期开始大量涌现，加速了经济全球化的步伐，这也意味着人力资本、物质资本和知识技术等生产要素的全球统一配置时代的到来。高新技术产业逐渐成为发达国家的主导产业，经济发展势头较强劲的发展中国家紧随发达国家的步伐，将信息、通信、生物等产业纳入国家战略性新兴产业发展规划。在科学技术日新月异，对外投资持续高涨，国际贸易更加自由和开放的背景下，各国知识产权保护也呈逐渐加强的趋势。与此同时，世界贸易受知识产权保护的影响从这一时期也开始逐步增强。一方面，国际贸易中的知识产权贸易量大幅度提升，促使各国更加重视各个行业的知识产权保护。首先，随着全球经济向知识经济过渡和发展，货物和服务贸易中的知识产权含量占比呈现逐渐增加趋势，贸易产品结构出现重大变化，从以劳动力、资源、资本密集型产品为主导产品，逐渐转化为以知识和技术密集型产品为主导产品。知识产权以多种存在形式融入全球贸易中，例如，直接作为贸易标的，即以知识产权贸易的形式存在；隐含于各种新发明新创造中，即以高科技产品贸易的形式存在；抑或是通过对现有技术的改进和升级融入技术服务贸易中。上述各种情形都会促使贸易参与国比以往任何一个时代都更明白知识产权保护的重要性。其次，发明创新是一国竞争力的重要源泉。为确保创新源泉不中断，能够持续提升竞争优势，国家就必须采取有效的措施来鼓励发明创新。可行且必要的措施之一就是赋予发明创造者专有权和知识产权，然后通过法律制度来保障这些权利。知识产权不仅能成为对外贸易的竞争优势，而且对贸易模式有重要影响。知识产权能否成为核心竞争优势的来源，很大程度上取决于一国是否拥有完善的知识产权保护制度。另一方面，世界贸易组织（World Trade Organization，WTO）《与贸易有关的知识产权协定》的签署对成员方的知识产权保护提出了更高的要求。《与贸易有关的知识产权协定》是多边贸易体制的重要支柱，该协定详细规定了知识产权国际保护的范围、标准及执法措施。世界贸易组织的成员方必须遵守该协定的各项规定，提高国内知识产权保护的标准，实施更严格的知识产权保护措施。

知识产权在知识经济背景下的主导地位日益凸显。劳动力、土地和资本是工业化时代最重要的三大生产要素，而在知识经济时代，这三大生产要素都需要给知识、技术、知识产权这些更高级的生产要素让位。有研究表明，知识产权在国际贸易中具备生产要素的特征。知识产权已成为研发创新、经济增长、利润积累的核心生产要素之一，成为各国在信息技术、生物医学、电子通信和新能源开发等领域的关键支撑点之一，并且日益成为行业竞争优势的重要动力来源。因此，构建知识产权发展战略越来越受各国政府的重视，各国政府采取多样化措施鼓励国内企业加大高新技术产品的研发力度，提升一国的出口竞争力，以期在国际出口市场上占据重要席位。此外，拥有自主知识产权，一方面，可以降低进一步研发面临的不确定性和分散新产品投入市场的风险；另一方面，可以减少遭遇国际贸易中知识产权的侵权起诉。对于知识产权及其保护，发展中国家出口企业的重视程度远低于工业化国家的出口企业；工业化国家的出口企业既能够利用知识产权提升研发能力，又能从中获取高额的垄断利润。

近年来，中国一直致力于知识产权事业建设，取得了令人瞩目的成就。国家知识产权局统计年报显示，2001—2018 年中国的发明专利、实用新型与外观设计的申请量和授权量均呈逐年增加趋势；截至 2018 年 12 月，中国国内外三种专利有效量累计达到 8 380 588 件，其中有效发明专利占比为 28.2%，有效实用新型占比为 52.5%，有效外观设计占比为 19.2%。注册商标申请量、著作权登记量等知识产权各领域成就卓越。近些年来，中国知识产权保护立法措施不断改善，但立法完备并不代表执法到位。改革开放催生了多元化的社会生活，为追逐高额利润，各种侵权行为屡见不鲜，越来越多的人强烈要求实行更加严格的知识产权保护执法。WTO 内中国知识产权第一案以及目前中外贸易摩擦的焦点都集中在知识产权保护的执行上。

知识产权是一国或地区在国际市场上展现竞争优势的关键要素之一。知识经济背景下，一国或地区在更高层次上或更广范围内参与国际市场竞争，必须要有知识产权作为支柱，而一国或地区对外贸易的持续稳定发展更是离不开知识产权及知识产权保护的支持。知识产权保护的有效实施，一方面，有助于维护有序的市场竞争，进而激励研发创新；另一方面，能够为无形的知识扩散和正当地被使用提供制度保障，进而使知识产权所有人或专有者获得显著的垄断优势。目前，与知识产权相关的贸易逐渐盛行。一方面，知识产权本身可以成为独立的贸易客体，即以知识产权为标的的知识产权贸易；另一方面，随着贸易产品中知识产权含量的不断扩大，对外贸易结构的调整升级也加快了。研究知识产权保护对中国出口贸易的影响效应，探索中国出口贸易发展新路径，是中国经济发展过程中必须重视的问题。本书的研究正是基于这一背景展开的。

二、研究目的

中国对外贸易发展中，对知识产权问题的关注始于20世纪90年代中美贸易中的知识产权问题谈判。此后，中国的知识产权事业开始进入快速发展的时期。随着中国参与国际贸易的程度越来越深，与全球经济的融合度越来越高，中国对外贸易中的知识产权保护问题也进入了一个特别的敏感期，国际知识产权强保护趋势对中国对外贸易的影响、中外频发的知识产权贸易摩擦等问题引起了广泛的关注和研究。如何应对中国对外贸易中的知识产权问题，已成为一项迫切需要解决的课题。在经济全球化背景下，中国知识产权保护处于什么样的水平？中国知识产权保护能否适应知识经济时代对知识产权竞争的需求？中国知识产权保护对其货物和服务贸易出口又有什么样的影响效应？以上均为本书试图研究并回答的问题。

三、研究意义

自20世纪90年代以来，中国知识产权保护的逐步加强对国内工业行业的研发创新、生产制造带来了前所未有的冲击，特别是对中国进出口贸易结构的影响尤为强大。维护对外贸易关系是中国知识产权制度发展的外在压力。知识产权保护与中国的进出口贸易相互影响。提高知识产权保护的水平，既是增强中国相关产业出口产品竞争力的重要手段，也是出口利益得以保障的重要举措。用全新的视角审视中国知识产权保护对货物和服务贸易出口的影响效应，具有重大的理论意义和现实意义。

(一) 理论意义

国内外学者关于知识产权保护对国际贸易影响的理论研究大多基于北方国家

创新、南方国家模仿的南北贸易模型分析框架，认为南方国家加强知识产权保护，一方面，可以阻止其对北方国家出口贸易产品的模仿，促使北方国家出口企业扩大对南方国家的出口贸易规模，即获得“市场扩张效应”；另一方面，南方国家知识产权保护的加强也会降低当地企业的模仿能力，使得北方国家出口企业在当地市场可以获得“市场垄断势力效应”，即南方国家知识产权保护的加强会引致两个相反的力量。理论上，这两个相反的力量博弈的结果是知识产权保护对国际贸易的影响具有非常大的不确定性，而且已有研究局限于北方国家向南方国家出口的贸易模式。因此，本书从南方国家研发创新和出口的角度考察中国知识产权保护的加强对其出口贸易的影响机制和作用，不仅拓展了知识产权保护对国际贸易影响的理论研究的广度，也可以为后续的相关研究提供一定的理论参考。

（二）现实意义

在知识产权保护与国际贸易关系日趋紧密，各国越来越重视知识产权保护的形势下，发展中国家只有加强自身知识产权保护，才能增强本土企业不断创新的动力和提升出口产品的国际市场竞争优势。鉴于此，我们有必要分析和探索中国知识产权保护与出口贸易之间的关系。本书通过对中国知识产权保护现状和对外贸易发展状况的分析，探索知识产权保护影响出口贸易的机理；通过测算中国知识产权保护水平、货物和服务贸易出口二元边际、出口技术复杂度和出口比较优势，分析知识产权保护对中国出口二元边际、出口技术复杂度和出口比较优势的影响；在此基础上为提高中国的知识产权保护水平和提升对外贸易竞争力提供一定的政策建议。这对于中国适应整个经济环境的变换、积极调整对外贸易发展策略、更进一步提升对外贸易比较优势及竞争优势都有重要的现实指导意义。

第二节 文献综述

国内外学者关于知识产权保护与国际贸易关系的命题研究，从不同的视角出发，采用不同的方法，得出了许多相似或完全不同的研究结论。已有文献主要从知识产权保护对国际贸易量、国际贸易模式和国际贸易动态利益等三个方面的影响来展开。下面分别就各个方面的影响做一个综述。

一、知识产权保护对国际贸易量的影响研究

知识产权保护作为一种重要的制度安排，对各国的进出口贸易都有重要的影响，保护程度的强弱与国际贸易量的增加或减少都密切相关。已有文献研究表明，知识产权保护已经成为影响一国对外贸易发展的重要制度因素。国内外众多学者就知识产权保护对国际贸易量的影响效应和作用机制进行了大量研究。

（一）对总体和行业贸易量的影响研究

Maskus et al.（1995）最早开展了知识产权保护对国际贸易流量影响的基础性研究，研究表明，理论上，知识产权保护强度会使一国对外贸易朝两个相反的方向发展，即会出现“市场扩张效应”（market expansion effect）和“市场势力效应”（market power effect）。市场势力效应是指发展中国家加强知识产权保护会限制本土企业进行模仿，使得发达国家出口的产品在本土市场能够获得“垄断势力”。因此，拥有这种垄断势力的出口企业可以通过提高价格、减少出口量，获得较丰厚的垄断利润，结果导致其对发展中国家的出口贸易量相应减少。市场扩张效应是指由于发展中国家实施更强的知识产权保护，发达国家企业出口到本地市场上的产品能够得到较好的保护，因而发达国家出口企业会更有信心和决心扩大对发展中国家的出口规模。上述两种效应实际上是加强知识产权保护所引致的两个相反的力量，即发展中国家加强知识产权保护会使发达国家出口企业面临两种方向相反的选择：市场势力效应将会降低发展中国家消费者对发达国家出口企业的产品的市场需求弹性，使得出口企业缩减出口份额，而市场扩张效应将会诱致出口企业增加出口份额。由于知识产权保护的两种效应引致出口贸易量朝两个相反的方向变化，因此其对发达国家出口贸易量的影响作用具有不确定性。在理论分析的基础上，Maskus et al.（1995）运用扩展的垄断竞争模型，以专利保护衡量知识产权保护水平，采用 22 个经济合作与发展组织（Organization for Economic Co-operation and Development，OECD）国家 1984 年出口到 71 个发展中国家的样本数据进行实

证分析，结果发现这些发展中国家的知识产权保护强度对 OECD 国家扩大对其的出口贸易量有显著的正向作用；将制造业按照专利敏感性进行细分，实证分析结果进一步表明知识产权保护强度对不同专利敏感性行业的影响显著不同；具体而言，发展中国家知识产权保护的加强对来自发达国家低专利保护要求的行业出口的影响非常显著且系数为正，而对来自发达国家高专利保护要求的行业出口的影响却不显著。上述研究仅仅考虑了知识产权保护强度对单一出口的影响，没有考虑企业的多种国际化方式，例如投资、许可转让等。

Maskus（1998）进一步实证分析了知识产权保护对美国跨国公司进入国际市场的多种选择方式的影响，结果发现出口目的国的知识产权保护强度与跨国公司的对外直接销售密切相关。发展中国家的样本数据显示，专利保护的加强能显著增加跨国公司对其的出口和投资。Smith（2001）进行了类似的研究，利用 1989 年美国跨国公司的横截面数据，分析了东道国知识产权保护强度对美国跨国公司对外直接销售、对外直接投资及许可转让等多方面的影响，结果发现，模仿能力较强的东道国加强知识产权保护对美国跨国公司的对外销售和许可转让有显著为正的影响，这主要是由于严格的知识产权保护会减少跨国公司将知识产权进行内部化处理，进而促使其更偏向于许可转让而非销售或出口。实证分析结果清晰地表明，如果将跨国公司的多种国际化合作方式考虑在内，那么东道国加强知识产权保护反而会降低其对美国跨国公司出口的影响。Yang et al.（2001）重点分析了国际专利保护强度对美国跨国公司国际技术出口贸易量的影响，实证结果表明，出口目的国的专利保护强度达到或超过某一临界值时，会通过专利和技术许可转让费用的传导机制来影响技术出口贸易，而且技术输入国专利保护强度的加强会显著增加美国跨国公司的专利和技术许可转让费用，也即会增加美国跨国公司的技术输出。上述研究基本基于美国跨国公司的样本数据，考察了东道国知识产权保护强度对美国跨国公司选择进入国际市场方式的影响，主要局限于对美国的研究，而且样本数据大多是单一年份的截面数据。

关于知识产权保护对具体行业的实证研究文献较多。Fink et al.（2005）采用双边行业贸易截面数据考察知识产权保护强度对行业出口贸易的影响，结果表明，知识产权保护的加强能显著增加非燃料行业的双边贸易，而对高科技行业双边贸易的影响却不显著。不显著的原因有可能是出口的高科技产品中绝大部分对目的国知识产权保护制度不敏感，也有可能是目的市场国知识产权保护强度的提高会让原有的出口厂商选择更适宜的对外投资或许可转让，还有可能是由于目的市场国加强知识产权保护所引致的两种市场效应（市场扩张效应和市场势力效应）彼此抵消了。由于出现了与理论预期不相符的实证结果，所以需要更进一步地深入分析和探索。Yang et al.（2006）基于美国1990—2000年出口植物种子到60个国家的样本数据，运用动态面板模型考察知识产权保护对美国农业贸易的影响效应。研究结果显示，进口国知识产权保护的加强并未显著增加与美国的进口贸易，即进口国是否严格遵循知识产权保护协定对美国植物种子的出口并没有显著的差异。Yang等给出的解释是农产品与工业制成品有很大的差异，包括产品的生产制造成本、产品生命周期、研发成本、专利申请、保护期限等多方面都与工业制成品不相同，因此知识产权保护强度对农产品贸易的影响与其对制造业行业贸易的影响存在较大差别。Doanh et al.（2007）基于引力模型，采用7个东南亚国家对10个主要贸易伙伴国1990年、1995年、2000年的进出口数据考察知识产权保护强度对东南亚国家进出口贸易的影响，结果表明，进口国（非东南亚国家）知识产权保护强度的加强对东南亚国家的出口贸易有显著影响，证实了市场扩张效应的存在，尤其是化学、机械和运输设备等高技术行业的影响效应更大；东南亚国家加强知识产权保护对其自身进口有显著的负效应，表明市场势力效应占主导，影响效应较大的行业包括制造业、饮料和烟草行业。Ivus（2010a）采用发达国家出口高科技产品的贸易数据，将发展中进口国按照曾经是否是英、法的殖民地进行划分，控制宗主国与殖民地的历史关系引致的贸易流量，同时以TRIPs的签署时间为界，将研究的时间范围划分为两个阶段，实证分析结果显示，发展中国家知识产权保护强度的提高显著促进了发达国家高科技产品的出口，且该出口额的增加主要是由出口数量的增长带来的，而并非由价格提升导致。Delgado et al.（2013）考察了158个WTO成员方1993—2009年知识产权保护的实施情况对知识密集型产品贸易的影响，研究表明，知识密集型产品贸易量在TRIPs实施后显著增加了，发展中国家从高收入国家进口的知识密集型产品集中在信息和通信行业，即 TRIPs 的实施对高收入国家向发展中国家进行技术扩散的推动作用呈现行业差异性。上述研究有一个共同之处，即都着重分析知识产权保护强度对具体行业出口贸易量的直接影响，未考虑其他因素的间接影响。

由于大部分发展中国家的技术发展水平较弱，很难进行完全独立的研发创新，因此会选择通过模仿发达国家先进的技术成果来逐步提升自身的技术水平。发达国家为维持技术领先优势，选择出口目的国时也会相应地考虑目的市场国的模仿能力。Smith（1999）采用 1992 年美国 50 个州和哥伦比亚特区对 96 个国家的出口贸易数据进行实证研究，重点考察美国出口贸易对各国不同的知识产权保护水平的敏感性。Smith 运用 Rapp et al.（1999）和 Ginarte et al.（1997）测度一国知识产权保护强度的方法来衡量进口国的知识产权保护水平，同时将目的市场国按照经济发展水平分为高收入国家、中高收入国家、中低收入国家和低收入国家。实证研究结果显示，进口国的知识产权保护水平显著影响美国的出口贸易，但影响的方向如何取决于进口国模仿威胁的程度。具体而言，具有强模仿威胁和弱专利保护的国家是美国出口的一个壁垒，而知识产权保护能提升市场势力效应的国家，其模仿威胁往往较弱，这些国家加强知识产权保护能提高由专利保护获得的垄断势力，因而减少美国对这些国家的出口；进一步研究发现，美国出口贸易量的变化对于 WTO 框架下实施更强的知识产权保护的反应是显著的，倾向于出口专利敏感型产品的州对于实施更严格的知识产权保护的回应比其他州要积极得多。Smith（2001）实证考察了外国专利保护强度对美国药品行业出口的影响效应，研究发现，对于模仿能力弱的国家，其专利保护强度的加强会提升美国药品出口企业在当地的市场势力效应，相应地，对于模仿能力强的国家，其专利保护强度的加强会提升美国药品出口企业在当地的市场扩张效应。Rafiquzzaman（2002）拓展了 Smith（1999）的研究，采用加拿大 1990 年出口到 76 个国家的 22 类制造业产品的贸易数据，运用国际贸易引力模型考察加拿大出口贸易对进口国专利保护制度的敏感性。实证分析的结果表明，加拿大更倾向于出口到专利权能够得到高度保护的那些国家，收入水平越高、专利保护强度越强的国家对加拿大出口贸易越具有吸引力，对高收入国家的总体出口远高于对低收入国家的出口。此外，专利保护权的加强会促使其增加对具有强模仿威胁的国家的出口，而降低对弱模仿威胁的国家的出口。Co（2004）采用美国1970—1992年间出口到71个国家的面板数据，运用随机效应模型分析了进口国专利制度对美国出口的影响，结果显示，进口国专利保护制度对美国出口的影响受到进口国模仿能力的制约，对于拥有“平均”模仿能力的国家，专利保护指数每上升一个单位，美国研发密集型行业出口额会增加4%~9%，而非研发密集型行业出口额则会下降8%~11%。Mawali（2005）采用1995年、2000年南非与50个贸易伙伴国的双边产业内贸易数据，分析研究了模仿能力和知识产权保护两者的共同作用对双边产业内贸易流的影响。回归方程估计结果表明，当分开考虑知识产权保护和模仿能力时，两者都不是产业内贸易流的重要影响因素；但是，当使用两者的交互变量时，对双边产业内贸易流就具有重要影响了。信息产品贸易对知识产权保护极其敏感，且模仿威胁对信息产品贸易的影响与其对制造业出口贸易的影响有显著差别（Weng et al.，2009）。基于动态变化，Weng et al.（2009）采用美国1997—2005年间信息产品出口数据检验目的国知识产权保护强度和模仿威胁程度对美国信息产品出口贸易的作用效应，实证研究发现，目的国知识产权保护强度的加强总体上对贸易有提升作用，再次证实了更强的知识产权保护会引致更多的贸易。Weng et al.（2009）采用“盗版率”作为模仿威胁的代理变量考察知识产权保护与信息产品贸易间的关系，实证研究发现，无论进口国模仿威胁的程度是高还是低，都证实了市场扩张效应的存在，这主要是由于信息产品复制所需要的技术水平和生产成本都极其低。该研究结果表明，现有的模仿威胁理论也许并不适用于信息产品贸易。国内学者余长林（2010）也进行了类似的研究，采用美国1976—2000年间出口发展中国家的面板数据，构建贸易引力模型，基于东道国的经济发展水平、模仿威胁程度、关税率等多种差异因素，分析了东道国知识产权保护的加强对美国出口贸易的影响，将发展中进口国按照经济发展水平划分为高、中、低收入三种类型的国家，着重检验随着进口国知识产权保护强度的加强，美国出口贸易在进口国是否存在Maskus et al.（1995）所指出的两种效应。研究结果显示，美国出口贸易在高收入国家具有显著的市场势力效应，且高于市场扩张效应；在中等收入国家则相反；而低收入国家的结果与高收入国家类似。此外，知识产权保护强度对美国出口贸易在不同模仿能力的进口国市场上的影响效应也不同。以上关于发达国家出口贸易的研究融入了进口国模仿威胁对其的影响，主要采用美国和加拿大这两个发达经济体的样本数据。Falvey et al.（2009）的实证研究则将其扩展到美国、德国、英国等5个发达国家，基于这5个发达经济体1970—1999年间对69个国家（包含发达国家和发展中国家）的制造业出口贸易数据，运用门限回归方法分析一国的模仿能力对出口贸易的影响时，考虑了模仿能力和市场规模的交互作用，实证分析的结果表明，知识产权保护强度与出口贸易流之间并不是线性关系，进口国知识产权保护强度是否会影响出口贸易取决于进口国的经济发展水平、模仿能力和市场规模的大小，而且门限回归显示分行业和总体行业的出口影响效应不同。

上述研究结果表明，知识产权保护对国际贸易的影响可能受到一国经济发展水平和模仿能力的制约，知识产权保护对国际贸易的影响呈现一定的国别性差异特征。发达国家的出口企业进入国际市场的方式有多种，若要进入模仿能力较强的发展中国家，往往会选择具有较严格知识产权保护的国家作为目标市场国，只有这样才能降低被模仿和复制的风险，才有可能获得较丰厚的垄断利润；若要进入的目标国是属于低模仿威胁的，则对其知识产权保护的要求就没有那么高了。

（二）对贸易边际的影响研究

随着异质性企业贸易理论研究的深入，国外部分学者将其融入知识产权保护对国际贸易的影响分析。异质性企业贸易理论将国际贸易的增长分解为扩展边际和集约边际，前者主要表现为参与国际贸易经济体、贸易种类的增加，后者主要表现为贸易量、贸易价格的增加。关于知识产权保护对贸易边际影响的实证研究，典型的代表是Ivus（2010b），其采用美国1990—2005年间每隔5年的出口贸易数据，分别运用固定效应和随机效应模型分析了进口国知识产权保护强度对美国贸易边际的影响效应。研究发现，进口国知识产权保护强度的加强显著增加了美国的出口贸易边际，而且进口国知识产权保护强度的加强更多地影响美国出口贸易的扩展边际，而对集约边际的影响则要小得多，也即知识产权保护强度的变化主要影响美国出口贸易产品的种类和目标市场国的选择。在已有研究的基础上，Ivus（2012）采用 Feenstra et al.（2004）和 Hummels et al.（2005）的方法，用扩展边际表示出口产品种类，将集约边际分解为产品数量和产品价格，进一步将美国出口贸易划分为出口产品种类、出口产品数量和出口产品价格三个方面的内容，基于1990—2006 年美国制造业分行业对发展中国家的出口贸易数据，同时将 60 个发展中国家按照是否曾经是英法殖民地进行划分，分析了进口国知识产权保护强度对美国出口贸易边际的影响。实证分析的结果表明，发展中国家在 TRIPs 下加强知识产权保护能够使美国专利保护依赖型行业的出口额每年增长约 4.7%，这个增加完全是由出口产品种类的扩展而取得的。由新产品出口引致的美国出口额年增长率为 7.4%，已有出口产品的出口额缩减 2.8% 且单位价格上升。单位价格上升和已有出口产品数量下降的情况存在于大部分行业中，而产品种类的扩展局限于复杂产品行业，例如专用机械、办公和计算类机械、自动化零配件等行业。由于出口产品种类的扩展，发展中国家总体上从美国的进口是上升的，这也进一步表明需要将知识产权保护对出口贸易的影响进行细分。如果知识产权保护对出口贸易的影响仅用总体贸易额来衡量，那么知识产权保护促进新产品出口的作用将会被低估，而已有出口贸易额的下降却不能被观察到。Foster（2014）拓展了 Ivus（2012）的研究，采用 21 个 OECD 国家 1960—1999 年间出口到 109 个发达和发展中国家的面板数据，运用常见的贸易引力模型分析进口国知识产权保护对 OECD 国家出口贸易的影响。实证分析的结果表明，样本数据范围内的进口国知识产权保护能显著增加国际经合组织成员国对其的出口，而且对扩展边际的作用与其对总体出口贸易的作用相似，这就表明更强的知识产权保护能够增加出口产品种类（扩展边际）；但是知识产权保护对集约边际的影响却是显著为负的，这就表明更强的知识产权保护会减少出口贸易额。进一步将样本国家按照人均国内生产总值（Gross Domestic Product，GDP）、模仿能力进行划分，总体的回归结果（市场扩张效应）与未分类时相似，但是对不同国家的影响存在明显差异。特别是知识产权保护对 OECD 国家出口的市场扩张效应在市场规模较大、收入较低且模仿能力较高的国家更强。这一结果的出现主要是由知识产权保护对出口扩展边际较大的正向影响所驱动，而市场势力效应往往伴随着集约边际。

近年来，部分学者开始将研究视角投向发展中国家和地区的出口贸易，尤其是高科技产品的出口贸易。Liu et al.（2005）首次应用中国台湾地区的出口贸易数据分析国外专利保护对其出口的影响，基于 Maskus et al.（1995）和 Smith（1999）的模型研究框架，关注国外专利保护对中国台湾地区 1989—2000 年间半导体、信息和通信设备这三个知识密集型行业的出口影响，实证检验了三个命题：其一，当进口国显示出较强的模仿能力时，其对国外专利保护的改善能够通过市场扩张效应增加中国台湾地区对其的出口；当进口国显示出较弱的模仿能力时，其对国外专利保护的改善能够通过市场势力效应减少中国台湾地区对其的出口。其二，当进口国显示出较强的模仿威胁时，其对国外专利保护的改善会通过市场扩张效应增加中国台湾地区对其的出口；当进口国显示出较弱的模仿威胁时，其对国外专利保护的改善会通过市场势力效应减少中国台湾地区对其的出口。其三，如果进口国的研发能力比中国台湾地区更强，那么国外专利保护的改善会增加中国台湾地区对其的出口；如果进口国的研发能力比中国台湾地区更弱，那么当进口国显示出较强的模仿威胁时，国外专利保护的改善会通过市场扩张效应增加中国台湾地区对其的出口；当进口国显示出较弱的模仿威胁时，国外专利保护的改善会通过市场势力效应减少中国台湾地区对其的出口。Pradhan（2007）对印度医药制造业的出口数据研究发现，全球专利保护的加强对印度医药制品出口具有显著的出口扩张效应。

从进口国角度考察知识产权保护对发展中国家进口贸易的影响效应的文献较少。Awokuse et al.（2010）首次从中国进口贸易的角度出发，基于 Anderson et al.（2003）的双边贸易引力模型，采用中国 1991—2004 年间与 21 个 OECD 国家和 15 个非 OECD 国家的进口贸易样本数据，实证研究中国知识产权保护的提高能有效激励这些出口国对中国的出口贸易。这一结果进一步证实了具有较强模仿威胁的国家会通过市场扩张效应增加出口国对其的出口，且市场扩张效应在知识密集型行业更加显著；知识产权保护对来自 OECD 国家的技术驱动型产品的影响效应显著为正，而对来自非 OECD 国家的专利密集度不高的产品的影响效应更强。这一结果与 OECD 国家是知识产品的生产制造者和专利密集型产品的主要输出者的事实相吻合。沈国兵 等（2010）采用 1995—2006 年间中国从 44 个贸易伙伴国进口高科技产品的贸易数据，运用贸易引力模型，考察中国的知识产权保护对高技术产品进口贸易的影响效应。实证结果显示，中国知识产权保护水平对总体高技术产品进口贸易的回归系数为正，但是统计上不显著，这表明中国知识产权保护水平对其高技术产品的进口贸易没有明显的促进作用。具体而言，知识产权保护强度对美国、英国、德国等 24 个国家向中国出口高技术产品的影响在统计上不显著，而对马来西亚、爱尔兰、瑞典、加拿大等 20 个国家向中国出口高技术产品的影响在 10% 的置信水平下显著为正。这一实证结果表明，加强知识产权保护对中国从不同国家进口高技术产品具有较大的国别差异性。柒江艺 等（2011）基于类似的双边贸易引力模型，采用中国 1995—2008 年双边贸易 SITC 五位编码进口产品数据，在控制经济环境、人文制度等因素的基础上研究了知识产权保护对中国高技术产品进口的作用效应，结果发现，知识产权作为一种非贸易的制度安排，在一定程度上促进了中国高科技产品的进口贸易。余长林（2011）运用与 Awokuse et al.（2010）相类似的方法，采用中国 1991—2005 年间从 20 个高收入国家和 18 个低收入国家进口的贸易数据，实证分析了知识产权保护对中国总体制造业进口、分行业进口的作用效应，研究发现，其对不同来源国的不同行业的影响效应存在明显的差异。

二、知识产权保护对国际贸易模式的影响研究

关于知识产权保护对一国贸易模式的影响研究，已有学者关注得不多，代表性的是 Vichyanond（2009），其建立了一个简单的理论模型来分析知识产权保护强度对国际贸易模式的影响，专门考察了国家专利保护如何影响对创新具有不同依赖程度的行业出口贸易。该理论模型是一个连续产品的李嘉图模型，不同产品的生产需要使用不同密集度的劳动力和部门细化的中间产品。分析结果表明，低专利保护水平的国家中大部分是发展中国家，具有相对较高的专利保护水平的国家

对创新密集型行业进行专业化贸易，而专利保护水平很低的国家对非创新密集型行业进行专业化贸易。相反，专业化模式在具有高专利保护水平的国家间可能被逆转；专利保护水平特别高的国家在非创新密集型行业进行专业化贸易，而只具有合理的专利保护水平的国家往往在创新密集型行业进行专业化贸易。这种贸易模式逆转的背后原理是更高的专利保护激励创新活动的开展，采取严厉的保护措施暗含着专利产品的价格更高。一方面，中间产品种类的增加被削弱了，即更多的种类意味着每一种类型更低的均衡产出（挤出效应）；另一方面，专利保护的加强通过更高的专利产品加价（市场势力效应）对最终产品价格形成了一个向上的压力。绝大多数制度比较优势模型预期拥有行业制度专业化优越性的国家对制度是非常依赖的。与现有制度比较优势模型不同，Vichyanond 的研究表明更高的专利保护并不必然引致严重依赖于创新的行业进行专业化生产。也许存在一个门限会引致出相反的专业化模式。Vichyanond 进一步使用该模型实证检验这样的模式是否能够得到跨国贸易数据的支持，从而为一般的专业化模式和具有高专利保护水平的国家间贸易模式的转化提供事实支持。

三、知识产权保护对国际贸易动态利益的影响研究

学者们关于知识产权保护对一国贸易利益的影响研究起步较晚，大多仍然依托于南北贸易模型的分析框架。Connolly et al.（2005）将知识产权保护制度引入南北贸易模型，分析了知识产权保护对国际贸易动态利益的影响。南方国家通过进口和模仿研究可以获得来自北方国家创新的技术溢出，技术溢出影响北方国家创新企业和南方国家模仿企业的利益分配。研究表明，南方加强知识产权保护并非总是以牺牲自身的贸易利益 来增加北方国家企业的贸易利益，南方国家采取合适的知识产权保护强度会增加双方的贸易利益，尤其是在南方国家实行贸易自由化的情况下更显著；相应地，不合适的知识产权保护强度会减少双方的贸易利益，且双方实行完全相同的知识产权保护强度并不会使双方贸易利益最大化。

Yang et al.（2009）构建了一个拥有先进技术的北方国家企业通过出口或者技术授权转让方式进入南方国家的南北模型，来分析知识产权保护水平的提高如何

增强发展中国家生产厂商进入出口市场的能力的机制。他们先假定南北方国家企业在两个市场进行古诺竞争。研究发现，更强的知识产权保护将通过技术许可促进技术转让，降低南方国家出口企业生产的边际成本，从而增加其出口。南方国家如果技术吸收能力强，则知识产权保护的加强可以增加其福利，但是过强的知识产权保护又会减少竞争和福利。

综上所述，知识产权保护与国际贸易关系的研究，主要围绕着知识产权保护对国际贸易流量、国际贸易模式和国际贸易动态利益的影响来展开，其中关于知识产权保护对国际贸易流量的影响研究最多、最深入且达成了一些共识：第一，知识产权保护对国际贸易流量具有两个力量相反的作用效应，由于发展中国家知识产权保护水平的提高对发达国家的出口会形成市场扩张效应或者市场势力效应，这两种效应对出口贸易量的影响方向是相反的，因此需要具体情况具体分析；第二，出口国选择目的市场国时会考虑目的国的模仿能力和知识产权保护水平，如果目的国模仿能力弱或者不具有模仿威胁，那么知识产权保护水平即使很低，也不会引起出口国企业的过分担心，而如果目的国模仿能力很强或者具有潜在的强模仿威胁，则出口国企业选择是否进入目的国时会特别关注目的国的知识产权保护水平；第三，跨国公司进入海外市场的方式有多种，包括出口销售、对外投资、许可转让等，当目的国加强知识产权保护时，出口销售往往会被对外投资、许可转让等方式所替代；第四，发展中国家采取适宜的知识产权保护强度有可能会增加其与发达国家双方的贸易利益。

国外学者关于知识产权保护对国际贸易影响的理论和实证分析主要侧重于发达国家的出口贸易如何受发展中国家的知识产权保护的影响，尤其以美国的出口贸易研究居多，鲜见从发展中国家出口贸易的角度来分析。国内部分学者沿着这个思路，用中国的数据分析了中国的知识产权保护对进口贸易的作用效应。国内外学者对中国的知识产权保护对其出口贸易有何影响研究甚少。

第三节　研究内容与主要概念界定

一、研究内容

本书的主要内容分为九章，总体可以分为研究基础、理论研究、现状分析、实证研究和研究总结五个部分。

第一部分为研究基础，即第一章，主要介绍本书的研究背景以及研究意义，并对国内外相关文献进行系统回顾与评述，进而阐述本书的研究内容、研究方法和创新点。

第二部分为理论研究，主要是规范分析，包括第二章和第三章。第二章主要总结国际贸易中的知识产权保护相关理论，涉及法学、经济学、国际贸易学，在此基础上探析知识产权保护与国际贸易挂钩的直接依据。第三章主要分析知识产权保护对出口贸易发展的影响机理。

第三部分为现状分析，包括第四章和第五章。第四章主要对中国知识产权保护现状进行分析，并将修正的G-P指数与立法水平、执法力度的测度指标相结合来运用于估算中国整体、各个地区及工业行业的知识产权保护水平。第五章主要对中国货物和服务贸易出口的现状进行分析，并在此基础上测算货物和服务贸易出口技术复杂度指数和出口比较优势指数。

第四部分为实证研究，主要从实证检验的角度分析知识产权保护强度对货物和服务贸易出口的影响效应，具体包括第六、七、八章三章内容。第六章主要结合异质性企业理论，采用扩展的引力模型来实证分析知识产权保护对中国货物贸易和服务贸易出口量的影响效应，包含扩展边际和集约边际的影响效应。第七章主要从出口产品技术含量的角度分析知识产权保护强度对中国货物贸易和服务贸易出口技术复杂度的影响效应。第八章采用计量模型考察知识产权保护强度对中国货物贸易和服务贸易出口比较优势的影响效应。

第五部分为研究总结，即第九章，总结全书主要的研究结论，分别从政府、行业协会和企业层面提出优化知识产权保护、促进货物和服务出口的政策建议，并指出本书存在的不足，对未来的研究进行展望。

二、主要概念界定

首先，对知识产权保护的概念进行相关的界定。知识产权的客体是知识产品，它是法律赋予发明人的专有权或独占权，也是一种财产权，主要包括版权（著作权）和工业产权。尽管知识产权是无形的，但它同样具有价值和使用价值，与其他有形的产权一样，能得到法律的保护。国际贸易中的知识产权保护体系主要是一种法律制度安排，起源于古代罗马法，是罗马法中与财产权相关的法律制度演变的产物。知识财产法律化的理论依据主要来自于古罗马法中对“无体物”的私法原理界定。许多古典经济学家从不同角度阐述了劳动的价值理论：洛克阐释了通过个人劳动获得私有财产权的合理性和必要性；斯密将劳动成果与私人财产结合起来；萨伊则深入阐述了劳动创造无形产品的价值。知识作为一种智力劳动成果，根据古典劳动价值理论，知识劳动也具有价值，因此应该成为知识财产，获得相应的财产保护，这是知识价值论的本源。本书将知识产权保护界定为一种制度，即知识产权保护制度，包括相关的政策、法规，对贸易的影响来源于制度的激励和约束作用。根据中国国家知识产权保护局公开发布的信息，当前我国的知识产权保护制度包括法律保障和相关法律服务。前者主要是指由国家制定的与知识产权保护相关的法律法规及提供的司法和执法保障，后者主要包括专利信息公开制度、知识产权质押融资机制等政府部门提供的与知识产权相关的服务。知识产权保护制度产生的一个基本条件是知识成为一种财产，知识产权是市场经济的产物，具有激励社会创造与发明、加速社会财富的创造和积累的作用。知识产品具有典型的正外部性，因此，需要赋予知识产品以明确的私有产权，通过合理的法律途径保护知识产品创造者的垄断权利。如果能够实施有效的保护，知识产权所有人就更有动力去研发创新，进而有助于提高产品的竞争力和比较优势。如果缺乏有效的知识产权保护，知识产权所有人则会因遭遇侵权而面临经济损失。

其次，对出口贸易的概念进行界定。国际贸易按照商品的形态可以分为货物贸易和服务贸易。本书的出口贸易指货物贸易和服务贸易的出口。

第四节 研究方法和创新点

一、研究方法

本书采用规范分析和实证分析相结合的方法，以规范分析为依据，以实证分析为工具。实证分析以计量模型的定量分析为主。本书结合国际贸易理论，将行业层面出口行为融入双边贸易引力模型，利用面板数据模型和系统广义矩估计（Generalized Method of Moments，GMM）实证考察中国知识产权保护强度对出口贸易的影响效应。

二、主要创新点

本书的创新之处在于：

第一，知识产权保护水平测度方法的创新。在已有研究的基础上，重新从知识产权立法和执法角度选取满足时效性、合理性和实用性条件的多个指标进行加权综合来度量一国或一地区的立法水平和执法力度。

第二，货物和服务贸易出口竞争力指数测算的创新。利用行业层面的数据，测算了 2001—2018 年中国货物贸易出口的技术复杂度和出口比较优势。利用国家层面数据，测算了 2001—2018 年中国服务贸易出口的技术复杂度和出口比较优势。

第三，知识产权保护对货物和服务贸易出口影响实证分析的创新。与现有研究分析知识产权保护对总体和行业贸易的正向或负面影响效应不同，本书将知识产权保护对国际贸易的影响分为贸易产品种类增长的扩展边际和产品数量增长的集约边际，从更细化的行业层面揭示知识产权保护对出口贸易增长的作用效应；运用面板数据模型和系统 GMM 方法实证检验了知识产权保护对中国货物贸易出口技术复杂度及出口比较优势的影响。

第二章　知识产权保护的理论基础

第一节　外部性理论与知识产权保护

外部经济理论认为，外部性（externalities）是指个人的生产和消费不能通过市场真实地反映出来，即经济活动主体为此付出的成本或得到的收益不能通过合理的市场价格来直接影响其他个体的成本支出和收益。简单地说，外部性是某一个体对另一个体的非市场的影响效应。外部性经济效果通常包括生产和消费引致的外部性效果。不论是生产中的外部性效果，还是消费中的外部性效果，都可以再细分为正外部性效果（positive externalities）和负外部性效果（negative externalities）。正外部性是指某一个体的某项活动能够给其他社会个体一定的好处，而该提供者自身的付出却没有得到相应的补偿或者没有获得足够的报酬。负外部性是指某一个体实施某项活动会给社会上其他个体带来危害，但他自己却没有主动有效地支付足够的成本或者付出应有的代价用以抵偿给其他个体带来的危害。综上所述，正的外部性效果使个体私人的收益远远小于整个社会的收益，负的外部性效果使个体私人付出的成本远远低于社会为此承担的成本。这些显著的差异会大大降低市场资源的配置效率，更不能保证通过个体的活动引致整个社会福利朝最大化的趋势发展。

与知识和技能相关的产品在生产和消费环节给个体带来的收益要明显小于其对整个社会产生的收益。由于知识产品存在显著的正外部性效果，因此，外部经济理论能够为分析国际贸易中的知识产权保护问题提供一定的理论基础。知识产品的生产者和创造者能够给社会其他经济个体提供丰富的收益。知识产品是以无形资产的形式存在的，任何新发明、新设计、新工艺、新制作都属于知识产品，其生产制作不仅需要反复试验，更需要付出人的智慧，而且知识产品的创造通常会面临较大的不确定性，诸如长时间的研发投入与实际收益有差距，发明申请专利须长时期等待授权等，且新的发明创造遭遇的风险也比成熟产品研发面临的风险要大得多。因此，单一个体为完成知识产品的研发和生产需要付出的代价往往是非常大的。而任何个体的新发明都能够为其他社会个体带来或多或少的收益。某些重大的发明创造一旦成功，甚至可以为全社会乃至全人类的进步做出巨大的贡献，例如蒸汽机的发明为社会运输工具的飞速发展提供了充足的动力，电灯的发明彻底改变了人类社会的生活方式，计算机的发明是人类发展史上的一个重要里程碑。因此，在生产环节方面，知识和技能产品的生产者或发明者能够获得的收益远远小于整个社会的收益。对于知识产品的消费，单一个体通过自身的学习掌握了更多的知识，不仅可以提升自我的知识储备，而且会通过“外溢”效应影响和带动周边其他个体乃至群体对新知识的学习和认知，进而对整个人类社会的进步和文明程度的提高产生积极的影响。纵观人类社会的发展史，就是一个发明、创造、学习、积累的螺旋式上升发展史。因此，由于正外部性的存在，知识技术发明者带给整个社会的收益远远超过了个体能够得到的收益。在这样的情况下，知识产品的生产者能够或者说愿意提供给整个社会的知识产品就没办法满足实际的需求，导致知识产品的供给和需求没有办法得到平衡。因此，需要赋予知识产品以明确的私有产权，通过合理的法律途径保护知识产品创造者的合法利益。知识产品的创造者借助一定的垄断权利，可以通过向学习和使用知识产品的社会个体收取相应的费用来增加自己的收益。这样既可以为发明创造付出的成本和代价提供一定的补偿，又可以进一步激励知识产品的创造者生产出更多满足社会所需的知识产品。

知识产品正外部性的存在使得社会从知识技术创新中获得的收益远远高于个体创造者从中获得的报酬。知识产品的传播、扩散对社会进步的贡献大大超过了发明创造者、传播者能够获得的收益。因此，知识产品的生产和消费会大大低于社会所要求的合意水平。

通常情况下，知识创造者的私人个体收益要小于其他社会个体获得知识产品而付出的私人成本；知识产品市场一般为不完全竞争市场。图 2.1 中 *MR*、*SMR* 和 *MC* 三条线分别表示知识产品的个人边际收益、社会边际收益和个人边际成本。知识技术的创造者通常根据个人边际收益等于个人边际成本来确定最适宜的知识产品的生产量，即图中的 Q_1 这个点；但社会期望的最优的知识产品生产水平应该根据社会边际收益等于私人社会成本来确定，即最优的生产量应该为图中的 Q_2 点。Q_1 点和 Q_2 点之间的差额即知识产品的社会需求量大于单个知识产品生产创造者愿意供给的量，这表明知识生产者所得到的市场资源不能生产出满足社会需求的合意产量，进而影响整个社会知识产品的生产和使用。因此，为使社会资源得到合理有效的配置，促进社会收益朝福利最大化趋势发展，必须赋予知识产品生产创造者完善的私有产权，使知识产权成为激励知识生产创造的保障。

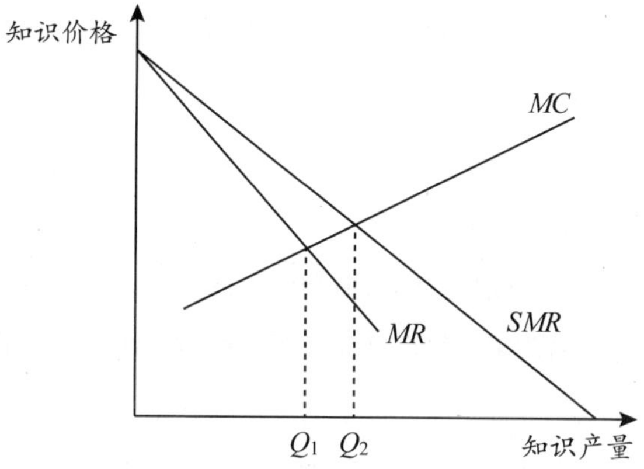

图2.1　知识生产外部性导致的资源配置无效

尽管知识和技能产品被定义为个体拥有的产品，但它仍拥有非排他性的公共物品属性，知识技术权利人无法借助单一的力量实现该产品的垄断收益，因此需要有较完善的知识产权保护制度为鼓励创造知识产品提供良好的制度保障。知识产权保护制度是一种立足于保护知识和技能产品所有者利益的法律制度，也拥有保护创新环境等多方面的法律功能。实施完善的知识产权保护制度，主要目的是通过赋予知识产品所有者有效的专有产权，鼓励其采用合理途径占领和控制市场，从而激励在更高层次上的良性竞争。

第二节　交易费用理论与知识产权保护

“交易费用”的思想最早是由著名经济学家罗纳德·科斯在1937年出版的《企业的性质》一书中提到的。20世纪60年代以来，交易费用理论对现实经济生活的影响愈来愈大。该理论的基本观点之一是企业和市场为资源配置的重要机制，在一定程度上可以将这两者相互替代来使用。交易费用在现实经济生活中通常都较高，企业的设立很大程度上也是为了节约交易费用；与此同时，企业会以多样化的组织形式存在于现实经济中。例如，在某些情况下，为了节约交易费用，企业会取代市场，作为一种新型交易形式而存在。简而言之，交易费用理论对现实经济活动中资源的有效配置起着重要的作用。

交易费用通常包括交易的双方在协议或合同签订前、签订中和签订后所产生的一切费用。在协议或合同签订前，交易双方需要进行相关信息的搜索查询、传递和交换等，会产生获取信息的费用；签订过程中，交易双方需要进行谈判和磋商，会产生订立协议或合同的洽谈费用；签订后，为保障协议或合同能够有效执行，必须付出履约成本，以及敦促和监督履约的费用。现实经济生活中，与知识产品相关的产权的交易费用往往很高，几乎不存在科斯所假设的交易费用为零的情况。产生交易费用的最主要原因在于交易双方的信息往往是不对称的，而知识产权又是一种无形的资产，双方均不可能无成本地获得充分完全的信息，而且交易双方都只是有限理性的“经济人”。由于存在真实信息被隐瞒的情况，交易双方往往需要花费更多额外的时间来抬高或压低知识产品价格，这就会进一步增加调查核实等相关费用。真实的经济世界表明，各种形式的交易成本都较大，与知识产品相关的产权交易费用名目繁多且价格都较高。因此，必须实施有效的知识产权保护机制，通过知识产权制度减少交易双方的信息不对称，进而降低双方的交易费用。通过赋予知识产品的生产创造者一定的私有产权，即依靠知识产权保护制度确保知识产品的生产创造者对其智力成果拥有充分的专有性，给予其恰当的保护期限，进而为创造出更多的知识产品提供良好的激励机制。

从法律意义上来看，知识产权也属于一种物权，权利人对知识产品不仅拥有所有权，而且拥有对知识产品的收益权和支配权。产权的界定对交易费用有重要的影响，一种合理恰当的产权安排能够有效地降低交易费用，而一种不恰当的产权安排则可能提高交易成本。由于知识产权本身具有公共物品的属性，它与私有独占性两者间对立的本质特征使得对知识产品实施保护比较困难。产权理论的研究表明，只有赋予知识产品私有产权，即权利人拥有依法自由支配知识产品的排他性权利，才能有效地解决知识生产外部性带来的资源无效配置的问题。应赋予知识产品所有人专有的私人权利，从而降低知识产品的交易费用，而其他个体成员为获得知识产品必须支付相应的费用，以此不断地激励知识产品的生产和创造。交易费用对知识产权相关贸易有重要的影响，一方面，交易费用会阻碍一些贸易的顺利成交，进而减少相关的贸易；另一方面，当交易费用较高时，合理的知识产权界定有助于实现资源的合理配置，而不合理的知识产权安排则会大大增加知识产权保护成本。

第三节　产品生命周期理论与知识产权保护

随着国际贸易实践的深入发展，美国哈佛大学教授弗农提出的产品生命周期理论被广泛应用到各个领域。产品生命周期理论也为知识产品贸易的出现和发展提供了一定的理论基础。弗农将参与国际贸易的国家分为三种类型：第一种类型是研发创造与出口新产品的高度发达经济体，以美国作为典型代表，其拥有领先的技术、知识和充足的资本；第二种类型是比较小的发达经济体，以英国、法国、德国、日本等为典型代表，这些国家拥有充足的资本和技术；第三种类型是发展中经济体，拥有充足且廉价的劳动力资源。弗农认为，基于技术创新的视角，任何新产品都会经历从导入到成熟，再到产品高级标准化的三个阶段，即一个完整的产品生命周期。这种生命周期对国际贸易实践有显著的影响。通常假设一个产品的生命周期由如下三个阶段构成：

第一个阶段是新产品的导入期（the phase of the introduction）。该时期的特征是高度发达经济体首先创新发明出新产品，同时在国内市场上大量生产和销售新产品。高度发达经济体能够首先创新出新产品，有着多方面的原因：其一，新产品大多属于知识或技术密集型产品，高度发达经济体无论是在知识、技术还是资本方面都具有绝对的优势，为新产品的诞生提供了优越的土壤环境；其二，这些发达经济体拥有大量的科研机构，汇聚了全世界顶尖的高科技研发人才，为新的发明和创造提供了源源不绝的智力支持；其三，这些发达经济体通常拥有较完善的法律体系，为知识产品的创造和发明提供了有效的知识产权保护；其四，为鼓励企业进行发明创新，发达国家的政府往往会采取补贴等多种优惠政策，为新产品的研发提供良好的外部环境。新产品首先选择在国内销售，主要有两个方面的原因：一是，就近的国内目标市场有利于企业及时了解新产品的市场反响，有助于适时调整和改进产品的质量；二是，由于新产品的研发和生产需要投入较多的人力、物力和财力，因此其起始销售价格是较高的，通常定位于高端产品，而只有发达经济体才拥有足够多的购买能力高的消费者。因此，知识和技术密集型的新产品，在导入期，研发生产和销售成本为主导因素。

第二个阶段是产品的成熟期（the phase of maturation）。在这个时期，新产品在国内市场上的销售处于稳定状态，生产阶段也由研发创新逐步转向标准化生产，且生产企业开始将部分产品投向国外市场。处于产品生产的成熟期时，生产企业选择进入国际市场的方式通常可以分为三种：其一是选择在国内继续生产这种新产品，然后采取出口的形式进入国外市场；其二是通过对外直接投资的方式在国外设立生产工厂，实行当地生产当地销售；其三是对国外生产企业出售生产许可证，通过许可转让技术的方式进入国外市场。第一种和第二种是较常见的进入国外市场的方式；由于目前国际专利许可转让交易市场机制不完善，采用第三种方式的企业较少。第一种和第二种方式之间的选择主要取决于国内生产的边际成本加上出口到国外的运输成本和关税总额，与在国外投资设厂进行当地生产的边际成本，两者孰高孰低。当前者低于后者时，企业会选择第一种方式，即通过直接出口销售的形式进入国外市场；当前者高于后者时，企业会选择第二种方式，即通过对外直接投资设厂的方式进入国外市场。这两种方式下，企业均会优先选择发达国家作为目的市场国。随着对其余发达经济体的直接出口销售的下降和跨国分厂的建立，企业会逐步选择发展中国家作为目的市场国，且逐渐停止本国的直接生产。此外，当本国创新研发的产品进入成熟期后，该产品的生产厂商开始寻找海外市场，此时知识产权保护随着产品进入国外市场。国外市场知识产权保护环境会直接影响本国（发明国）的进入方式：在海外市场处于弱知识产权保护和强模仿能力的情况下，发明国倾向于减少出口和跨国公司直接投资的规模；在海外市场处于强知识产权保护的情况下，发明国更有动力进入海外市场，倾向于增加出口和跨国公司直接投资的规模。

第三个阶段是产品高级标准化期（the phase of the advanced standardization）。该阶段的典型特征是新产品从知识和技术密集型逐渐转为资本密集型。这一阶段的另一个明显特征是产品的品质化差异逐渐缩小，直至消失，高度发达经济体从该产品发明创新中获得的比较优势也在逐步减少。已经进入高级标准化期的产品，其市场竞争力主要依靠资本、劳动力带来的比较优势。按照进入标准化的时间不同，可以将高级标准化期划分为标准化初期和标准化晚期两个细分的阶段。标准化初期是新技术的扩散期，从英国、法国、德国、日本等工业化发达国家出口该产品时开始，一直到发展中国家开始出口该产品时为止，即标准化初期主要由资本充足的工业化发达国家生产和出口该产品。标准化晚期是新技术停止期，从发展中国家开始生产和出口该产品起算，即标准化晚期主要由劳动力资源丰富的发展中国家生产和出口该产品。由于这一阶段的产品大多属于非知识和技术密集型，因此对知识产权保护的要求或者依赖程度就大大下降了。

根据产品生命周期理论，研发创造新产品大都需要经历从开发到成长，再到成熟，最后衰退的阶段。新产品处于开发和成长阶段时特别需要有较完善的知识产权保护体系，否则创造出来的新产品将很容易被新产品创造者的竞争对手以较低的代价获取，而一旦竞争对手进行大规模量产，优先抢占国内外市场，对新产品的创造者将是致命的一击。因此，在一个完整的产品生命周期的循环中，新产品或新技术的发明创造者应该被赋予该产品或技术的专有权。严格的知识产权保护可以有效地避免产品或技术被其他的竞争对手模仿和剽窃。知识产权保护措施能否有效地实施取决于产品或技术的创造者所在国的态度。只有高度重视知识产权保护，国家才能维护本国知识产品的创造者在国内外市场上的合法利益。此外，对知识产权实施的保护需要注意不同行业类型和不同产品的保护期限不同。由于处在导入期的新产品或新技术，在知识产权保护期限内通常能获得较高的垄断利润，企业的研发创新活动持续进行，因此一些企业可能会进行适当的技术储备，即新产品或新技术已经出现了，但是原有的产品和技术仍然处在保护期内，企业依然可以获得较丰厚的垄断利润而选择延迟新产品或新技术的投入量产。为避免上述情况的出现，一方面，需要适时调整知识产权的保护期限以限制企业进行技术储备，另一方面，需要采取更有效的激励措施促使新产品能及时生产。

第四节　比较优势理论、竞争优势理论与知识产权保护

一、比较优势理论与知识产权保护

古典经济学派代表人物亚当·斯密在其代表作《国民财富的性质和原因的研究》中首次阐述了劳动分工和绝对成本优势理论。英国经济学家大卫·李嘉图继承和发展了斯密的经济理论，提出了比较成本贸易理论。该理论主要从贸易双方不同生产技术导致的成本差异的角度出发，认为贸易参与国只需要出口有相对优势的产品，进口相对劣势的产品，就可以从中获得贸易利益。赫克歇尔（Eli F. Heckscher）和俄林（Bertil Ohlin）在李嘉图比较成本贸易理论的基础上扩展了贸易双方的相对差异，认为每个国家的劳动力、土地、技术等生产要素均存在相对差异，即每个国家都拥有相对优势或者相对劣势的生产要素，进一步完善了比较优势理论。传统的比较优势理论认为国际贸易参与国需要使用本国相对丰裕的生产要素进行生产，进而出口该产品，而选择进口本国生产要素相对劣势的产品，进而获得充分的比较优势，以此优化各国的资源配置。由于生产要素的投入成本直接影响着产品的生产成本和最终的定价，因此使用本国相对丰裕的生产要素进行

生产，付出的生产成本会较低，从而可以获得一定的价格优势；同时，进口本国处于相对劣势的产品，则可以使本国收益尽可能最大化。比较优势理论在货物贸易领域得到了广泛的应用。随着服务贸易额在全球贸易中的占比不断提高，理论界和学术界开始将比较优势理论和服务贸易的发展结合起来。迪尔道夫（Deardorff）基于赫克歇尔和俄林的理论模型，将贸易双方生产的两种商品的假设改为一种商品和一种服务，从要素价格差异的角度解释了服务贸易如何遵循比较优势原则，但是他忽略了两国技术差异带来的比较优势对服务贸易模式的影响。此后部分学者基于劳动价值理论，指出两国间劳动生产率的差异是导致服务价格差异的主要原因，因此劳动生产率的比较优势是两国进行服务贸易的重要决定因素（Hindley et al.，1984; Lane，1985）。还有些学者在赫克歇尔、俄林和迪尔道夫的理论基础上，进一步拓展了比较优势理论在服务贸易中的适用性（Grossman et al.，1990；Falvey et al.，1991），指出国家间服务生产要素禀赋的差异决定了两国可进行服务贸易的基础，比较优势理论仍然适用于服务贸易领域。例如，一国劳动力资源丰富，在建筑工程等劳动密集型服务业方面有比较优势，另一国拥有雄厚资本，在金融服务方面有比较优势，两国要素成本的差异会影响服务的价格。与货物贸易相同，不同要素禀赋形成的服务价格差异仍然是两国间产生服务贸易的基础。这两国可以通过出口各自拥有相对优势的服务产品，进口相对劣势的服务产品，获得相应的服务贸易利益。因此，劳动、资本、知识和技术等要素禀赋差异同样是现代服务贸易比较优势的基础，这进一步解释了服务贸易产生的原因和贸易模式的特征。由于知识产权是一种无形的资产，因此可以将其作为一种类似于资本的生产要素加以考虑。拥有较多新发明、新创造的国家，由于具有较丰富的知识产权，在国际竞争市场上就需要充分发挥其知识产权的比较优势。例如，知识产权保护制度相对更完善的发达国家凭借其拥有的技术比较优势，批量生产并向欠发达国家出口知识技术密集型产品，进而获得丰厚的收益。

知识产权保护对一国贸易比较优势的影响主要体现在以下几个方面：其一，一国知识产品的生产和贸易是否具有优势，与知识产权要素密集度密切相关。经济发达体通常都具有充足的科研人才，能进行大量的发明创造，而且较完善的激励机制能促进创新活动的开展，因而相对于发展中经济体而言，经济发达体在知识产权含量高的产品的生产和出口上都具有显著的比较优势。其二，各地区法律体系存在显著的差异，经济发达体往往具备较完善的知识产权立法体系，对各类型知识产权的保护措施恰当，而发展中经济体往往不能构建合理有效的知识产权保护制度，因而在知识产权相关领域的出口上基本处于比较劣势的状态。其三，为更好地发挥比较优势的作用，各贸易参与国均会在自身具有比较优势的行业加强知识产权保护，以维护本国出口企业的市场竞争力。

二、竞争优势理论与知识产权保护

美国教授迈克尔·波特于20世纪末发表了《竞争优势》《国家竞争优势》等著作，系统地提出了竞争优势理论，并对其进行了深入而广泛的研究。钻石理论模型是其提出的竞争优势理论中的经典模型，较详细地解释了一个国家的某种产业是否能够在国际市场上拥有竞争力。波特的竞争优势理论认为，一国能否在国际市场上获得竞争优势主要取决于4个主导因素和2个辅助因素，其中4个主导因素是指生产要素的构成、市场需求、辅助产业及企业决策，2个辅助因素是指政府的行为和面临的市场机遇。生产要素包括了以自然资源为主的初级要素和以人力资源、知识资源、技术资源、基础设施等为代表的高级要素。市场需求主要指国内市场需求情况，国内市场需求越大，越能够形成规模经济，进而有利于获得产业竞争优势；国内消费者的需求层次越高，越有利于产品和服务质量的提升，进而有利于提升该产业的竞争优势。辅助产业主要指关联产业。在产业链分工的背景下，任何企业的生产和经营都不是独立的，需要与相关联的其他企业保持合作。因此，当关联产业富有竞争力时，与其合作的产业也更易获得和保持竞争力。上述这6个因素相辅相成，共同构成了一国的产业竞争优势，而产业竞争优势是国家竞争优势的重要来源。根据这一竞争优势理论，一国经济增长的第一阶段是生产要素驱动阶段。以发展中国家为例，出口企业借助于发达国家提供的标准化生产形式和成熟的生产技术，结合自身拥有的大量廉价劳动力和丰富的自然资源优势，进行初级工业制成品和资源密集型产品的生产，进而形成以初级劳动产品和资源密集型产品占主导的国家竞争优势。而发达国家的知识、资本和技术等生产要素也是构成其相关产业和国家竞争优势的重要因素。经济增长的第二阶段是投资驱动阶段。处于该阶段的出口企业主要是借助大量的资金和积累的技术，采取购买先进的仪器设施、全球顶尖的技术等高额投资的方式来逐步提高自身生产制造的水平和效率，通过贴牌生产的方式成为全球制造业链条上的一环。在这一阶段，国家会形成以机械制造等资本密集型产品占主导的国家竞争优势。按照波特的竞争优势理论，生产要素、市场需求、企业的战略决策是形成产业竞争优势的重要因素。经济增长的第三阶段为创新驱动阶段。处于该阶段的企业通过对现有技术的学习、模仿和改进，从模仿生产逐步转向独立的技术研发。知识和技术创新成为这一阶段国家竞争力提高的主导因素，形成了以通信、生物制药等技术密集型产品为主导的国家竞争优势。按照波特的竞争优势理论，上述6个要素在此阶段均发挥了重要的作用。曾珠（2009）认为知识产权是一国竞争优势的重要源泉之一。如果对知识产权相关领域的产品进行合理有效的保护，既可以激励企业增加研发创新支出，也可以促使国外知识产权所有者以对外投资、许可转让等多种形式进入本国市场，进而有助于较快速地实现科技成果的大规模量产，实现行业的结构优化。国际知识产权大战背后的实质是对国家竞争优势制高点——创新优势的争夺。因此，知识产权的创造者和拥有者需要能将发明等知识产权有效地融入产品生产和技术应用过程中，从而提高产品的知识技术含量和产出效率，进一步提升竞争优势。此外，许多发达国家为了巩固其跨国公司的垄断地位和保持国家竞争优势，不遗余力地在全球加强知识产权保护，因此，发展中国家为获得持续的国家竞争优势，更需要加强对知识产权保护的高度重视。

波特的竞争优势理论认为，一国企业的竞争优势是所属行业竞争优势的来源，而产业的竞争优势又是一国竞争优势的重要来源，不同国家的异质化产业结构是形成不同国家竞争优势形态的重要因素。由于服务产业是产业体系的重要组成部分，因此，服务产业的竞争力也是影响一国竞争优势的重要因素。波特的竞争优势理论同样适用于分析服务贸易竞争力。人力资源、基础设施、知识资源等影响货物贸易的生产要素也会影响服务贸易的竞争力。而这些高级生产要素通常含有较高的知识和技能属性，在生产和供给环节需要相关的知识产权保护，以便更有效地发挥它们对服务产业竞争力的提升作用。此外，相对于劳动力资源密集型服务部门，知识和技术密集型服务部门对知识产权保护的依赖程度和敏感度都更高。弱知识产权保护倾向于鼓励服务生产企业进行模仿，而强知识产权保护则有利于激励服务创新。与制造业相似，服务业的创新也是提升其竞争力的核心因素之一。无论是在服务生产环节还是在服务贸易出口环节，知识产权保护作为重要的制度支持，会对其竞争力产生一定的影响。因此，服务贸易领域的知识产权保护对于提升服务出口竞争力同样起着重要作用。

第五节　技术差距理论与知识产权保护

技术差距理论是20世纪60年代发展起来的一种经济增长理论，主要研究各国间技术发展中存在的差距及其对经济增长的影响差异。美国学者Posner（1961）首次建立了基于国际贸易的技术差距模型。他认为技术作为一种重要的生产要素，在各国产品生产中的投入和使用存在显著的差异。在国际贸易领域，拥有领先技术的国家在产品出口方面具有技术上的比较优势。当高技术含量的产品出口到技术相对落后的国家，先进技术会被进口国模仿。技术相对落后的进口国通过进口包含领先技术的产品，进行一定程度的模仿创新和改进。当进口国逐渐掌握了该种技术并且能够以较低成本进行自主生产时，进口国将逐步减少对这种产品的进口。因此，技术差距引致的国际贸易会由于进口国的技术模仿创新而逐渐减少，而进口国借助进口贸易获得的技术外溢效应则可以提高技术水平，实现技术升级，进一步缩小与技术领先国的差距。20世纪90年代，部分学者开始关注知识产权保护与技术差距、技术进步的关系。Coe et al.（1997）认为发展中国家采取适当的知识产权保护对引进和模仿发达国家的先进技术具有重要影响，通过构建南北技术扩散模型发现，实施合意的知识产权保护有助于缩小发展中国家与发达国家之间的技术差距。当发展中国家（南方国家）缺乏有效的知识产权保护时，发达国家（北方国家）会加强保护性研发，防止创新成果被南方国家模仿，进而降低南方国家通过模仿进行技术升级的可能性（Taylor，1994；Yang et al.，2001）。国内学者易先忠等（2006）基于中间产品种类扩张的内生增长模型，将知识产权保护纳入模型中，分析了南方国家知识产权保护在激励自主创新和技术模仿中的权衡。知识产权保护对南方国家技术进步的影响主要取决于南北方国家之间的技术差距和南方国家的模仿能力。

如果实施强知识产权保护有利于鼓励自主研发创新但同时会限制或阻碍技术模仿，那么对于模仿能力强但自主创新能力弱的低技术水平国家而言，选择尽量宽松的知识产权保护措施将是有利的。只有弱知识产权保护才能保障技术模仿活动的顺利开展。而对于与北方国家技术差距较小的南方国家来说，其具有一定的自主创新能力，同时也有模仿能力，可以同时进行两种活动来缩小与北方国家的技术差距，故如何选择合适的知识产权保护强度是一个值得仔细分析的问题。这一类型国家的决策者们面临着实施严格的知识产权政策还是宽松的知识产权政策的权衡取舍。严格的知识产权保护政策可以有效激励研发创新，同时也会抑制技术模仿，而宽松的知识产权保护政策则鼓励模仿但无法有效促进创新活动的开展。由于技术创新能力的提高往往需要一定的原始积累，创新能力大都会经历从弱逐渐到强的过程。当一国处于创新活动的初始阶段时，其创新能力很弱，模仿是当前阶段的主要技术活动，宽松的知识产权保护有助于技术模仿活动的开展，鼓励模仿基础上的创新；当一国的创新能力逐渐增强，自主创新和模仿均成为主要技术活动时，与行业特征相匹配的知识产权保护政策则可以保障两种活动的开展；当创新积累到一定“量”，自主创新能力有“质”的提升，研发创新成为主要技术活动时，较严格的知识产权保护政策则可以激励通过自主创新取得技术进步。因此，南方国家的知识产权保护政策将随着技术活动路径的转变而发生变化。

综上所述，当南方国家与北方国家的技术差距较小时，南方国家加强知识产权保护将有利于鼓励自主创新，进而获得技术进步；当南方国家与北方国家的技术差距较大且南方国家的技术模仿能力较强时，制定相对宽松的、鼓励模仿的知识产权制度将有助于南方国家利用技术后发优势取得技术进步。

第六节 简要评述

在知识产权保护的理论基础中，各理论很好解释了实行知识产权保护的必要性。由于知识产品存在正的外部性，知识技术创造者的私人报酬小于社会收益，因此需要赋予知识产品创造者明确的私人专有权，即赋予权利人对其创造的知识产品拥有所有权、实施权和转让权，对这些权利给予恰当的产权保护，才能有效地激励其生产创造出满足社会需求的合意数量的产品。知识产权保护制度是一种立足于保护知识和技能产品所有者利益的法律制度，通过保护创新环境激励更多的产品创新。完善的知识产权保护制度有利于保障知识产品所有者有效的专有产权，鼓励知识产权所有人采用合理途径控制市场，进而推动整个产业实现更高层次的良性竞争。

新制度学派的交易费用理论指出，由于交易双方信息不对称，实现交易需要付出更多的交易费用，适当的产权安排可以降低交易费用，而不适当的产权安排则可能增加交易费用。因此，为了降低交易成本，促使市场资源得到合理有效的配置，明晰的知识产权界定是必要的。在一个完整的产品生命周期的循环中，新产品或新技术的发明创造者应该被赋予该产品的专有权。只有提高知识产权的保护水平，才能有效地避免知识技术被其他的竞争对手模仿和剽窃。一旦赋予某种新产品或新技术的发明创造专有权，该项权利就成为私有权利了。表面上看来，赋予知识产权所有人专有权似乎阻碍了市场竞争，有助于其形成垄断势力，但是仔细深入分析可以看出，知识产权保护制度的实施能激励更多的创新和有序的竞争。一方面，由于赋予了知识产权所有人对其知识产品和技术的专有垄断权利，严格约束其他人对该知识产品或技术的复制、假冒、剽窃等形式的侵权，其他人需要使用或获得该产品和技术就必须付出相关的费用。若其他人不想支付任何费用，就只能竭尽全力地在现有技术上寻求突破，改进现有的方法、工艺，进而实现新的发明和创造，部分学者将这种被迫进行的发明创新称为“压迫机制”型的创新。另一方面，由于知识产权所有人在严格的知识产权保护制度下可以获得较丰厚的垄断利润，这种获利模式也会激励其他人进行发明创新活动，促使其在更高的技术水平上展开竞争，进而推动社会技术的进一步升级，这种属于“激励机制”型的创新。无论是“压迫机制”型的创新，还是“激励机制”型的创新，都能引致更多的技术创新和有序的技术竞争。产品生命周期理论指出，新产品需要经历导入、成熟和产品高级标准化等发展阶段，各个阶段的知识产权保护措施会影响企业的研发创新投入和选择进入国外市场的方式。知识技术更新升级的日益加速压缩了产品的生命周期，也促使企业更加重视发明创新及对知识产权的重视和保护。

劳动力、自然资源、资本、技术等生产要素不仅是决定一国货物贸易生产和出口比较优势的因素，而且是影响一国服务贸易出口比较优势的重要因素。发达国家往往在知识、资本和技术密集型制造业和服务行业具有较高的生产率，且发达国家的知识产权保护制度相对更完善，因此在知识产权高依赖或者高敏感型的制造业和服务行业的生产和出口方面具有一定的比较优势，而发展中国家的知识产权保护制度相对不完善，由于拥有较丰富的劳动力资源，通常在劳动力密集型制造业和服务业拥有相对较低的价格，具有一定的比较优势。与货物贸易相似，两国间服务供给价格的差异仍然是产生服务贸易的重要基础。比较优势理论不仅适用于研究两国间货物贸易往来，而且适用于研究国际服务贸易。有效的知识产权保护是一国竞争优势的重要源泉之一。知识产权的创造者和拥有者需要能够将发明等知识产权有效地融入产品生产和技术应用过程中，从而提高产品的知识技术含量和产出效率，进一步提升竞争优势。有效的知识产权保护也是激励服务创新的重要举措之一。无论是在服务生产环节，还是在服务贸易出口环节，知识产权保护作为重要的制度支持，均会对其竞争力产生一定的影响。为适应知识经济时代的发展要求，出口贸易大国中国的出口企业应认清自身具有的现实比较优势和潜在比较优势。如今，中国经济发展水平的提高引致工人工资上升，传统的廉价劳动力带来的比较优势在逐步地被削弱。随着科技进步的加速，高新技术产品的生产和出口比重逐渐增加，而这类产品的知识产权含量较高。富含知识产权的产品在国际市场上往往具有重要的竞争力。国际出口市场的激烈竞争促使中国的出口企业为谋求国际市场的一席之地，不得不重新发掘乃至创造出新的比较优势。为了更好地提升中国出口产品和服务在国际市场上的竞争优势，中国必须做好知识产权保护工作，充分利用知识产权保护下的技术比较优势和防止侵权行为的发生。

知识产权保护对南方国家技术进步的影响主要取决于南北方国家之间的技术差距和南方国家的模仿能力。南方国家选择严格的知识产权保护政策还是宽松的知识产权保护政策，与南北方国家之间的技术差距密切相关。实施合意的知识产权保护有助于缩小南北方国家之间的技术差距。

第三章　知识产权保护对出口贸易发展的影响机理

知识产权保护制度对一国出口贸易的作用效应呈现多样化的发展趋势。知识产权保护的实施既有利于建立和维护规范的市场秩序，也有利于保障知识产权所有者和消费者的合法权益，进而推动国际贸易有序地发展。

第一节　知识产权保护对出口贸易量的影响机理

出口国加强知识产权保护，对出口企业扩大出口规模和开拓海外市场有重要的影响。本国知识产权保护水平的提升对出口贸易量的影响机制包括直接影响和间接影响两方面。

一、知识产权保护对出口贸易量的直接影响

本国知识产权保护水平的提高会直接影响企业出口规模。首先，知识产权保护水平的提升可以有效保障企业获得超额利润，促使企业供应国内市场的同时积极寻找海外市场，拓展多国客户；其次，由于自身知识产权保护意识的提高，企业在进军国际市场时会更加重视“专利先行”，即在产品[①]出口前先在目标国申请相关专利保护，为产品顺利进入国际市场铺路，提高新产品的市场占有率；再次，

① 未特别说明时，本章的“产品”均包括有形的工业制成品和无形的服务产品。

知识产权保护能增强新产品的市场扩张效应，即扩大产品在原有种类上的销售数量，有利于扩大出口规模；最后，本国知识产权保护的加强有效降低了企业出口产品遭遇知识产权壁垒的风险，提高了本国产品在国际市场上的声誉，进而推动本国产品的出口规模增加。

二、知识产权保护对出口贸易量的间接影响

知识产权保护是促进技术创新和推动技术进步的一种重要制度安排。知识产权保护通过影响企业技术创新和技术转让，进而间接影响企业出口贸易量。较高的知识产权保护水平有利于激励企业开展技术创新活动和实施合法的技术转让，进而提升产品的技术含量，提高产品的核心竞争力，提高市场占有率；而较低的知识产权保护水平则倾向于抑制企业开展技术创新和技术转让活动，不利于产品和行业的技术升级。提高本国知识产权保护水平对出口贸易量的间接影响机制如图 3.1 所示。

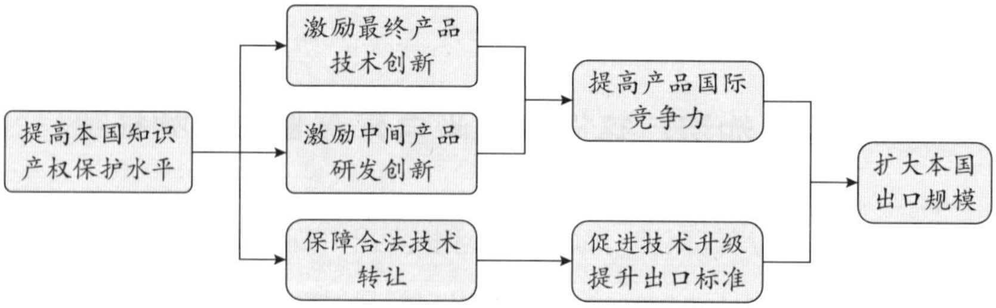

图3.1　提高本国知识产权保护水平对出口贸易量的间接影响机制

一方面，加强知识产权保护可以增强企业进行自主研发创新的动力，提高产品的国际竞争力。有效的立法和执法保护了企业的创新成果免受侵权，为企业获得相应的利润回报提供了重要的制度保障，激励企业持续进行自主产品创新（Sweet et al.，2015）。与此同时，知识产权质押融资的实行能增加企业获得研发资金支持的机会，降低融资成本，这些都有利于企业开展研发创新活动。创新型产品进入国际市场往往具有较强的竞争力，强竞争力有利于创造较高的利润率，这在一定程度上进一步激励企业重视自主研发创新积累和积极开拓海外市场。此外，在货物贸易领域，知识产权保护对中间品生产商也有一定的激励作用。中间品专

利权的保护促使生产商愿意进行产品研发，提高中间品的质量，增加产品的种类和数量。中间品品质的提高有助于最终产品的质量提升，中间品种类和数量的增加有利于丰富最终产品的投入选择，这些均有利于提高最终产品的核心竞争力，降低产品的需求价格弹性，扩大出口企业的提价空间，为扩大出口规模奠定必要的市场基础（Branstette et. al，2011）。另一方面，加强知识产权保护可以打击非法技术模仿，有效保障合法的技术转让。专利购买企业要想合法获取技术转让，必须支付相应的技术转让费用，而产品或技术专利所有者在有效的知识产权保护下转让技术的意愿也会增强。有偿取得的技术转让既保障了购买企业的权益，又为其提供了进行合法的模仿创新和技术升级的途径，可以进一步提高企业产品生产率。与此同时，有效的知识产权保护还可以提高外商直接投资企业承接母国先进技术转移的意愿，促进研发技术溢出，推动行业技术进步。因此，加强知识产权保护可以提高行业内技术转让的效率，加速技术扩散与提升行业平均出口生产标准，进而扩大出口规模。基于上述分析，本节提出：

命题 1：提高本国知识产权保护水平会促进出口贸易量的增长。

三、出口市场国知识产权保护对本国出口贸易量的影响

由于各国经济发展水平不同，产品中的知识技术含量不等，且知识产权保护政策与强度等多方面都存在显著差异，出口企业对各目的市场国采取的贸易方式和出口量也不尽相同，因此需要进行差异化分析。

现假定 A 国的出口企业拥有某种产品的专利权，向经济发展水平较其更低的 B 国出口该产品。当 A 国政府加强知识产权保护时，其出口企业更愿意加大研发创新投入，进行更多的发明创造，因而其生产和出口的产品在 B 国市场上将具有更强的竞争力。此时 A 国的出口企业为获得更高的垄断利润，将会减少对其的出口，如图 3.2 所示，供给曲线由 S_1 向 S_2 的方向移动，S_2 曲线的供给价格弹性显然低于 S_1 曲线。A 国出口企业的出口量也由 Q_1 变为 Q_2，该产品的出口价格也相应地从 P_1 上升到 P_2，从而可以获取更高的利润。

另一种可能的情况是，A 国知识产权保护的加强会引致其出口企业不断提高

产品中的知识技术含量，向经济发展水平较其更高的C国出口该产品。由于C国的消费者具有较高的社会购买力，对高新技术产品有消费偏好，而对产品价格相对不敏感，这将引致C国消费市场对A国出口企业的产品需求大幅上升，如图3.3所示，需求曲线由D_1向右移动到D_2。此外，由于C国经济发展水平较A国高，通常经济发展水平较高的国家拥有较高的知识产权保护水平。因此如果C国也加强知识产权保护，则A国出口企业用于维护知识产权的费用将减少，使得该产品的出口成本下降，由此促使A国出口企业大幅度增加出口供给，供给曲线将由S_1向右移动到S_2，出口量也由Q_1增加到Q_2。此时，A国出口企业在C国拥有的市场规模也相应地扩大了。

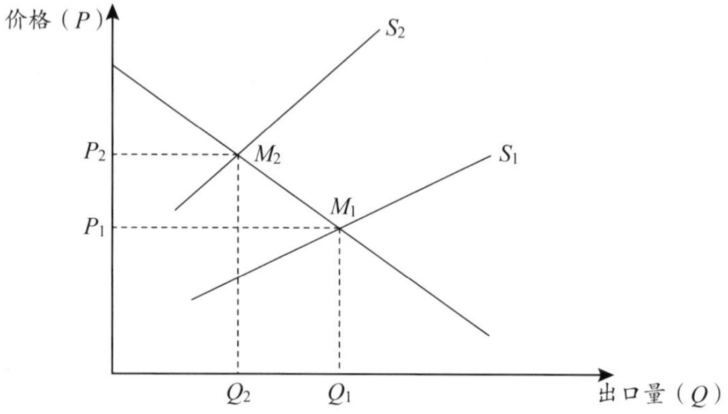

图3.2　出口减少示意图

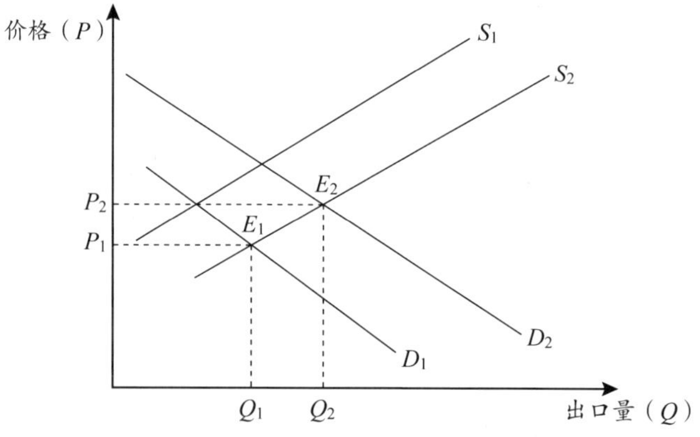

图3.3　出口增加示意图

上述两个相反方向的力量彼此之间是相互作用的，A 国出口企业的总体出口量到底是上升还是下降，一方面，取决于两个相反作用力的大小，另一方面，也与 A 国选择的目的市场国的经济发展水平、知识产权保护强度等多种因素相关。例如，虽然目的市场国的消费者有较高的市场需求，但出口企业出于利润最大化的考虑，可能会进一步根据其面临的进出口关税的高低而选择增加或减少其出口量。类似地，如果进口国规定了严格的进口配额，那么再严格的知识产权保护制度和再旺盛的市场需求也不可能引致更多的出口贸易。

此外，拥有某种知识产权的出口企业进入国际市场的方式多种多样，例如对外直接投资、技术许可转让等，直接出口销售并不是唯一的可选方式。与此同时，目的市场国也可能存在多种关税和非关税贸易壁垒。上述所有的情况都会直接或间接地对出口贸易量产生不可忽视的影响。由于不同行业所需的生产要素投入种类不同，因此，不同行业对知识产权保护的依赖程度不同。劳动力和资源密集型行业投入的知识和技术往往较少，所生产的产品中知识产权含量较低，因此对知识产权保护的敏感度也较低。加强或者弱化知识产权保护对该类型行业的生产和出口影响往往较小。而知识和技术密集型行业由于投入的知识和技术通常较多，生产的产品中知识产权含量也较高，因此对知识产权保护的敏感度较劳动密集型行业高。加强知识和技术密集型行业的知识产权保护有利于激励行业技术创新，提升产业竞争力，进而扩大生产和出口规模。因此，出口国知识产权保护的加强对其出口贸易总量的影响是复杂的，需要根据不同国别、不同行业等具体情况来进一步分析。基于上述分析，本节提出：

命题 2：本国知识产权保护水平对出口贸易量的影响具有显著的行业差异。

第二节　知识产权保护对出口技术复杂度的影响机理

知识产权保护是激励国内技术创新和促进国际技术扩散的一种重要的制度安排。国内外学者们围绕知识产权保护的创新激励效应和外商直接投资（Foreign

Direct Investment，FDI）技术溢出效应做了广泛的研究。Chen et al.（2005）的研究表明，南方国家的知识产权保护能显著促进南北两方的创新产出和国际上的技术转移，提升企业的二次创新速度和质量。李蕊 等（2013）利用中国 1997—2010 年省级面板数据实证考察了开放条件下知识产权保护与中国技术创新的影响，结果表明，知识产权保护强度不仅直接增强了中国的技术研发能力，还作为重要的制度变量激励企业加大研发投入和开展国际贸易。Glass et al.（2007）的研究表明，当发达国家采取的是产品质量改进型创新时，发展中国家加强知识产权保护可以促进本土企业的技术创新，从而促使发达国家企业通过 FDI 提高技术转移质量，进而提升发展中国家的技术创新力。一国加强知识产权保护，一方面会通过激励国内出口企业自主创新，促使国内产业升级而提升出口产品的技术复杂度，另一方面会通过影响进口贸易质量、FDI 的技术转移方式等，促使中间产品贸易的技术升级而影响出口贸易。

一、知识产权保护通过激励自主创新和市场交易影响出口贸易技术复杂度

知识产权保护为出口企业的技术创新活动提供了公平有序的竞争环境，为技术创新成果的公开和交流提供了良好的支持。加强知识产权保护能促进固定资产投资和研发投入的增加，进而有利于出口企业自主创新能力的提高（Hudson et al., 2013），促使其不断改进产品质量，提升技术含量。知识产权保护通过激励自主创新和促进市场交易，进而影响出口贸易技术复杂度的机制分析如图 3.4 所示。

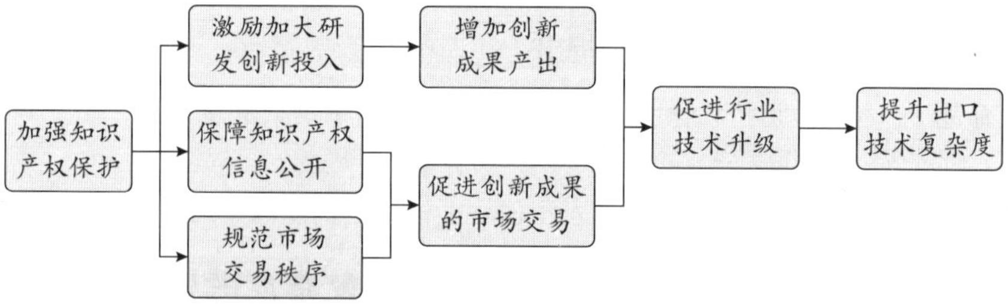

图3.4　通过激励创新和市场交易影响出口贸易技术复杂度的机制

首先，完善的知识产权保护制度可以有效减少社会资源和生产要素的重复投入，提高出口企业的技术创新率。知识产权信息公开制度确保了最新的专利、版

权、技术服务等创新成果能及时让企业获知。一方面，公开的技术创新成果可以保障所有者的合法权益，激励持续创新。由于技术创新是一项投入成本高、预期收益不确定且风险较大的活动，因此在缺乏有效的知识产权保护的情况下，创新成果在研发及传播过程中极有可能面临被投机者模仿或者窃取的风险。而有效的知识产权保护制度则可以使技术创新者在专利或者产权保护期内对其成果享有合法的独占权。独占权保障了技术创新者在一定时期内获得高额利润，丰富的利润回报又为出口企业进一步深入研发提供了必要的资金支持。另一方面，专利信息的公开可以让企业了解最新的技术，把握行业研究动向，找准要素投入点，避免重复的资源投入，优化生产要素配置，节约研发成本，提高出口行业技术创新的成功率。其次，有效的知识产权保护制度可以促进知识创新成果的交易，推动创新技术在行业内的推广和应用，提升行业出口技术含量（刘岩 等，2017）。市场交易双方的信息不对称会影响技术创新成果的交易成功率，因为技术受让方对技术创新成果的价值衡量不确定，而技术出让方则担心创新成果在最终交易前被窃取。为减少交易过程中可能出现的各种信息不对称问题给交易双方带来的经济损失，交易双方通常需要采取诸如签订合同、支付高额保证金或者聘请专业律师等预防措施。有效的知识产权保护制度有助于解决交易双方信息不对称的问题，公开的专利信息让交易变得更加透明。最后，合理的知识产权保护强度可以规范市场交易秩序，进一步鼓励企业通过合法渠道获得技术创新成果，提高企业出口产品的技术含量。对违反知识产权交易规则的行为和侵权行为给予必要的惩罚，可以有效降低知识产权侵权率，维护公开公平的知识产权交易市场秩序。

二、知识产权保护通过技术转移影响出口贸易技术复杂度

知识产权保护有助于发展中国家出口企业通过进口贸易、FDI、技术许可等方式获得技术转移（Yang et al.，2003；Branstette et al.，2011），进而影响出口行业的技术水平。知识产权保护通过技术转移影响出口贸易技术复杂度的机制分析如图3.5所示。

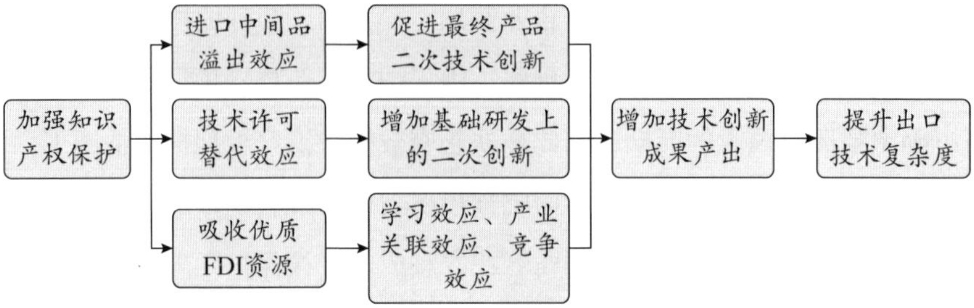

图3.5　知识产权保护通过技术转移影响出口技术复杂度的机制

首先，知识产权保护可以通过进口贸易的技术溢出效应影响本国出口贸易的技术含量。随着全球经济一体化程度的加深，通过进口中间品进行再加工已经成为一国参与全球价值链的重要途径。完善的知识产权保护制度可以激励本国出口企业进口拥有较高技术含量的中间品和半成品，对中间品和半成品进行深度加工后再出口。进口高技术含量的中间品，一方面，可以直接提高出口企业最终产成品的技术含量，另一方面，可以为本国中间品进口企业提供二次创新的基础。此外，高技术含量的进口中间品也会对本国中间品生产企业形成一定的竞争效应，促使本国中间品生产企业重视产品研发和技术创新，进而提高本国中间品的技术含量。因此，在有效的知识产权保护制度下，进口中间品中嵌套的技术溢出可以促进本国的技术创新，进而提高本国出口贸易的技术含量。其次，知识产权保护可以通过技术许可的替代效应影响本国的出口贸易技术含量。已有文献研究表明，知识产权保护强度与技术许可合同的签订高度相关。在弱知识产权保护的情况下，技术输出方由于担心技术许可后存在较高的泄密风险，对其拥有的技术独占权构成不确定的威胁，往往不愿意签订许可合同；而在强知识产权保护的情况下，技术许可合同签订的成功率要高得多。本国出口企业通过与国外企业签订技术许可合同，获得相应的技术使用权，在此基础上可以进行更有针对性的研发和创新，进而提高本国出口产品的技术含量。此外，在有效的知识产权保护制度下，本国出口企业会在自主研发创新和接受技术许可之间进行选择。当与国外企业进行技术许可谈判的综合交易成本低于自主研发投入成本时，满足理性“经济人”假定的出口企业会优先选择接受技术许可。由于前期的基础性研发往往需要投入较多的资金，有些项目的研发周期较长，而且需要面临创新的不确定性和较高的风险，因此研发成本较高。本国出口企业通过与国外企业签订技术许可合同，可以替代自主基础性研发，在接受许可技术的基础上进行更有针对性的二次创新，提高出口产品的技术含量。再次，知识产权保护会通过 FDI 的技术外溢效应影响本国出口产品的技术含量。本国知识产权保护水平的提高，有助于吸引大量优质外资企业进入。优质外资企业可以为本国企业及员工提供良好的学习示范，一方面，通过学习外资企业先进的生产技术和管理经验，可以提高本国出口行业的技术水平，另一方面，通过接受外资企业的技术培训、研发指导和合作生产，可以较快地获取先进技术，提升出口产品质量。在有效的知识产权保护下，大量优质外资企业的进入对本国相关出口企业形成一定的竞争威胁，加剧了出口行业的竞争程度。本国出口企业若想在激烈的市场竞争中保持或者提高出口市场占有率，就需要更加重视技术水平的提高和管理方法的改善，不断提高出口产品的技术创新率。最后，加强知识产权保护，被吸引的优质外资企业会通过产业关联效应影响本国企业出口产品的技术含量。当外资企业进入本国出口企业的上游行业时，外资企业可以为出口企业提供富有技术含量的中间品，进而提高本国出口企业最终产品的技术含量；当外资企业进入本国中间品或半成品出口企业的下游行业时，由于外资企业对中间品的品质要求较高，会加剧中间品供给商之间的竞争。有效的竞争可以激励本国中间品生产和出口企业不断加大技术研发力度，提高产品技术含量。同时，为了满足自身对高质量中间品的需求，在完善的知识产权保护制度下，外资企业有时候会派出专业技术人员对部分中间品生产和出口企业进行研发指导，这在一定程度上也会有效提升本国中间品的技术含量。基于上述分析，本节提出：

命题 3：提高本国知识产权保护水平会影响出口贸易技术复杂度的变化。

三、知识产权保护对出口贸易技术复杂度的行业差异化影响

不同行业有着不同的技术结构特点，各行业的知识密集度也不相同，这些均会影响到知识产权保护与行业出口产品的技术含量提升两者间的关系。在知识技术密集度高且与国外先进技术差距较大的中间品行业内，知识产权保护有利于吸

引优质外资企业进入和提高技术许可合同签订率，进而推动本国中间品行业的技术进步，提高出口产品的技术含量。相反，在知识技术密集度低的行业，知识产权保护对于外资的吸引力较弱，因此通过加强知识产权保护获得技术转移，进而提高出口产品技术含量的作用有限。基于上述分析，本节提出：

命题 4： 本国知识产权保护水平对出口贸易技术复杂度的影响具有显著的行业差异。

第三节　知识产权保护对出口贸易比较优势的影响机理

基于要素禀赋的比较优势理论认为，一国或地区的比较优势来源于其拥有的生产要素，如果能充分利用相对廉价且充足的生产要素，减少相对昂贵且稀缺的生产要素的投入，那么生产产品的成本能够大大降低，进而在该产品的生产上就拥有相对的比较优势。与绝对优势不同，一国或地区只需要充分利用其相对充足且廉价的生产要素，而不需要在某种生产要素上拥有绝对的低价或绝对多的数量。参与国际贸易的两方需要清晰地认识到各自拥有的生产要素禀赋，将各种生产要素整合在一起，重点出口利用本国相对丰裕要素生产制造出来的产品，进口利用本国相对缺乏要素生产制造出来的产品，从而发挥自身的比较优势，避开比较劣势。如此一来，进行贸易的两方都能从这样的贸易模式中获得较丰厚的利润。传统比较优势理论认为，一国或地区的比较优势主要来自于充足且低廉的劳动力、丰富的自然资源、雄厚的资本积累等要素禀赋上的区别。一国或地区只需密集使用自身拥有的要素禀赋比较优势，就可以在国际贸易市场竞争中获利。

一、知识产权保护制度影响出口贸易比较优势的基本传导机制

随着新制度经济学的发展，制度与经济增长的关系引起了国内外学者的广泛关注。其中一部分学者认为制度质量差异已成为一国比较优势的重要来源。已有研究表明，契约制度对一国出口贸易比较优势有显著影响，政治、经济和法律制度完善的国家倾向于生产和出口制度依赖程度高的产品，制度差异与传统的劳动

力资源、资本、技术等要素禀赋均能够显著增强一国出口比较优势（Nunn，2007；Levchenko，2007；孙楚仁 等，2018）。还有一些学者将传统的比较优势理论内生化，认为制度差异是一国比较优势的根本决定因素，劳动力资源分配、知识积累、技术进步等传统要素禀赋均会受到制度差异的影响（Acemoglu et al.，2007；Costinot，2009）。知识产权保护制度作为一种重要的制度安排，对一国出口比较优势的形成发挥着重要的作用。知识经济时代，知识技术密集型产品在国际贸易中所占比重逐渐提高，传统的比较优势逐步被削弱，仅仅依靠劳动力、资源和资本等传统要素禀赋，很难在激烈的知识竞争中获得持续稳定的竞争力。为适应国际贸易新形势的发展，贸易参与国迫切需要加强对知识技术研发创新的鼓励和支持。一方面，知识产品产量扩张引致的知识产权相关贸易越来越受到世界各国的关注，另一方面，拥有自主知识产权是确保在激烈的市场竞争中不被打败的关键点之一。无论是与知识产权相关的产品交易，还是对知识产权的明确界定，都离不开有效的知识产权保护制度。因此，知识产权保护制度也逐渐成为一国出口比较优势的重要来源之一。完善的知识产权保护制度有利于激励生产企业和出口企业进行产品研发创新，提高产品的知识含量和技术含量。由于知识和技术是高级生产要素，富含这类要素的产品往往具有较强的竞争力。与此同时，知识和技术要素充裕的国家可以密集使用该类生产要素，由此生产出来的产品在出口方面也具有较强的比较优势。知识产权保护制度赋予权利人在保护期间享有知识或技术的专有权，有利于权利人去占领和控制出口市场。因此，知识产权保护制度可以在一定时期增强和维持该出口比较优势。相反，不完善的知识产权保护制度则倾向于抑制技术研发创新，不利于知识和技术生产要素的累积，且在出口环节容易出现对别国产品的知识产权侵权行为。基于上述分析，本节提出：

命题 5: 本国知识产权保护水平的不断提升为生产企业和出口企业提供了良好的知识产权制度环境，有利于激励知识和技术生产要素的创新，增强产品出口的比较优势。

二、知识产权保护制度影响出口贸易比较优势的非线性传导机制

已有文献研究表明，一国法制建设强度对出口贸易增长的影响呈现非线性特征（孙少勤 等，2014），金融制度发展对资本密集型行业出口比较优势的影响呈现非线性特征（盛雯雯，2014）。随着知识产权保护强度的不断加大，其对出口比较优势的提升作用是否持续呈线性增长呢？现实中过强的知识产权保护可能会阻碍出口比较优势的提升，即知识产权保护水平对出口比较优势可能存在非线性的影响。过强的知识产权保护对出口比较优势的阻碍作用主要表现在两个方面：一方面，过强的知识产权保护水平使知识产权权利人获得一定的市场势力，长期内可以取得超额利润甚至是垄断利润。由于研发创新往往需要投入较多的资本和花费较长的时间，且创新具有一定的不确定性风险，因此出口企业中拥有市场势力的知识产权权利人将已获得的利润投入后续创新的动力可能呈下降趋势，进而影响出口比较优势的持续提升。简而言之，过严的知识产权保护可能会使知识产权权利人坐享专有权而不愿意面对创新风险。另一方面，过严的知识产权保护虽然有效保护了已有出口企业的研发和技术创新，但是这些出口企业可能形成一定的垄断势力，限制了处于成长期的出口企业参与竞争，进而降低了整个行业的出口效率，影响了行业出口比较优势的持续提升。因此，过强的知识产权保护制度可能会阻碍一国出口比较优势的持续提升。对知识产权给予适当和合理的保护，既可以激励发明创造，也有利于提升一国的知识技术密集型行业的出口比较优势。由于各国的经济发展水平不同、研发创新能力有高有低、与知识产权保护相关的法律法规不同，因此知识产权保护强度对各国出口比较优势的提升作用会有较大的差异。在实证研究中，需要考虑各国的具体国情。基于上述分析，本节提出：

命题6：知识产权保护制度对出口贸易比较优势的影响具有非线性特征，适当且合理的知识产权保护有利于提升出口比较优势，过强的知识产权保护反而会阻碍出口比较优势的提升。

三、知识产权保护影响出口贸易比较优势的行业差异化传导机制

不同行业有着不同的技术结构特点，各行业的要素投入密集度也不相同，这

些均会影响到知识产权保护水平与行业出口比较优势两者间的关系。以研发投入强度为例，高研发投入强度行业通常是知识和技术生产要素密集的行业，这些行业出口的核心竞争力往往与新发明、新专利密切相关。因此，在这样的背景下，这类出口行业更需要有良好的知识产权保护制度环境和有序的市场竞争环境。完善的知识产权保护制度能有效地满足这类行业出口发展的需要，通过赋予相关出口企业明确的知识产权专有权，使其拥有出口比较优势，进而提升企业核心竞争力。与此同时，完善的知识产权保护制度将给予侵权和非法模仿行为严厉有效的打击，保障知识产权权利人的合法权益，维护市场秩序；相反，低研发投入强度行业使用的知识和技术生产要素往往较少，对知识产权保护的要求和依赖程度都较低。因此，加强知识产权保护对低研发投入强度行业出口比较优势的提升作用有限，而对高研发投入强度行业出口比较优势的提升作用更明显。此外，对于需要使用具有知识产权特征的中间投入品的出口企业来说，完善的知识产权保护制度可以减少交易双方的信息不对称，降低交易成本，有利于保障合法的专有产品和技术转让，提高知识产权相关产品的交易效率，进而提升最终产品的出口比较优势。基于上述分析，本节提出：

命题7：本国知识产权保护水平对出口贸易比较优势的影响具有显著的行业差异。

本章小结

本章重点分析了本国知识产权保护制度对出口贸易量、出口技术复杂度及出口贸易比较优势的影响机理。知识产权保护旨在通过恰当地保护创造者的合理利益，激励技术创新和专利发明。为了补偿发明者用于研发的固定成本支出，同时由于知识具有外溢效应，实施知识产权保护是必需的。一国或地区提高知识产权保护水平，既可以有效促进企业的研发创新和专利发明，增加进入海外市场的新产品种类和数量，又可以降低出口产品遭遇知识产权壁垒的风险，提高本国产品在国际市场上的声誉，进一步扩大出口规模。提高本国知识产权保护水平还可以通过激励中间品和最终产品的技术研发创新，提高出口产品的国际竞争力；通过保障合法的技术转让，促进企业技术升级，提升行业出口标准，进而提高本国出口贸易量。由于不同行业所需的生产要素投入种类不同，导致不同行业对知识产权保护的依赖程度不同。由于知识和技术密集型行业投入的知识和技术通常较多，生产的产品中知识产权含量也较高，因此对知识产权保护的敏感度较劳动密集型行业高。本国知识产权保护水平对出口贸易量的影响具有显著的行业差异。

知识产权保护为出口企业的技术创新活动提供了公平有序的竞争环境，为技术创新成果的公开和交流提供了良好的支持。一方面，加强知识产权保护可以通过激励企业加大研发创新投入，增加创新成果产出；通过保障知识产权信息公开和规范交易秩序促进创新成果的市场交易，这两者均可以促进行业技术升级，进而提升出口产品的技术复杂度。另一方面，加强知识产权保护可以通过进口中间品的溢出效应，促进最终产品的二次技术创新；通过知识产权相关技术许可的替代效应，增加在基础研发层面上的二次创新；通过吸收优质 FDI 资源，可以学习外资企业先进的技术和管理经验，上下游的关联产业可以利用外资高技术含量的产品，还可以对内资企业形成一定的竞争威胁。以上均有利于增加技术创新成果的产出，进而提升本土企业的出口技术复杂度。此外，不同行业有着不同的技术结构特点，各行业的知识密集度也不相同，本国知识产权保护水平对出口贸易技术复杂度的影响具有显著的行业差异。

知识产权保护制度作为一种重要的制度安排，对一国出口比较优势的形成发挥着重要的作用。完善的知识产权保护制度有利于激励生产企业和出口企业进行产品研发创新，提高产品的知识和技术含量。由于知识和技术是高级生产要素，富含这类要素的产品往往具有较强的竞争力。与此同时，知识和技术要素充裕的国家可以密集使用该类生产要素，由此生产出来的产品在出口方面也具有较强的比较优势；相反，不完善的知识产权保护制度则倾向于抑制技术研发创新，不利于知识和技术生产要素的累积，且在出口环节容易出现对别国产品的知识产权侵权行为。现实中过严的知识产权保护可能会阻碍出口比较优势的提升，一方面，过度的知识产权保护可能会使知识产权权利人坐享专有权而不愿意面对创新风险，进而影响出口比较优势的持续提升；另一方面，过严的知识产权保护可能促使拥有知识产权的出口企业形成一定的垄断势力，限制了处于成长期的出口企业参与竞争，进而降低了整个行业的出口效率，影响了行业出口比较优势的持续提升。因此，知识产权保护制度对出口贸易比较优势的影响具有非线性特征。此外，由于不同行业的要素投入密集度不相同，不同生产要素对知识产权保护的依赖程度也不同，本国知识产权保护水平对出口贸易比较优势的影响具有显著的行业差异。

第四章 中国知识产权保护现状分析

知识经济时代的到来使得人们越来越重视知识，由此引致的发明创新极大地推动了社会的发展和人类文明的进步。为了维护发明创造者的利益和鼓励更多的研发创新，对实施知识产权保护的呼声也越来越高。此外，随着全球贸易的扩张，《与贸易有关的知识产权协定》签署后，国际贸易参与国普遍都采取了各种知识产权保护措施。知识产权保护制度在一国的生产制造和对外贸易中也发挥着越来越重要的作用。中国自 2008 年实施《国家知识产权战略纲要》以来，与知识产权相关的法律、法规体系不断完善，知识产权创造水平得到有效提升，知识产权执法保护更加严格，知识产权的运用效益逐渐显现，知识产权管理能力得到极大提高，知识产权的国际交流与合作向纵深发展。

第一节 中国知识产权保护现状

一、中国知识产权保护的立法情况

改革开放前，中国的知识产权制度体系的建设基本处于空白状态，1983 年开始实施的《中华人民共和国商标法》开创了我国知识产权立法之先河。1985 年 4 月 1 日起实施的《中华人民共和国专利法》为我国专利制度的建立和发展奠定了基础。1991 年开始实施《中华人民共和国著作权法》，1993 年开始实施《中华人民共和国反不正当竞争法》，自此我国的知识产权立法框架基本建成。中国在加入 WTO 前，为争取早日实现“复关”，中国政府采取多种措施建立健全各项法律法规，尤其是与知识产权保护相关的法律得到较全面的修订和完善。中国成为 WTO 成员方后，为适应 WTO《与贸易有关的知识产权协定》的要求，制定了更加严格和细化的知识产权保护的法律法规，紧密结合国际贸易实践的发展，适时调整和修订不符合 TRIPs 要求的法规条款，为中国参与激烈的全球贸易竞争奠定了坚实的法律基础。表 4.1 详细列明了中国现行主要的知识产权法律、行政法规和部门规章。

表4.1　中国现行主要知识产权法律、行政法规、部门规章一览表

法律、法规、规章名称	实施与修改情况
《中华人民共和国商标法》	1983 年 3 月 1 日起施行；1993 年 2 月 22 日第一次修正；2001 年 10 月 27 日第二次修正；2013 年 8 月 30 日第三次修正
《中华人民共和国专利法》	1985 年 4 月 1 日起施行；1992 年 9 月 4 日第一次修正；2000 年 8 月 25 日第二次修正；2008 年 12 月 27 日第三次修正
《中华人民共和国著作权法》	1991 年 6 月 1 日起施行；2001 年 10 月 27 日修正；2013 年 1 月 30 日修订实施条例
《中华人民共和国反不正当竞争法》	1993 年 12 月 1 日起施行；2017 年 11 月 4 日修订
《中华人民共和国农药管理条例》	1997 年 5 月 8 日起施行；2001 年 11 月 29 日修改
《中华人民共和国植物新品种保护条例》	1997 年 10 月 1 日起施行；2013 年修订
《中华人民共和国集成电路布图设计保护条例》	2001 年 10 月 1 日起施行
《中华人民共和国专利法实施细则》	2001 年 7 月 1 日起施行；2002 年 12 月 28 日修订
《中华人民共和国计算机软件保护条例》	2002 年 1 月 1 日起施行；2013 年修订
《中华人民共和国音像制品管理条例》	2002 年 2 月 1 日起施行
《中华人民共和国音像制品批发、零售、出租管理办法》	2002 年 4 月 10 日起施行
《中华人民共和国音像制品进口管理办法》	2002 年 6 月 1 日起施行
《中华人民共和国奥林匹克标志保护条例》	2002 年 4 月 1 日起施行

续表

法律、法规、规章名称	实施与修改情况
《中华人民共和国著作权法实施条例》	2002 年 9 月 15 日起施行
《中华人民共和国商标法实施条例》	2002 年 9 月 15 日起施行
《中华人民共和国药品管理法实施条例》	2002 年 9 月 15 日起施行
《中华人民共和国驰名商标认定和保护规定》	2003 年 6 月 1 日起施行
《中华人民共和国集体商标、证明商标注册和管理办法》	2003 年 6 月 1 日起施行
《中华人民共和国专利代理管理办法》	2003 年 7 月 15 日起施行
《中华人民共和国专利实施强制许可办法》	2003 年 7 月 15 日起施行
《中华人民共和国著作权行政处罚实施办法》	2003 年 9 月 1 日起施行
《中华人民共和国知识产权海关保护条例》	2004 年 3 月 1 日起施行；2010 年修订
《中华人民共和国兽药管理条例》	2004 年 11 月 1 日起施行
《中华人民共和国海关关于〈中华人民共和国知识产权海关保护条例〉的实施办法》	2004 年 7 月 1 日起施行
《中华人民共和国著作权集体管理条例》	2005 年 3 月 1 日起施行
《专利行政执法办法》	2011 年 2 月 1 日起施行
《国务院关于修改〈计算机软件保护条例〉的决定》	2013 年 3 月 1 日起施行

资料来源：笔者根据国家知识产权局网站公布资料整理完善。

从表 4.1 可以看出，商标法、专利法和著作权法等与知识产权相关的法律、法规自颁布和实施以来，进行了多次的修正和完善。随着经济社会的发展，特别是进入 21 世纪后，新技术、新发明、新商业形态层出不穷，与知识产权保护相关的立法也需要与时俱进，才能更好地发挥激励创新的作用。经过近 40 年的发展与改革，中国目前已经建立了较完善的与知识产权保护相关的国内法律法规体系。

改革开放推动了我国知识产权制度建设与国际接轨。在较短的时间内，中国陆续加入了《建立世界知识产权组织公约》《保护工业产权巴黎公约》等多个相关的国际公约，积极融入知识产权国际交流与合作。与知识产权保护相关的国际公约为世界贸易持续稳定的发展提供了重要的保障。中国成为 WTO 成员方后，又陆续加入了《世界知识产权组织版权条约》《世界知识产权组织表演和录音制品条约》等多个相关的国际条约。为了能更直观地表明中国知识产权保护的国际化发展历程，表4.2给出了中国在不同时期加入的与知识产权相关的国际公约、条约和协定。

表4.2　中国加入知识产权国际公约、条约和协定情况一览表

公约、条约和协定名称	加入情况
《建立世界知识产权组织公约》	自1980年6月3日起，中国成为世界知识产权组织的成员国
《保护工业产权巴黎公约》	自1985年3月19日起，中国成为该公约成员国
《关于集成电路知识产权保护条约》	自1989年起，中国成为该条约首批成员国之一
《商标国际注册马德里协定》	自1989年10月4日起，中国成为该协定成员国
《保护文学和艺术作品伯尔尼公约》	自1992年10月15日起，中国成为该公约成员国
《世界版权公约》	自1992年10月30日起，中国成为该公约成员国
《保护音像制作者防止非法复制公约》	自1993年4月30日起，中国成为该公约成员国
《专利合作条约》	自1994年1月1日起，中国成为该条约成员国
《商标注册用商品和服务国际分类尼斯协定》	自1994年8月9日起，中国成为该协定成员国
《国际承认用于专利程序微生物保存布达佩斯条约》	自1995年7月1日起，中国成为该条约成员国
《建立工业品外观设计国际分类洛迦诺协定》	自1996年9月19日起，中国成为该协定成员国
《国际专利分类斯特拉斯堡协定》	自1997年6月19日起，中国成为该协定成员国
《国际植物新品种保护公约》	自1999年4月23日起，中国成为植物新品种保护联盟（Union for the Protection of New Varieties of Plants，UPOV）成员国
《WTO与贸易有关的知识产权协议》	自2001年12月11日起，中国成为WTO成员方
《世界知识产权组织版权条约（WIPO Copyright Treaty，WCT）》	自2007年6月9日起，中国成为WCT成员国
《世界知识产权组织表演和录音制品条约（WIPO Performances and Phonograms Treaty，WPPT）》	自2007年6月9日起，中国成为WPPT成员国

资料来源：笔者根据国家知识产权局网站公布资料整理并加以完善。

中国成为世界知识产权组织（World Intellectual Property Organization，WIPO）成员国后，不断深化与世界知识产权组织和其他成员国的交往与合作，使得国际社会对中国知识产权事业的建设和发展有了更多的了解，赢得了广泛的支持。中国作为世界知识产权组织内最重要的发展中国家，在推动国际范围内对知识产权的保护工作方面发挥着越来越重要的作用。在中国政府的支持下，《视听表演北京条约》于2012年6月26日在北京成功签署，这是知识产权领域多边合作的又一重大成果。2014年，中国政府与世界知识产权组织签署《合作框架协议》，推动成立了WIPO中国办事处。2016年在北京召开的“一带一路”知识产权高级别会议，通过了《加强“一带一路”国家知识产权领域合作的共同倡议》，表明中国政府愿意与“一带一路”沿线各国在更大范围、更高水平和更深层次开展知识产权合作的决心。2017年，中国政府与WIPO签署《加强“一带一路”知识产权合作协议》。同年，加强知识产权合作相关内容被纳入《金砖国家领导人厦门宣言》。通过加入与知识产权有关的国际公约、条约和协定，中国的知识产权保护国际合作将得到更大的发展空间。

二、中国知识产权保护的执法情况

知识产权保护执法体系是知识产权保护制度里不可分割的重要组成部分。改革开放40多年来，中国逐渐形成了行政保护和司法保护的双轨制执法体制。这种执法体制是具有中国特色、符合中国国情的一种知识产权保护模式。行政执法部门拥有行政检查、行政处罚、行政强制等多种权力，执法方式多样化。同时，由于行政执法部门可以主动开展调查取证，使得行政执法程序更简便、处理速度更快，有效提高了案件办理时效，降低了权利人的维权成本。为更好地规范市场经营环境和营造良好的法治环境，知识产权司法保护建设也在不断加强。2014年11月北京知识产权法院挂牌成立，同年12月上海和广州知识产权法院也相继成立，负责管辖有关专利、植物新品种、技术秘密等专业技术性较强的第一审知识产权民事和行政案件。为进一步完善知识产权审判机制，2017年开始在南京、杭州、福州等十六地中级人民法院内设立知识产权法庭，知识产权民事、行政、刑事审判

“三合一”在全国法院全面推开，审判标准日趋统一，判赔数额明显提高。从2010年开始，中国政府已深入开展知识产权执法维权“双打”“天网”“护航”“雷霆”“龙腾”“溯源”“净化”“铁拳”等多种专项行动，大力打击专利侵权假冒行为，取得了较好的效果。2015年2月最高人民检察院出台《关于贯彻落实〈中共中央关于全面推进依法治国若干重大问题的决定〉的意见》，指出要不断提高知识产权保护的执法水平，加大对科研领域的职务犯罪的惩治力度。海关在进出口环节的知识产权保护方面发挥着重要的作用。海关总署统计数据显示，2008年至2017年，全国海关累计查获进出口侵权货物超过23.6万批次，涉及侵权货物近15.8亿件，案值近40.8亿元，海关总署累计核准知识产权海关保护备案5万余件。随着公众知识产权保护意识的加强和知识产权执法力度的加大，近年来我国各类知识产权案件数量呈现明显上升的态势。国家知识产权局统计数据显示，全国法院新收各类知识产权一审案件的数量从2008年的2.5万件持续上升到2017年的21.35万件，案件数量年均增速20%以上。

图4.1表明，2002—2018年间，我国专利侵权纠纷案件数量年均增长率非常低，结案率呈下降趋势。自2013年开始，专利侵权纠纷的办案总量增长迅速，2015年全国专利行政执法办案总量首次突破万件，2018年全国专利行政执法办案总量为7.7万件，专利侵权纠纷案件的结案率有较大幅度的提高。这进一步显示出了中国知识产权执法力度在不断加大。

2017年4月24日，最高人民法院向社会发布《中国知识产权司法保护纲要（2016—2020）》，系统地提出了中国知识产权司法保护工作的基本原则、主要目标和重点措施，进一步完善了知识产权司法保护体系，有利于提升司法保护能力。目前，我国已形成知识产权审查、确权、维权的协调联动机制，多元化保护力度不断加大。截至2017年，全国知识产权保护中心已批复建立19家，快速维权中心达到17家，知识产权举报投诉与维权援助服务网络基本覆盖全国，知识产权维权调解机制进一步完善。2018年国家机构改革，组建国家市场监督管理总局，重组国家知识产权局；明确由国家知识产权局负责全国知识产权保护体系的建设，制定商标、专利侵权判断标准并承担知识产权行政裁决职责；明确由市场监管部门综合执法队伍承担商标和专利方面的执法工作。这是全面加强知识产权保护的重要改革举措，优化了知识产权执法机制，进一步提升了知识产权执法效能。

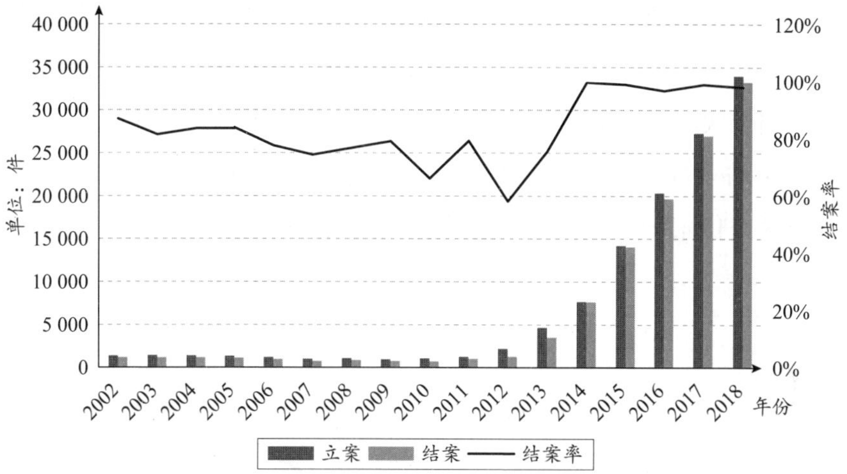

图4.1　2002—2018年中国专利侵权纠纷执法情况

资料来源：国家知识产权统计年报。

三、中国知识产权保护的运用情况

进入21世纪，我国知识产权事业发展迅速，知识产权运用和管理能力持续增强，知识产权综合实力稳步提升。国家知识产权局统计年报显示，2001—2018年中国的发明专利、实用新型与外观设计的国内外申请受理量和授权量都持续增长。图4.2是2001—2018年国内专利申请受理量和授权量趋势图。图4.3是2001—2018年国外专利申请受理量和授权量趋势图。

图4.2表明2001—2007年国内专利受理量和授权量增长较缓慢，2008年开始增长迅速，2013年的申请受理量和授权量已达到2008年的3倍多，其中非常重要的一个原因是2008年颁布和实施了《国家知识产权战略纲要》。该战略作为促进经济社会全面发展的重要国家战略，极大地推动了中国知识产权制度的发展。2018年年底我国国内发明专利有效量[①]达到166.2万件，实用新型专利有效量达

① 有效量：报告期末处于专利权维持状态的案卷数量。与申请量和授权量不同，有效量是存量数据而非流量数据。

到435.9万件，外观设计专利有效量为149.5万件。2018年来自国内企业发明专利申请的占比为64.3%，国内企业有效发明专利5年以上维持率达74%，表明我国国内企业的创新主体地位逐步提升。在已申请的专利中，获得授权的专利数量也增长迅速，2001年授权量仅为1.49万件，2016年则达到12.48万件，表明国内专利技术的创新成效显著。根据世界知识产权组织发布的2018年全球创新指数（The Global Innovation Index）排名，中国由2017年的第22位升至第17位，首次跻身全球创新指数二十强，也是进入二十强的唯一中等收入经济体。

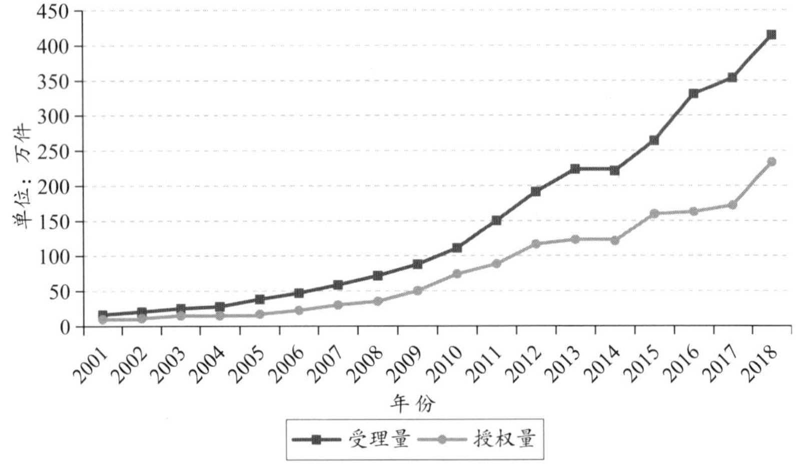

图4.2　2001—2018年国内专利申请受理量和授权量趋势图

资料来源：国家知识产权局统计年报。

图4.3是2001—2018年专利申请者向国外申请专利的数量和获得授权的数量。国家知识产权局统计年报数据显示，2001年国外专利申请数量仅为3.78万件，2018年则达到17.63万件，申请数量年均增长近10%。已申请专利获得授权的比率从2001年的39.6%开始呈逐渐上升态势，2016年达到78.2%。《专利合作条约》（Patent Cooperation Treaty，PCT）国际专利申请量由2007年的0.5万件提高到2018年的5.5万件。2017年中国提交PCT的国际专利申请量跃居全球第一，申请超过1 000件的省（市）有7个，依次为广东、北京、江苏、上海、山东、浙江和湖北，这7个省（市）的PCT国际专利申请量占国内总量的比重超过90%。这些省（市）中除了湖北，其余均属东部地区，表明我国PCT国际专利申请的区域发展极不平衡。

此外，提交PCT国际专利申请100件以上的国内企业达到44家，这表明我国企业寻求国际知识产权保护的意识和能力在逐渐加强。

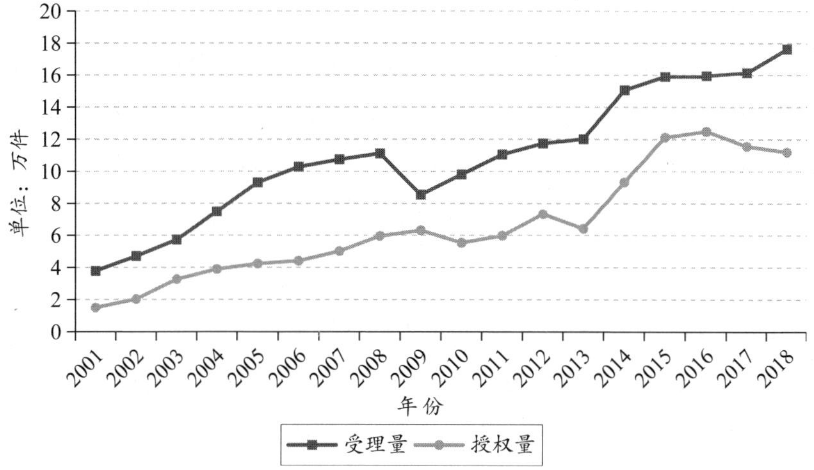

图4.3 2001—2018年国外专利申请受理量和授权量趋势图

资料来源：国家知识产权局统计年报。

图4.4是2011—2018年我国每万人口发明专利的拥有量，2011年仅有2.4件，2018年达到11.5件，增长迅速。但是我国每万人口发明专利拥有量的区域分布不平衡，2018年北京市每万人口发明专利拥有量为111.2件，居全国首位，上海为47.5件，排名第二，江苏为26.5件，排名第三；而中部省区每万人口发明专利拥有量基本低于10件，西部省区基本低于5件。

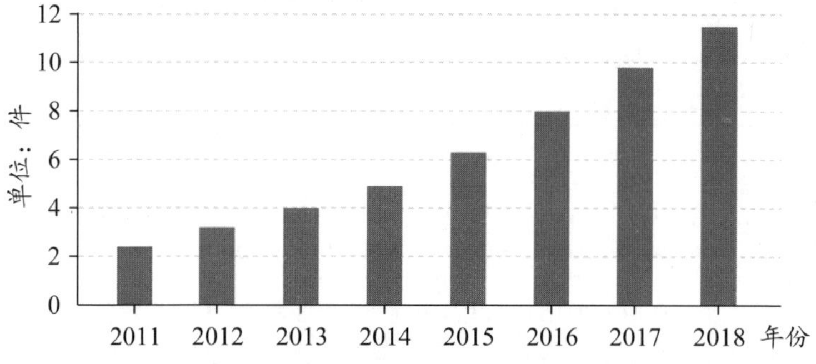

图4.4 2011—2018年每万人口发明专利拥有量(件)

资料来源：国家知识产权局统计年报。

《国务院关于加快培育和发展战略性新兴产业的决定》中明确战略性新兴产业由节能环保、新一代信息技术、生物、高端装备制造、新能源、新材料和新能源汽车七大产业组成。《战略性新兴产业发明专利统计分析报告（2017年）》显示，截至2016年年底，我国战略性新兴产业发明拥有量达71.9万件，占我国发明拥有量的比重为40.5%，其中战略性新兴产业国内（含中国港澳台地区）发明拥有量达42.9万件，占国内发明拥有量的比重为37%。经过“十二五”期间的培育发展，进入“十三五”阶段，我国战略性新兴产业的创新引领优势开始凸显。

图4.5表明七大战略性新兴产业的发明专利授权量总体呈增长趋势，但各产业发展态势不均衡。从发明专利授权量的发展趋势来看，新一代信息技术产业、生物产业和节能环保产业的各年发明专利授权量较多，处于第一梯队，这三个产业也是战略性新兴产业中的主导产业；高端装备制造产业、新能源产业和新材料产业的各年发明专利授权量在七大战略性新兴产业中排名居中，处于第二梯队；新能源汽车产业各年发明专利授权量则居于七大战略性新兴产业的末位，位列第三梯队。

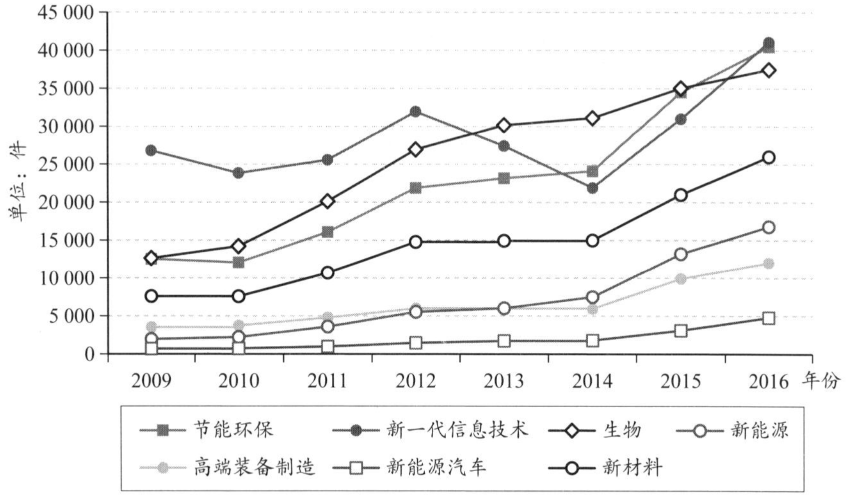

图4.5 2009—2016年七大战略性新兴产业发明专利授权发展趋势

资料来源：根据《战略性新兴产业发明专利统计分析报告(2014年)》《战略性新兴产业发明专利统计分析报告(2017年)》整理而得。

2008年《国家知识产权战略纲要》实施以来，我国知识产权运用效应日益凸显。截至2017年年底，北京全国知识产权运营公共服务总平台、西安军民融合特色试点平台和珠海金融创新特色试点平台均已投入运行，知识产权运营平台体系基本形成，专利、商标转让和许可等知识产权交易数量稳步上升。国家知识产权总局统计数据显示，截至2017年，我国专利质押融资总额达720亿元，商标质押贷款总额达369亿元，版权质押融资总额为59.8亿元，有效解决了一批轻资产中小企业融资难的问题。

中国政府积极实施知识产权战略升级的举措备受国内外关注。2012年中国制定了《国家知识产权战略实施推进计划》，其中包括了大力提高知识产权质量、加强知识产权保护、发展优势领域知识产权等具体内容。此外，为更好地落实《国家知识产权战略纲要》的规定，国务院办公厅于2014年12月发布《深入实施国家知识产权战略行动计划（2014—2020年）》，以期借助这一行动计划实现建成知识产权强国的美好愿景。自国家知识产权战略实施以来，中国政府高度重视知识产权的建设和发展。2015年12月，国务院发布《关于新形势下加快知识产权强国建设的若干意见》，明确提出建设中国特色、世界水平的知识产权强国的主要目标。2016年12月，国务院印发《“十三五”国家知识产权保护和运用规划》，知识产权规划首次列入国家重点专项规划。2018年博鳌亚洲论坛开幕式主旨演讲中，习近平主席专门将知识产权保护作为扩大对外开放的四个重要举措之一，再一次向世界传递了中国依法严格保护知识产权的坚定立场和鲜明态度。

改革开放以来，伴随着中国知识产权实践的发展，知识产权立法和执法水平都在不断提高。但根据历年“中国知识产权年鉴”的统计数据来看，中国每年的知识产权侵权发生率仍然较高，出口企业由于侵权遭遇诉讼的比例呈上升趋势，这些都表明民众的知识产权保护意识仍然较薄弱。因此，需要加大对知识产权保护制度的宣传力度，加强民众对知识产权保护相关理论的学习和了解，以更好地发挥知识产权保护制度对经济社会发展的促进作用。

第二节　中国知识产权保护强度的测算

一、已有知识产权保护强度测算方法的回顾

知识产权保护强度是指知识产权的专有权依法受法律保护的水平。与土地所有权、房屋所有权等其他物权不同，知识产权的特性使得对其保护强度的衡量测算非常困难。从国内外已有研究来看，用于衡量知识产权保护强度的方法主要有以下三种：

（1）问卷调查法。该方法主要是向特定的对象进行问卷调查，根据问卷调查结果来测算知识产权保护强度。调查的对象主要以跨国公司的管理人员和相关的法律人员为主，向他们发放调查问卷，将他们对东道国知识产权保护状况的意见收集起来，然后据此评价被调查国家的知识产权保护水平。问卷调查法能在一定程度上反映出被调查国家的知识产权保护相关政策的实施效果。但是由于问卷调查法的实施需要有跨国公司相关人员的支持，而跨国公司的员工常常由于人事变动，不可能长时间服务于某一国，因此问卷调查对象的多变性，也会使得据此得出的对某国知识产权保护制度的评价出现偏差，进而导致评价结果往往具有随意性，缺乏综合完整性。

（2）定性分类法。部分学者利用现有的国际公约和国际组织来测算某国或某地区的知识产权保护强度。与知识产权保护相关的国际公约主要有《保护工业产权巴黎公约》《建立世界知识产权组织公约》《与贸易有关的知识产权协定》。与知识产权及其保护相关的国家间合作组织主要有世界知识产权组织、世界贸易组织。加入了与知识产权保护相关的国际公约或国际组织，作为公约的缔约方或者是国际组织成员方，就必须遵循相应国际公约或国际组织的相关规定，因此在一定程度上可以用加入相关国际公约或国际组织的情况来衡量该国或该地区的知识产权保护水平。如 Ferrantino（1993）曾经将一国是否是 WIPO 的成员国作为衡量该国是否达到国际知识产权保护最低水平的标准。定性分类法是一种静态的分析法，由

于各国知识产权保护水平的变化是动态的，因此该分类方法不能充分地体现出国际组织成员国或者国际公约缔约国之间知识产权保护水平的动态变化差异。

（3）立法评分法。Rapp et al.（1990）和 Ginarte et al.（1997）对该方法进行了较早的研究和探索，主要依据某国或地区的知识产权法律条文进行相应的评价。Rapp et al.（1999）开创了量化知识产权保护水平的研究。他们对各国颁布实施的专利法进行评分，以得分值的多少来衡量一国知识产权保护水平的高低。具体评分是以美国专利法的最低标准为参照尺度，将其他国家或地区的专利法与美国的专利法最低标准进行对比。分值划分为六个整数等级：最高分是 5 分，表示该国或该地区的专利法达到了美国专利法的最低标准；4 分表示该国或该地区的专利法基本完善，但是没有达到美国专利法的最低标准；3 分表示该国或该地区的专利法不完善，存在部分缺失；2 分表示该国或该地区的专利法存在较大的缺失；1 分表示该国或该地区的专利法中没有明确的禁止盗版、复制的规定；0 分表示该国或该地区完全没有建立专利保护。Rapp et al.（1999）的立法评分法也常被简称为 R-R 指数。R-R 指数的优点主要包括两个方面：其一，专利法是与知识产权保护相关的法律法规中极其重要的一部法律，能在一定程度上反映一国或地区的知识产权保护水平；其二，R-R 指数计算分值简单，没有复杂的公式或方程。但是 R-R 指数也存在一些固有的缺陷：其一，该方法仅用一部专利法来衡量一国或地区的知识产权保护水平，而没有考虑更多相关的法律法规；其二，该方法未将各国、各地区专利法实际执行的效果考虑进去，而立法水平和执法水平两者不可等同；其三，采用六个整数等级的分类划分，精确度不够。

Ginarte et al.（1997）对 R-R 指数做了修正，对知识产权保护强度的测算从单一的专利法扩展到五个大类指标，每一个大类里面又包含若干二级指标。五个大类指标分别是：立法保护的覆盖范围；知识产权保护执法措施；是否为知识产权保护相关国际条约的成员国；知识产权专有权利丧失的保护措施；专利的保护期限。每个二级指标占 1 分，将每一大类里面的二级指标得分加总后除以该大类指标中二级指标的个数，可以得到该大类指标的得分。知识产权保护强度由五个大类得分的总和来表示。该测算方法简称为 G-P 指数。相对于 R-R 指数，G-P 指数将测算的指标扩展到包括知识产权专有权利丧失的保护、保护期限等五个大类，涵盖的法律法规更全面，因此能更加准确地从法律层面测算一国或地区的知识产权保护强度。此外，G-P 指数包含的二级指标及其分值计算方法避开了 R-R 指数只有整数等级的缺陷，因此更加精确。但是 G-P 指数仍存在一些缺陷，例如，选择的测算指标仍属于非动态指标，与 R-R 指数一样，都未将知识产权法律法规的实际执行效果纳入测算指标。由于大多数发展中国家的法律体系不够完善，仅考虑立法层面，而未考虑实际执法效果，G-P 指数或许并不能真实地反映出发展中国家的知识产权保护水平。

国内学者结合中国知识产权保护的实际对 G-P 指数进行了修正，具有代表性的是韩玉雄 等（2005）。其将知识产权保护的立法水平和知识产权保护的执法水平两者结合起来，共同测算中国的知识产权保护水平。其用 0 到 1 之间的数值来表示知识产权保护的执法水平，0 表示完全没有执行知识产权保护的相关条款，1 表示全部法律条款均完全被执行。他们认为，中国知识产权保护水平指数是立法确定的保护水平与执法力度的乘积。他们在此基础上计算出了中国在 1984 年与 2002 年之间的知识产权保护指数。

国内其他学者借鉴韩玉雄 等（2005）的方法，通过进一步修正 G-P 指数来测算中国的知识产权保护水平。例如，许春明 等（2008）引入“成人识字率”来度量社会公众的知识产权保护意识；姚利民 等（2009）用“法制化程度”等更加细化的指标来测算中国的执法力度，对 G-P 指数进行修正。

二、中国知识产权保护强度测算指标的构建

中国的知识产权保护执法体系不够完善，执法力度也较弱，因此，为了更好地测算中国实际的知识产权保护强度，需要将立法强度和执法力度两者结合起来，用公式表示为：

$$IPR(t) = L(t) \times E(t) \tag{4.1}$$

式（4.1）中，t 表示时间；$IPR(t)$ 表示中国的知识产权保护强度；$L(t)$ 表示中国的知识产权保护立法强度；$E(t)$ 表示中国的知识产权保护执法力度，即法律规定的知

识产权保护水平被实际执行的比例。关于知识产权保护立法强度，本书借鉴 Park（2008）对 G-P 指标体系的修正方法，在计算专利法覆盖程度指标得分时考虑是否可以申请专利，计算参与国际条约程度指标得分时增加了布达佩斯条约（Budapest treaty）和 TRIPs 两项的评分。表 4.3 为修正后的 G-P 指标体系。

表4.3　修正后的 G-P 指标体系

覆盖范围		国际条约成员	权利丧失的保护	执法措施	专利保护期限
医药专利	实用新型专利	巴黎条约	计划许可	诉前禁令	大于等于 20 年
化学品专利	动植物品种专利	专利合作条约	强制许可	连带责任	小于 20 年
食品专利	软件专利	新物种保护条约	专利的撤销	举证责任	
医用器械专利		布达佩斯条约			
微生物专利		TRIPs			

资料来源：借鉴 Park (2008) 的方法整理而得。

知识产权保护执法水平受多种因素的影响，借鉴韩玉雄 等（2005）和姚利民 等（2009）的研究，本书构建知识产权执法强度指标时分别从社会法制化程度、法律体系的完备程度、政府执法效力等方面选取适当的变量进行测算，具体见表 4.4。

表4.4　知识产权执法力度的7个二级指标

执法力度的二级指标	测算的代理变量
社会法制化程度	执业律师占该地区总人口的比例
法律体系的完备程度	立法时间的长度
政府执法效力	专利侵权案件的结案率与廉洁程度
知识产权服务机构配备	提供知识产权服务的律师事务所占所有律师事务所的比例
公众的知识产权保护意识	人均专利申请量
经济发展水平	人均 GDP
国际组织的制衡机制	是否是 WTO 成员方

资料来源：借鉴韩玉雄 等 (2005) 和姚利民 等 (2009) 的研究整理而得。

(一) 社会法制化程度

本书采用“执业律师占该地区总人口的比例”来衡量社会法制化程度。已有研究通过将一国执业律师占总人口的比例是否达到万分之五作为一个参照尺度，超过万分之五时，给予该国的社会法制化 1 分的分值；低于万分之五时，社会法制化得分为实际的比例除以万分之五。该指标根据“中国法律年鉴”的数据计算得到。

(二) 法律体系的完备程度

通常认为一个国家越早开始立法，其司法实践经验相对越充分，相应地，该国的法律体系也越完备。参照大多数发达国家建立较完备的法律体系至少需要 100 年时间，以此作为法律体系完备的参照尺度。1954 年开始实施新中国第一部宪法，此即为中国的立法起始时间。因此，中国的法律体系完备程度的得分为实际立法时间除以 100。

(三) 政府执法效力

政府执法效力与知识产权保护执法力度密切相关。姚利民 等（2009）认为政府机关的结案率一定程度上能反映其执法的态度，因此本书对政府执法态度的度量也采用“专利侵权案件的结案率”。专利侵权案件全部顺利结案，政府执法态度得分为 1 分；未全部结案，得分为实际的结案率。该指标根据历年“国家知识产权局统计年报”数据计算得到。政府的廉洁程度极大地影响法律制度与政策的有效实施。已有研究大多采用国际上“透明国际”组织每年定期发布的腐败印象指数（Corruption Perceptions Index，CPI）作为衡量政府廉洁程度的指标，CPI 采用 10 分制，分值越高，表明廉价程度越高。本书将中国历年 CPI 的实际值除以 10，作为政府廉洁程度的测算指标，将专利纠纷案件的结案率与 CPI 相乘得到的结果作为政府执法效力的测算指标。

(四) 知识产权服务机构配备

一国或地区完备的知识产权服务机构常常是加大知识产权保护执法力度的重要支撑。无论是发达国家还是发展中国家，与知识产权相关的众多事项大多是由律师事务所承办，因此本书选取“提供知识产权相关服务的律师事务所占所有律师事务所的比例”来度量知识产权服务机构的配备情况。如果一国或地区任何一家律师事务所均提供知识产权相关服务，该指标分值设定为1；如果没有全部都提供知识产权相关服务，则分值为提供知识产权相关服务的律师事务所的数量占全部律师事务所数量的比例。该指标根据“中国法律年鉴”及“中国司法行政年鉴”的数据计算得到。

（五）公众的知识产权保护意识

中国各类知识产权侵权案件频繁发生，很大程度上是因为社会民众缺乏足够的知识产权保护意识。本书借鉴姚利民 等（2009）的方法，选取“人均专利申请量”来度量社会公众的知识产权保护意识，并以每万人拥有专利申请量10件为参照尺度，当一个国家或地区万人拥有专利申请量达到或超过10件时，分值为1；当一个国家或地区万人拥有专利申请量低于10件时，分值为实际数值除以10。该指标根据历年“中国知识产权年鉴”的数据计算得到。

（六）经济发展水平

已有研究表明，一个国家或地区的经济发展水平会影响其执法力度。一国或地区的经济发展水平通常用人均GDP来衡量。一般而言，按照当前世界各国总体经济发展水平来看，中等收入国家的人均GDP为3 000美元左右。所以本书以人均GDP 3 000美元为参照尺度，当人均GDP达到或超过3 000美元时，分值为1；小于3 000美元时，分值为实际的人均GDP与3 000美元的比值。该指标根据历年“中国统计年鉴”数据计算得到。

（七）国际组织的制衡机制

WTO通过《与贸易有关的知识产权保护协定》来规范各成员方的知识产权保护行为，各成员方执法措施的实施接受WTO争端解决机制的监督。是否是WTO成员方也成为衡量国际组织制衡机制的重要指标。若一个国家为WTO成员方，则分值设定为1；若一个国家为非WTO成员方，则分值设定为0。中国历经15年时间才完成成为WTO成员方的历史使命，在这期间，为适应WTO的要求，中国不断改革和完善知识产权保护措施。为履行入世承诺，中国知识产权保护水平在加入 WTO 后不断提高。由于受 WTO 的制衡有一个逐渐加强的过程，因此可以假设 WTO 成员方的指标从复关谈判到入世后 5 年内是均匀地从 0 上升到 1（许春明 等，2008）。

鉴于数据的可得性，本书测算了 1996—2017 年中国知识产权保护的立法强度、执法力度和知识产权保护强度指数，计算结果如表 4.5 所示。图 4.6 显示了 1996—2017 年中国知识产权保护强度的变化趋势。

表4.5　1996—2017年中国知识产权保护强度

年份	立法强度	执法力度	保护强度	年份	立法强度	执法力度	保护强度
1996 年	3.124	0.373	1.165	2007 年	4.190	0.612	2.566
1997 年	3.124	0.394	1.230	2008 年	4.190	0.645	2.704
1998 年	3.124	0.417	1.302	2009 年	4.190	0.682	2.857
1999 年	3.324	0.433	1.440	2010 年	4.190	0.720	3.018
2000 年	3.324	0.449	1.492	2011 年	4.190	0.776	3.251
2001 年	3.324	0.472	1.570	2012 年	4.190	0.785	3.289
2002 年	4.190	0.496	2.079	2013 年	4.190	0.810	3.394
2003 年	4.190	0.514	2.155	2014 年	4.190	0.832	3.486
2004 年	4.190	0.536	2.245	2015 年	4.190	0.855	3.582
2005 年	4.190	0.566	2.372	2016 年	4.190	0.863	3.616
2006 年	4.190	0.589	2.467	2017 年	4.190	0.871	3.649

由图 4.6 可见，1996—2017 年中国知识产权保护的立法强度和执法强度都呈上升趋势，表明中国知识产权保护强度不断加强。图中立法强度在 2001 年后有一个明显的上升点，主要是由于 2001 年开始实施专利法修改。经过两次修改后，专利法扩大了专利保护范围，延长了专利保护期限，这些举措有效地提高了中国知识产权保护立法水平。已有研究表明，中国的知识产权保护立法强度已接近发达经济体的立法水平，但由于执法力度的不足，中国的知识产权保护水平仍远远落后于发达国家。这也是中国入世以来频繁遭遇贸易摩擦的一个重要原因。因此，中国各级政府还需进一步加大知识产权保护的执法力度。

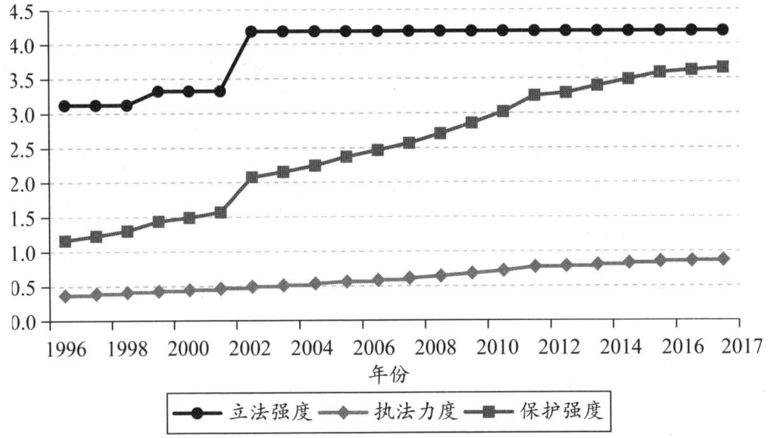

图4.6　1996—2017年中国知识产权保护强度变化趋势

三、行业知识产权保护水平的测算

由于不同行业的知识技术含量差异较大，为了更好地分析各行业的知识产权保护水平，本书构建了行业知识产权保护强度（Independent Intellectual Property Rights，IIPR）指标：

$$IIPR = IPR(t) \times Patent(i) \tag{4.2}$$

式（4.2）中，$Patent(i)$ 表示行业 i 的专利密集度。行业专利密集度指标的测算借鉴李凤新 等（2014）的研究方法，即用某行业每年的发明专利授权总数除以该行业的年平均就业人员数，如式（4.3）所示：

$$\text{发明专利密集度} = \frac{\text{某行业每年发明专利授权总数（件）}}{\text{该行业年平均就业人员数（10万人）}} \tag{4.3}$$

各行业每年发明专利授权数据来源于历年“中国科技统计年鉴”，各行业年平均就业人员数来源于历年“中国劳动统计年鉴”。鉴于数据的可得性，本书测算了30个工业行业2001—2017年的知识产权保护强度，具体如表4.6所示。

表4.6　2001—2017年工业行业知识产权保护强度

年份	食品及饮料制造	纺织服装及其制造	皮革毛等及其制品	木材加工及其制品	家具制造	印刷及记录媒介	文教体育用品	橡胶制品
2001年	2.082 1	3.102 3	2.805 2	3.135 2	3.573 9	3.446 3	3.481 3	3.678 2
2002年	2.055 2	3.138 4	2.845 3	3.176 4	3.647 5	3.451 1	3.486 5	3.764 5

续表

年份	食品及饮料制造	纺织服装及其制造	皮革毛等及其制品	木材加工及其制品	家具制造	印刷及记录媒介	文教体育用品	橡胶制品
2003 年	2.988 2	3.195 2	2.866 1	3.209 1	3.741 7	3.463 7	3.495 2	3.896 7
2004 年	2.876 3	3.289 1	2.875 6	3.247 7	3.866 3	3.465 8	3.502 6	3.965 1
2005 年	2.422 3	3.356 5	2.883 7	3.337 3	3.967 3	3.479 4	3.514 3	4.112 8
2006 年	2.321 4	3.098 3	2.906 3	3.343 8	4.235 6	3.512 9	3.545 7	4.175 2
2007 年	2.206 3	3.162 2	3.123 2	3.365 3	4.253 1	3.563 2	3.598 1	4.268 9
2008 年	2.761 3	3.582 6	2.995 4	3.332 7	4.559 2	3.577 4	3.612 8	3.862 4
2009 年	2.752 5	3.462 7	3.022 3	3.314 4	4.542 4	3.594 1	3.629 4	3.968 3
2010 年	2.789 3	3.735 4	3.165 6	3.399 7	4.557 5	3.612 5	3.645 9	4.049 6
2011 年	2.993 5	3.722 6	3.189 8	3.403 3	4.566 3	3.621 6	3.656 2	4.171 1
2012 年	3.022 3	3.718 3	3.209 2	3.427 3	4.589 2	3.633 2	3.668 6	4.177 7
2013 年	3.045 1	3.633 6	3.252 9	3.436 2	4.595 3	3.648 8	3.683 4	4.199 3
2014 年	3.058 2	3.698 4	3.249 8	3.415 4	4.409 3	3.649 5	3.679 3	4.204 2
2015 年	3.035 6	3.705 6	3.265 1	3.427 8	4.428 5	3.652 1	3.680 5	4.189 3
2016 年	3.073 2	3.708 9	3.278 3	3.439 8	4.431 4	3.653 3	3.681 1	4.195 8
2017 年	3.092 8	3.712 2	3.279 2	3.442 1	4.450 9	3.652 9	3.680 9	4.202 2

年份	金属制品	煤炭采选	石油及天然气开采	黑色金属矿采选	有色金属矿采选	其他非金属矿采选	烟草加工	造纸及纸制品
2001 年	3.583 3	3.558 3	3.268 3	3.248 2	3.312 3	2.892 3	2.573 4	2.357 2
2002 年	3.617 5	3.592 2	3.242 6	3.321 4	3.239 5	2.882 6	2.537 6	2.373 2
2003 年	3.699 1	3.674 6	3.245 8	3.334 2	3.309 8	2.858 9	2.512 9	2.387 4
2004 年	3.673 7	3.648 8	3.211 1	3.495 7	3.332 1	2.836 1	2.388 3	2.395 5
2005 年	3.663 2	3.635 1	3.106 2	3.577 4	3.362 9	2.802 4	2.277 6	2.389 1
2006 年	3.792 8	3.767 9	3.187 9	3.337 8	3.386 3	2.783 9	2.255 7	2.404 7
2007 年	3.824 4	3.799 3	3.156 3	3.351 2	3.333 7	3.765 5	2.234 1	2.426 8
2008 年	3.619 9	3.594 7	3.143 7	3.221 5	3.329 4	3.588 2	2.141 4	2.437 2
2009 年	3.603 5	3.578 2	3.144 2	3.253 1	3.306 9	3.349 7	2.197 2	2.518 5
2010 年	3.767 7	3.742 8	3.265 5	3.234 9	3.303 2	3.995 1	2.206 5	2.538 6

续表

年份	金属制品	煤炭采选	石油及天然气开采	黑色金属矿采选	有色金属矿采选	其他非金属矿采选	烟草加工	造纸及纸制品
2011 年	3.829 1	3.804 5	3.274 7	3.256 3	3.302 5	4.392 8	2.214 9	2.601 9
2012 年	3.892 9	3.865 8	3.255 2	3.237 8	3.318 3	4.654 4	2.213 3	2.612 1
2013 年	3.924 3	3.899 2	3.259 6	3.325 3	3.432 4	4.588 6	2.197 5	2.617 4
2014 年	3.835 7	3.856 2	3.260 9	3.356 2	3.392 5	4.472 1	2.209 3	2.598 9
2015 年	3.867 8	3.859 3	3.261 3	3.338 7	3.385 2	4.502 3	2.215 4	2.602 3
2016 年	3.883 2	3.870 9	3.270 3	3.349 8	3.402 1	4.512 2	2.216 8	2.618 7
2017 年	3.879 4	3.881 5	3.282 1	3.352 5	3.412 8	4.539 8	2.225 9	2.623 5

年份	塑料制品	非金属矿物制品	石油加工及炼焦	化学原料及其制品	医药制造	化学纤维制造	黑色金属压延冶炼	有色金属压延冶炼
2001 年	3.594 2	3.209 3	2.701 3	3.032 5	3.554 3	3.479 3	3.346 2	3.802 4
2002 年	3.634 4	3.243 6	2.741 2	3.072 6	3.561 7	3.545 2	3.379 4	3.868 6
2003 年	3.655 7	3.325 9	2.762 7	3.093 1	3.563 1	3.696 6	3.422 7	3.893 1
2004 年	3.664 2	3.2992	2.771 5	3.102 4	3.555 8	3.605 7	3.435 1	3.904 7
2005 年	3.672 8	3.286 5	2.779 8	3.151 2	3.574 9	3.458 1	3.452 8	3.928 3
2006 年	3.695 2	3.418 6	2.802 1	3.133 8	3.645 2	3.812 8	3.932 4	3.937 2
2007 年	3.912 9	3.405 8	3.019 9	3.325 9	3.707 4	3.979 9	3.979 7	3.937 9
2008 年	3.784 4	3.245 1	2.891 4	3.222 4	3.735 7	3.914 3	3.817 3	4.007 5
2009 年	3.811 5	3.229 6	2.918 5	3.249 6	3.755 6	3.925 2	3.812 6	4.018 1
2010 年	3.954 9	3.393 4	3.061 7	3.392 1	3.783 2	4.006 7	3.877 2	4.003 3
2011 年	3.978 1	3.455 6	3.085 6	3.416 7	3.797 5	4.015 5	3.889 7	4.025 5
2012 年	3.998 4	3.516 3	3.105 2	3.436 3	3.818 8	4.051 6	3.873 8	4.024 9
2013 年	4.041 8	3.535 6	3.148 4	3.479 9	3.824 2	4.098 8	3.883 2	4.126 3
2014 年	4.112 2	3.487 3	3.125 6	3.453 2	3.839 4	4.123 1	3.890 3	4.138 7
2015 年	4.209 8	3.492 5	3.137 8	3.459 8	3.840 5	4.136 7	3.895 4	4.139 8
2016 年	4.213 2	3.501 2	3.140 9	3.460 2	3.852 1	4.132 9	3.899 8	4.145 2
2017 年	4.220 6	3.523 8	3.152 4	3.478 3	3.858 9	4.150 5	3.902 3	4.143 8

续表

年份	通用设备制造	专用设备制造	交通运输设备制造	电气机械器材制造	电子通信设备制造	仪器仪表及办公用机械制造
2001 年	3.732 4	3.834 2	3.486 3	3.824 3	3.462 3	3.358 2
2002 年	3.763 7	3.865 0	3.497 6	3.847 8	3.504 1	3.402 5
2003 年	3.799 8	3.878 8	3.512 9	3.869 2	3.577 8	3.475 8
2004 年	3.815 1	3.943 0	3.531 1	4.016 9	3.649 9	3.547 2
2005 年	3.832 3	3.964 4	3.536 2	4.026 1	3.721 4	3.619 9
2006 年	3.856 5	3.974 7	3.584 6	4.287 0	3.847 6	3.745 5
2007 年	3.943 9	4.141 1	3.627 3	4.347 6	3.966 2	3.864 8
2008 年	4.019 3	4.145 9	3.654 7	4.262 3	3.947 7	3.845 4
2009 年	3.969 5	4.138 3	3.647 5	4.273 5	3.933 6	3.831 5
2010 年	4.025 8	4.174 2	3.667 9	4.296 8	3.973 2	3.868 7
2011 年	4.032 2	4.186 7	3.704 4	4.309 2	3.998 9	3.896 2
2012 年	4.038 4	4.197 5	3.727 6	4.313 6	4.017 4	3.915 6
2013 年	4.042 6	4.203 3	3.748 3	4.322 7	4.048 6	3.946 2
2014 年	4.112 5	4.212 5	3.730 9	4.338 5	4.053 2	3.958 7
2015 年	4.119 6	4.243 7	3.748 8	4.339 7	4.102 3	3.962 3
2016 年	4.120 7	4.239 8	3.751 2	4.340 3	4.114 5	3.967 8
2017 年	4.122 5	4.245 6	3.758 6	4.345 8	4.128 4	3.970 2

四、各地区知识产权保护水平的测算

中国各地区经济发展不平衡，产业分布不均，知识产权保护强度也相应地存在明显差异。为更好地反映中国知识产权保护强度，有必要对各地区的知识产权保护强度进行测算。本书根据中国总体知识产权保护强度的测算方法，结合实际数据加以适当调整，测算出各地区的知识产权保护强度。由于国家统一制定与知识产权相关的各项法律条款，各地区只是制定具体的实施细则，因此，全国范围内知识产权的各项立法强度是统一的，各地区的不同执法措施决定了各地区知识产权保护强度的差异。对各地区知识产权执法力度的测算仍然采用前述的七个指

标，其中“法律体系的完备程度”和“国际组织的制衡机制”指标的测算与全国的测算一致，各地区的“社会法制化程度”“知识产权服务机构配备”“经济发展水平”的测算指标数据根据各地区的统计年鉴计算得出，“公众的知识产权保护意识”和“政府执法效力”的测算指标数据主要根据国家知识产权局网站公布的统计数据计算得出。鉴于数据的可获得性，本书测算了2001—2017年中国31个省（市、区）的知识产权保护强度，具体数值如表4.7所示。

表4.7　2001—2017年中国31个省(市、区)的知识产权保护强度

地区	2001年	2002年	2003年	2004年	2005年	2006年	2007年	2008年	2009年
北京	2.765 1	2.906 3	3.115 3	3.177 3	3.252 4	3.389 4	3.262 2	3.435 4	3.442 8
天津	2.185 2	2.271 6	2.362 7	2.631 6	2.596 3	2.704 8	2.883 3	2.905 7	2.992 9
河北	1.643 3	1.682 9	1.733 9	1.785 9	1.796 2	1.808 6	1.821 4	1.915 8	1.998 4
山西	1.293 6	1.368 2	1.392 3	1.405 4	1.535 7	1.604 9	1.732 5	1.821 2	1.902 3
内蒙古	1.002 8	1.057 6	1.119 1	1.124 2	1.232 5	1.332 2	1.490 6	1.438 9	1.502 6
辽宁	1.949 3	2.091 1	2.023 5	2.245 7	2.286 8	2.365 1	2.378 8	2.408 4	2.538 7
吉林	1.532 5	1.689 5	1.702 7	1.726 8	1.839 9	1.905 5	2.132 9	2.204 6	2.221 4
黑龙江	1.653 4	1.722 6	1.892 2	1.905 3	2.012 1	2.145 3	2.202 3	2.214 3	2.228 8
上海	2.885 2	2.983 8	2.995 4	3.013 9	3.125 3	3.226 6	3.321 6	3.379 5	3.386 9
江苏	1.989 5	2.012 9	2.349 8	2.563 1	2.672 6	2.883 9	2.702 4	2.954 2	3.123 3
浙江	2.023 3	2.183 3	2.278 4	2.452 5	2.678 9	2.895 2	2.995 6	3.023 6	3.158 6
安徽	1.483 4	1.520 6	1.673 9	1.743 3	1.768 3	1.893 4	1.763 2	1.803 8	1.886 5
福建	1.268 2	1.321 6	1.435 5	1.652 7	1.895 5	1.905 5	2.249 4	2.473 4	2.556 2
江西	1.328 5	1.482 8	1.502 6	1.532 4	1.673 2	1.665 3	1.702 1	1.723 3	1.734 8
山东	1.673 7	1.875 3	1.902 2	1.934 8	2.056 7	2.128 4	2.236 6	2.348 7	2.406 2
河南	1.205 8	1.282 2	1.392 7	1.405 3	1.423 4	1.456 9	1.597 5	1.784 7	1.942 1
湖北	1.302 3	1.426 5	1.586 4	1.698 9	1.734 8	1.894 7	1.948 7	2.132 3	2.219 8
湖南	1.432 5	1.564 9	1.653 1	1.702 2	1.895 5	1.996 5	2.002 9	2.128 8	2.238 9
广东	2.038 8	2.102 7	2.226 4	2.234 3	2.246 6	2.567 9	2.689 2	2.703 9	2.849 5
广西	1.472 2	1.491 5	1.562 8	1.683 5	1.702 0	1.823 2	1.854 1	1.886 3	1.899 3

续表

地区	2001 年	2002 年	2003 年	2004 年	2005 年	2006 年	2007 年	2008 年	2009 年
海南	1.843 5	1.982 6	2.205 2	2.271 3	2.193 9	2.209 6	2.321 3	2.223 5	2.198 2
重庆	1.232 6	1.285 2	1.328 3	1.998 7	2.012 1	2.135 4	2.091 5	2.005 1	2.134 6
四川	1.458 7	1.556 7	1.623 5	1.703 4	1.832 5	1.993 7	2.038 7	2.167 4	2.254 4
贵州	1.362 9	1.378 4	1.402 9	1.441 8	1.458 3	1.467 1	1.478 3	1.486 7	1.495 8
云南	1.532 2	1.578 9	1.623 5	1.638 2	1.649 8	1.657 3	1.668 2	1.795 3	1.896 5
西藏	1.396 5	1.442 2	1.473 8	1.565 9	1.689 9	1.732 6	1.895 8	1.993 8	1.762 7
陕西	1.363 4	1.392 1	1.452 2	1.502 1	1.598 3	1.645 3	1.656 9	1.784 9	1.847 3
甘肃	1.003 1	1.018 4	1.126 6	1.189 4	1.231 5	1.356 2	1.529 3	1.598 2	1.605 6
青海	1.015 4	1.026 7	1.056 2	1.127 7	1.286 6	1.346 6	1.308 6	1.442 5	1.527 5
宁夏	1.678 5	1.763 9	1.812 5	1.903 5	1.884 4	1.923 4	1.956 2	2.036 8	2.148 1
新疆	1.349 7	1.476 3	1.569 1	1.608 3	1.693 2	1.732 8	1.894 4	1.937 6	2.132 3

地区	2010 年	2011 年	2012 年	2013 年	2014 年	2015 年	2016 年	2017 年
北京	3.483 9	3.491 5	3.502 3	3.564 5	3.573 2	3.579 8	3.580 3	3.585 7
天津	3.153 6	3.202 6	3.313 9	3.327 9	3.330 8	3.339 7	3.342 1	3.346 5
河北	2.028 7	2.126 8	2.202 8	2.241 7	2.250 6	2.259 9	2.260 3	2.268 4
山西	2.015 4	2.132 2	2.236 5	2.263 6	2.268 6	2.269 5	2.270 1	2.272 3
内蒙古	1.693 3	1.932 3	2.224 4	2.466 4	2.470 8	2.477 8	2.482 1	2.487 6
辽宁	2.652 6	2.741 5	2.883 5	2.898 3	2.899 9	2.902 2	2.912 3	2.915 9
吉林	2.302 2	2.349 4	2.467 8	2.528 5	2.529 6	2.530 4	2.538 9	2.542 2
黑龙江	2.305 3	2.438 5	2.505 2	2.525 4	2.528 8	2.530 2	2.538 4	2.539 5
上海	3.451 4	3.498 1	3.552 8	3.662 6	3.670 2	3.679 5	3.683 1	3.692 5
江苏	3.093 6	3.231 3	3.356 3	3.385 5	3.390 4	3.392 8	3.395 6	3.409 8
浙江	3.238 7	3.452 8	3.409 5	3.502 7	3.512 6	3.513 7	3.534 6	3.549 7
安徽	1.903 3	2.034 5	2.158 3	2.029 8	2.145 2	2.152 8	2.156 3	2.167 4
福建	2.602 8	2.787 9	2.694 8	2.832 6	2.842 6	2.849 8	2.850 3	2.858 6
江西	1.805 2	1.883 4	1.923 4	2.075 2	2.104 5	2.118 4	2.124 5	2.135 9
山东	2.413 5	2.445 5	2.503 5	2.563 4	2.578 3	2.589 2	2.593 5	2.601 2

续表

地区	2010年	2011年	2012年	2013年	2014年	2015年	2016年	2017年
河南	2.234 6	2.305 7	2.412 3	2.453 5	2.467 3	2.475 3	2.478 8	2.480 1
湖北	2.237 7	2.357 2	2.431 7	2.561 2	2.573 1	2.584 2	2.585 6	2.590 3
湖南	2.395 9	2.358 3	2.403 4	2.447 7	2.450 3	2.456 8	2.461 2	2.467 9
广东	3.056 3	3.145 9	3.327 5	3.485 6	3.490 4	3.499 8	3.501 2	3.517 4
广西	1.923 4	1.934 7	1.956 8	2.003 2	2.015 4	2.102 6	2.113 8	2.136 2
海南	2.012 6	1.986 4	1.882 6	1.893 4	1.982 4	2.012 5	2.124 7	2.128 3
重庆	2.1957 3	2.205 6	2.228 5	2.203 5	2.215 6	2.231 2	2.235 6	2.238 7
四川	2.361 5	2.415 1	2.502 1	2.672 9	2.680 1	2.684 7	2.692 6	2.702 5
贵州	1.502 2	1.532 3	1.556 2	1.587 8	1.590 3	1.595 6	1.602 3	1.613 8
云南	1.903 8	1.923 7	1.985 3	2.026 4	2.034 1	2.046 9	2.103 6	2.118 4
西藏	1.693 2	1.742 8	1.785 4	1.802 2	1.812 8	1.830 9	1.842 1	1.850 5
陕西	1.885 6	1.903 9	1.995 5	2.105 3	2.116 7	2.118 9	2.123 6	2.128 7
甘肃	1.663 3	1.745 4	1.784 4	1.798 5	1.801 2	1.809 8	1.812 2	1.813 7
青海	1.608 7	1.789 2	1.803 6	1.812 7	1.823 1	1.829 5	1.830 3	1.842 5
宁夏	2.205 9	2.128 6	2.269 7	2.395 5	2.398 6	2.401 2	2.418 5	2.423 7
新疆	2.206 5	2.225 5	2.269 3	2.429 3	2.431 3	2.439 5	2.445 6	2.450 3

从表4.7的数值结果来看，2001—2017年中国各地区的知识产权保护强度总体呈增强态势，个体呈现出较明显的差异性。总体而言，经济发达的东部沿海地区的知识产权保护强度较西部内陆地区高。将2001—2017年各地区的知识产权保护强度进行加总求平均，全国知识产权保护强度最高的两个地区分别是沪、京，紧随其后的是津、浙、粤、苏，这些省市均为经济发达地区；黔、甘、青、新、藏排在最后五位，而这些均为西部经济发展较落后地区。

本章小结

本章对中国知识产权保护强度的分析从立法和执法两方面进行阐述。文中详细列明了迄今为止中国政府颁布和实施的与知识产权保护相关的法律法规以及参加的与知识产权有关的国际公约，体现了不同时期政府对知识产权立法的重视程度。笔者分析了2001—2018年中国发明专利、实用新型与外观设计的申请受理量和授权量的趋势，尤其对节能环保、新一代信息技术、生物、高端装备制造、新能源、新材料和新能源汽车七大战略性新兴产业2009—2016年发明专利授权量的变化情况进行了较详细的论述。通过搜集专利侵权案件等资料，笔者分析了近年来中国政府对知识产权保护的执法情况。文中对Ginarte-Park等提出的方法进行修正，测算了1996—2017年中国的知识产权保护强度。鉴于数据的可得性，笔者构建了行业知识产权保护强度指标，测算了2001—2017年中国30个工业行业的知识产权保护强度。除了石油及天然气开采、烟草加工行业，其他工业行业在样本期间的知识产权保护强度总体基本都呈现上升趋势。化学原料及其制品、医药制造、化学纤维制造、通用设备制造、专用设备制造、交通运输设备制造、电气机械器材制造、电子通信设备制造、仪器仪表及文化办公机械制造等技术密集型行业的知识产权保护强度明显高于资本和劳动密集型行业。此外，由于中国各地区的经济发展水平和执法力度不同，本书根据已有资料测算了2001—2017年31个省（市、区）的知识产权保护强度。测算结果显示，2001—2017年中国各地区的知识产权保护强度总体呈增强态势，个体呈现出较明显的差异性。总体而言，经济发达的东部沿海省份的知识产权保护强度较西部内陆省份高。

第五章　中国货物和服务贸易出口现状分析

近年来，随着中国经济发展进入新常态，中国的对外贸易也进入了以稳增长、调结构、提质量为特征的新常态。海关统计数据显示，2018 年中国货物进出口总额达 30.51 万亿元人民币，比 2017 年增长 9.7%，货物贸易总量首次超过 30 万亿元，再次位居全球第一。出口商品结构更加优化，其中机电产品占比为 58.8%，高新技术产品占比上升到 28.8%。2018 年中国服务贸易进出口额为 5.24 万亿元，继续保持全球第二的排名，服务贸易进出口额占对外贸易的比重为 14.7%。知识密集型服务贸易占服务贸易的比重达到 32.4%，保持稳定增长态势。中国进出口贸易伙伴更加多元化，与“一带一路”沿线国家的贸易合作潜力不断上升。

第一节　中国货物和服务贸易出口增长情况

一、货物贸易出口增长情况

(一) 货物贸易出口总量

改革开放 40 多年来，中国货物进出口贸易可以用“飞速发展”来形容，增长速度超过了绝大多数的发达国家和发展中国家。中国的对外贸易总额从改革开放之初的 200 亿美元增长到 2018 年的 46 224.2 亿美元，年均增长率约为 14.62%。2013 年中国超越美国，成为世界第一货物贸易大国，这是我国对外贸易发展道路上的一个新里程碑。中国的出口贸易额从1978年的97.5亿美元增长到2018年的24 866.8亿美元，年均增长率约为14.50%。表5.1为1991—2018年中国货物贸易进出口额及其增长率。

表5.1　1991—2018年中国货物贸易进出口额及其增长率

年份	进出口总额（亿美元）	进出口总额增长率	出口额（亿美元）	出口额增长率	进口额（亿美元）	进口额增长率
1991年	1 357.0	17.55%	719.1	15.82%	637.9	19.57%
1992年	1 655.3	21.98%	849.4	18.12%	805.9	26.34%
1993年	1 957.0	18.23%	917.4	8.01%	1 039.6	29.00%
1994年	2 366.2	20.91%	1 210.1	31.91%	1 156.1	11.21%
1995年	2 808.6	18.70%	1 487.8	22.95%	1 320.8	14.25%
1996年	2 898.8	3.21%	1 510.5	1.53%	1 388.3	5.11%
1997年	3 251.6	12.17%	1 827.9	21.01%	1 423.7	2.55%
1998年	3 239.5	−0.37%	1 837.1	0.50%	1 402.4	−1.50%
1999年	3 606.3	11.32%	1 949.3	6.11%	1 657.0	18.15%
2000年	4 742.9	31.52%	2 492.0	27.84%	2 250.9	35.84%
2001年	5 096.5	7.46%	2 661.0	6.78%	2 435.5	8.20%
2002年	6 207.7	21.80%	3 256.0	22.36%	2 951.7	21.19%
2003年	8 509.9	37.09%	4 382.3	34.59%	4 127.6	39.84%
2004年	11 545.5	35.67%	5 933.3	35.39%	5 612.3	35.97%
2005年	14 219.1	23.16%	7 619.5	28.42%	6 599.5	17.59%
2006年	17 604.4	23.81%	9 689.8	27.17%	7 914.6	19.93%
2007年	21 765.7	23.64%	12 204.6	25.95%	9 561.2	20.80%
2008年	25 632.6	17.77%	14 306.9	17.23%	11 325.7	18.45%
2009年	22 075.4	−13.88%	12 016.1	−16.01%	10 059.2	−11.18%
2010年	29 740.0	34.72%	15 777.5	31.30%	13 962.4	38.80%
2011年	36 418.6	22.46%	18 983.8	20.32%	17 434.8	24.87%
2012年	38 671.2	6.19%	20 487.1	7.92%	18 184.1	4.30%
2013年	41 589.9	7.55%	22 096.0	7.82%	19 499.9	7.24%

续表

年份	进出口总额/亿美元	进出口总额增长率	出口额/亿美元	出口额增长率	进口额/亿美元	进口额增长率
2014 年	43 015.3	3.43%	23 422.9	6.03%	19 592.4	0.47%
2015 年	39 530.3	−8.10%	22 734.7	−2.94%	16 795.6	−14.27%
2016 年	36 855.6	−6.77%	20 976.3	−7.73%	15 879.3	−5.46%
2017 年	41 071.6	11.44%	22 633.7	7.90%	18 437.9	16.11%
2018 年	46 224.2	12.48%	24 866.8	9.57%	21 357.3	16.07%

资料来源：根据历年“中国统计年鉴”计算而得。

图 5.1 显示了 1991—2018 年中国货物贸易进出口额变化情况。从表 5.1 和图 5.1 可以清晰地看出，出口额、进口额以及进出口总额基本都呈增长态势。1997 年东南亚金融危机爆发给中国对外贸易带来不小的冲击。1998 年中国货物贸易的进口额和进出口总额均出现负增长，出口额的增长率也仅有 0.5%。2008 年全球金融危机给世界经济与贸易带来了严峻挑战，也沉重打击了中国对外贸易，2008 年我国货物贸易进出口总额增长率同比下降了约 6%，出口额增长率下降了近 9%；2009 年继续受其影响，进出口总额大幅下降，出口额增长率为 −16.01%，进口额增长率为 −11.18%。为有效减少外贸下滑给经济增长带来的影响，中国政府及时出台了一系列扩大内需和鼓励进口的措施，2010 年中国进出口贸易额回归到正增长。1991 年中国出口贸易额仅占全世界出口贸易总额的 2.08%，2013 年中国出口贸易总额占世界出口贸易总额的比率上升到 11.7%，出口总额居世界第一，这充分表明了中国在国际贸易市场上已经拥有举足轻重的地位。受全球经济低迷的影响，2015 年和 2016 年中国货物出口额均有不同程度的下降，其中 2015 年货物贸易出口额增长率为 −2.94%。2016 年由于新兴市场国家经济发展明显减速，中国货物贸易出口额增长率为 −7.73%。2017 年中国货物出口增速明显，出口额增长率为 7.9%，扭转了 2015 年、2016 年连续两年下降的局面；全年货物进出口总额再次超越美国，居全球第一。2018 年货物贸易出口额增长率为 9.57%，继续保持平稳上升趋势。

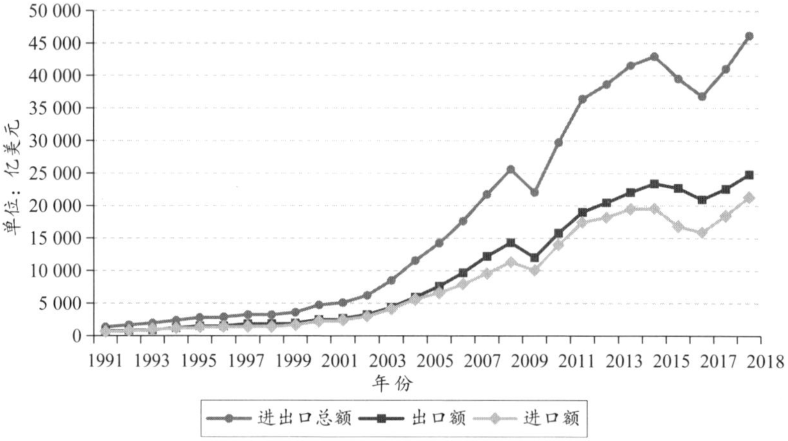

图5.1 1991—2018年中国货物贸易进出口额变化情况

资料来源：历年“中国统计年鉴”。

(二)货物贸易出口结构

货物贸易出口结构的定义有广义与狭义之分。广义的货物贸易出口结构是指出口贸易中各要素占比关系，包括货物贸易出口产品结构、市场结构和产业结构等。狭义的货物贸易出口结构仅仅指货物贸易出口产品结构，是指一国在一定时期内某类产品出口额占全部产品出口额的比重。狭义的货物贸易出口结构能在一定程度上体现该国的产业结构分布、经济发展程度、各大类产业的发展层次等。按照国际贸易标准分类（Standard International Trade Classification，SITC），进出口贸易商品可以分为初级产品和工业制成品两大类。初级产品以农产品为典型代表，是指未曾经过人为加工或者只经过简单加工的产品。工业制成品是指经由工业生产制造部门对初级产品进行各种加工后得到的产品。表5.2为1991—2018年中国货物贸易出口结构。

表5.2 1991—2018年中国货物贸易出口结构

年份	初级产品 / 亿美元	初级产品占比	工业制成品 / 亿美元	工业制成品占比
1991年	161.45	22.45%	556.98	77.46%
1992年	170.04	20.02%	679.36	79.98%

续表

年份	初级产品/亿美元	初级产品占比	工业制成品/亿美元	工业制成品占比
1993 年	166.66	18.17%	750.78	81.83%
1994 年	197.08	16.29%	1 012.98	83.71%
1995 年	214.85	14.44%	1 272.95	85.56%
1996 年	219.25	14.52%	1 291.23	85.48%
1997 年	239.53	13.10%	1 588.39	86.90%
1998 年	204.89	11.15%	1 632.20	88.85%
1999 年	199.41	10.23%	1 749.90	89.77%
2000 年	254.60	10.22%	2 237.43	89.78%
2001 年	263.38	9.90%	2 397.60	90.10%
2002 年	285.40	8.77%	2 970.56	91.23%
2003 年	348.12	7.94%	4 034.16	92.06%
2004 年	405.49	6.83%	5 527.77	93.17%
2005 年	490.37	6.44%	7 129.16	93.56%
2006 年	529.19	5.46%	9 160.17	94.53%
2007 年	615.09	5.04%	11 562.67	94.74%
2008 年	779.57	5.45%	13 527.36	94.55%
2009 年	631.12	5.25%	11 384.83	94.75%
2010 年	816.86	5.18%	14 960.69	94.82%
2011 年	1005.45	5.30%	17 978.36	94.70%
2012 年	1 005.58	4.91%	19 481.56	95.09%
2013 年	1 072.68	4.86%	21 017.36	95.14%
2014 年	1 126.92	4.81%	22 296.01	95.19%
2015 年	1 039.27	4.57%	21 695.41	95.43%
2016 年	1 051.87	5.01%	19 924.44	94.99%
2017 年	1 177.33	5.20%	21 456.38	94.80%
2018 年	1 349.93	5.43%	23 516.89	94.57%

资料来源：根据历年“中国统计年鉴”整理而得。

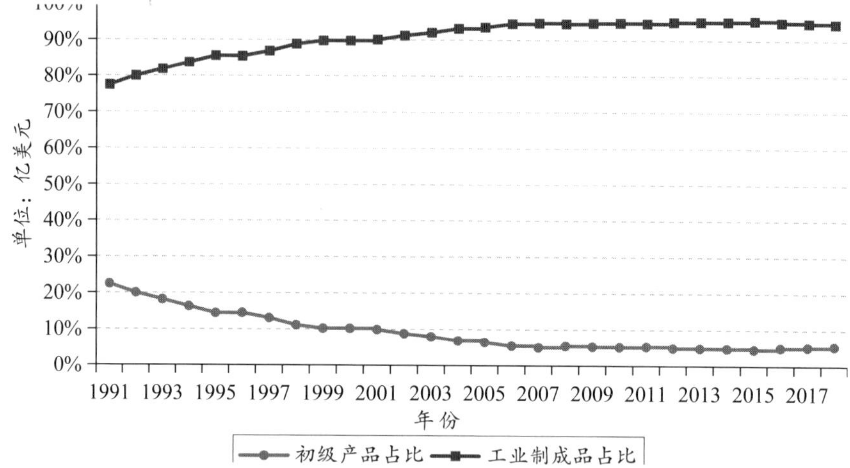

图5.2 1991—2018年中国货物贸易出口结构变化情况

资料来源：根据历年"中国统计年鉴"整理而得。

图5.2显示了中国1991—2018年初级产品出口额占货物总出口额的比重呈逐渐下降趋势，而工业制成品出口额占货物总出口额的比重呈增长态势，表明中国货物贸易出口规模迅速扩大的同时，出口商品结构也在不断优化。具体来看，1991年中国出口商品中初级产品占22.45%，工业制成品占77.46%，工业制成品已经成为出口的主导产品。近年来随着对外贸易的深化，出口商品中初级产品的比重大幅下降，从2010年开始，初级产品占商品出口总额的比重基本在5%左右，而工业制成品占比维持在95%左右，占据了绝对的主导地位。

根据国际贸易标准分类，工业制成品可以细分为化学品及有关产品、按原料分类的制成品、机械及运输设备、杂项制品及未分类的其他商品，其中按原料分类的制成品主要包括轻纺产品、橡胶制品、矿冶产品及其制品。表5.3列出了2008—2018年中国工业制成品出口结构情况。由表可知，机械及运输设备出口额占工业制成品的比重基本维持在50%左右；化学品及有关产品出口额所占比重从2008年的5.87%上升到2018年的6.74%；按原料分类的制成品出口比重有小幅下降；杂项制品出口额占比基本保持在25%左右，这表明我国工业制成品出口结构在不断优化。

表5.3　2008—2018年中国工业制成品出口结构

年份	化学品及有关产品		按原料分类的制成品		机械及运输设备		杂项制品	
	金额/亿美元	占比	金额/亿美元	占比	金额/亿美元	占比	金额/亿美元	占比
2008	793.1	5.87%	2 617.4	19.38%	6 733.3	49.85%	3 346.1	24.77%
2009	620.2	5.45%	1 848.2	16.23%	5 902.7	51.85%	2 997.5	26.33%
2010	875.7	5.85%	2 491.1	16.65%	7 802.7	52.15%	3 776.5	25.24%
2011	1 147.9	6.38%	3 195.6	17.77%	9 017.7	50.16%	4 593.7	25.55%
2012	1 135.7	5.83%	3 341.5	17.15%	9 643.6	49.50%	5 346.6	27.44%
2013	1 196.6	5.69%	3 606.5	17.15%	10 392.5	49.42%	5 814.5	27.65%
2014	1 345.9	6.04%	4 003.8	17.95%	10 706.3	48.01%	6 221.7	27.90%
2015	1 296	5.97%	3 913.1	18.02%	10 594.5	48.80%	5 881.5	27.09%
2016	1 218.9	6.12%	3 512	17.62%	9 845.1	49.40%	5 296.2	26.57%
2017	1 412.9	6.24%	3 685.6	16.28%	10 823.3	47.82%	5 476.9	24.20%
2018	1 675.3	6.74%	4 047.5	16.28%	12 080.6	48.58%	5 658.1	22.75%

资料来源：根据历年“中国统计年鉴”整理而得。

(三)货物贸易出口国别

随着改革开放的深入，中国已逐步形成了多元化的出口市场分布。新兴经济体近年来的蓬勃发展促使中国与新兴市场的贸易联系越来越紧密。表5.4是2008—2018年中国对主要贸易伙伴的货物贸易出口情况，表中的“占比”指的是中国对该贸易伙伴的年度出口额占当年总出口额的比重。

表5.4　2008—2018年中国对主要贸易伙伴的货物贸易出口情况

年份	日本		东盟		非洲		欧盟	
	金额/亿美元	占比	金额/亿美元	占比	金额/亿美元	占比	金额/亿美元	占比
2008年	1 161.3	8.12%	1 143.2	7.99%	512.4	3.58%	2 948.9	20.61%
2009年	978.7	8.14%	1 062.6	8.84%	477.3	3.97%	2 373.2	19.75%
2010年	1 210.4	7.67%	1 381.6	8.76%	599.5	3.80%	3 125.6	19.81%

续表

年份	日本		东盟		非洲		欧盟	
	金额/亿美元	占比	金额/亿美元	占比	金额/亿美元	占比	金额/亿美元	占比
2011 年	1 482.7	7.81%	1 700.7	8.96%	730.8	3.85%	3 575.2	18.83%
2012 年	1 516.2	7.40%	2 042.5	9.97%	853.1	4.16%	3 352.6	16.36%
2013 年	1 502.8	6.80%	2 440.7	11.04%	928.1	4.20%	3 389.8	15.35%
2014 年	1 494.5	6.38%	2 718.2	11.60%	1 061.5	4.53%	3 709.0	15.83%
2015 年	1 356.7	5.96%	2 774.9	12.20%	1 086.7	4.78%	3 558.8	15.64%
2016 年	1 292.6	6.16%	2 559.9	12.20%	922.2	4.40%	3 390.5	16.16%
2017 年	1 372.6	6.06%	2 791.1	12.33%	945.2	4.18%	4 225.8	18.67%
2018 年	1 735.4	6.98%	3 192.4	12.84%	1 047.1	4.21%	4 521.6	18.18%

年份	俄罗斯		拉丁美洲		美国		澳大利亚	
	金额/亿美元	占比	金额/亿美元	占比	金额/亿美元	占比	金额/亿美元	占比
2008 年	330.8	2.31%	717.6	5.02%	2 523.8	17.64%	222.5	1.56%
2009 年	175.2	1.46%	570.9	4.75%	2 208	18.38%	206.4	1.72%
2010 年	296.1	1.88%	918.0	5.82%	2 832.9	17.96%	272.2	1.73%
2011 年	389.0	2.05%	1 217.2	6.41%	3 244.5	17.09%	339.1	1.79%
2012 年	440.6	2.15%	1 352.2	6.60%	3 517.8	17.17%	377.3	1.84%
2013 年	495.9	2.24%	1 342.7	6.08%	3 684.3	16.68%	375.6	1.70%
2014 年	536.8	2.29%	1 362.6	5.82%	3 960.9	16.91%	391.2	1.67%
2015 年	347.8	1.53%	1 322.2	5.81%	4 095.4	18.00%	403.2	1.77%
2016 年	373.3	1.78%	1 138.6	5.43%	3 850.8	18.35%	372.9	1.78%
2017 年	462.5	2.04%	1 308.2	5.78%	5 056.1	22.34%	491.5	2.17%
2018 年	522.03	2.10%	1 487.9	5.98%	4 783.9	19.24%	555.2	2.23%

资料来源：根据历年“中国统计年鉴”整理而得。

根据国家统计局发布的数据，中国对东盟、非洲和拉丁美洲的出口占中国出口总额的比重由2000年的6.95%、2.02%和2.88%分别上升至2013年的11.04%、

4.2%和6.1%；中国对印度和俄罗斯出口的占比也由2000年的0.62%和0.89%分别提升到2013年的2.19%和2.24%；中国对欧盟、美国和日本的出口占中国出口总额的比重由2000年的18.3%、20.91%和16.72%分别下降至2013年的17.5%、16.67%和6.79%。这表明中国与东盟、非洲和拉丁美洲等新兴市场经济体的贸易往来逐渐增加。2013年中国发出“一带一路”倡议，进一步加深与丝绸之路经济带和海上丝绸之路沿线国家的交流与合作。此后，中国与“一带一路”沿线国家的贸易往来更加频繁。中国对东盟、非洲、拉丁美洲、俄罗斯、澳大利亚等贸易伙伴的出口额呈逐年增加趋势，其中2018年中国对东盟的出口额占比达到12.84%，较2000年增长了近一倍。这表明中国出口市场多元化战略已取得较大成效。

二、服务贸易出口增长情况

(一)服务贸易出口总量

改革开放助推了中国工业制成品的出口，随着工业制造的发展，运输、仓储、邮政、金融和保险等服务业在国民经济中的比重逐渐上升。随着国内服务业的快速发展和对外开放的深化，服务贸易的国际竞争力不断提高。表5.5是1991—2018年中国服务贸易的进出口额及其增长率。[①]

表5.5　1991—2018年中国服务贸易的进出口额及其增长率

年份	出口额/亿美元	出口额增长率	进口额/亿美元	进口额增长率	进出口总额/亿美元	进出口差额[①]/亿美元
1991年	69.79	19.20%	41.22	−5.28%	111.01	28.57
1992年	92.49	32.53%	94.34	128.87%	186.83	−1.85
1993年	111.93	21.02%	120.36	27.58%	232.29	−8.43
1994年	166.20	48.49%	162.99	35.42%	329.19	3.21
1995年	191.30	15.10%	252.23	54.75%	443.53	−60.93
1996年	206.01	7.69%	225.85	−10.46%	431.86	−19.84
1997年	245.69	19.26%	279.67	23.83%	525.36	−33.98

① 进出口差额=出口额—进口额。

续表

年份	出口额/亿美元	出口额增长率	进口额/亿美元	进口额增长率	进出口总额/亿美元	进出口差额/亿美元
1998 年	238.95	−2.74%	266.72	−4.63%	505.67	−27.77
1999 年	262.48	9.85%	315.89	18.44%	578.37	−53.41
2000 年	304.31	15.94%	360.31	14.06%	664.62	−58.00
2001 年	333.34	9.54%	392.67	8.98%	726.01	−59.33
2002 年	397.45	19.23%	465.28	18.49%	862.73	−67.83
2003 年	467.60	17.65%	553.06	18.87%	1 020.66	−85.46
2004 年	649.13	38.82%	727.21	31.49%	1 376.34	−78.08
2005 年	784.69	20.88%	839.71	15.47%	1 624.40	−53.00
2006 年	940.71	19.88%	1 008.38	20.09%	1 949.09	−67.67
2007 年	1 254.47	33.35%	1 291.26	28.05%	2 545.73	−36.79
2008 年	1 453.43	15.86%	1 563.97	21.12%	3 017.4	−110.54
2009 年	1 225.63	−15.67%	1 459.79	−6.66%	2 685.42	−234.16
2010 年	1 783.39	45.51%	1 934.01	32.49%	3 717.40	−149.00
2011 年	2 010.47	12.73%	2 478.44	28.15%	4 488.91	−613.00
2012 年	2 015.76	0.26%	2 813.01	13.50%	4 828.77	−898.00
2013 年	2 070.06	2.69%	3 306.08	17.53%	5 376.14	−1 221.00
2014 年	2 191.41	5.86%	4 328.83	30.94%	6 520.24	−2 137.42
2015 年	2 186.34	−0.23%	4 355.41	0.61%	6 541.75	−2 169.07
2016 年	2 095.29	−4.17%	4 520.97	3.94%	6 615.02	−2 425.68
2017 年	2 280.90	8.86%	4 675.89	3.43%	6 956.79	−2 394.99
2018 年	2 668.41	16.99%	5 250.40	12.29%	7 918.81	−2 581.99

资料来源：根据联合国贸易和发展会议数据库整理而得。[①]

① 1991—2004 年服务贸易数据按照国际货币基金组织《国际收支和国际头寸手册》第五版（BPM5）的标准统计；2005—2018 年服务贸易数据按照《国际收支和国际头寸手册》第六版（BPM6）的标准统计。

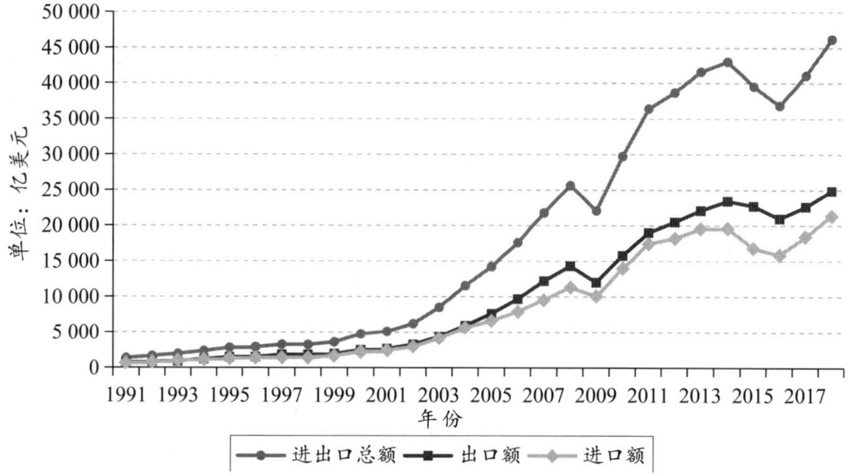

图5.3 1991—2018年中国服务贸易进出口额变化情况

资料来源：根据联合国贸易和发展会议数据库整理而得。

从表5.5和图5.3可以看出，尽管我国服务贸易出口额和进口额的年增长率呈波动起伏状态，但是服务贸易总体仍然保持较快增长态势。受1997年亚洲金融危机的影响，1998年我国服务贸易进出口额均有小幅下降；受2008年全球金融危机的影响，2009年我国服务贸易出口额下降15.67%，进口额下降6.66%。2016年的服务贸易进出口总额是1991年的59.59倍，其中出口额是1991年的29.87倍，进口额是1991年的109.9倍，进口额的增幅远远超过出口额的增幅。除了1994年的服务贸易出口额略高于进口额，其他年份的出口额均低于进口额，服务贸易总体呈逆差状态。2001年中国加入世贸组织后，随着服务贸易出口市场不断扩大，服务贸易出口增长较快，2002—2010年服务贸易出口额年均增长率超过20%。从2011年开始，服务贸易出口增速放缓，2012年服务贸易出口额较2011年仅有0.26%的增长，2015年和2016年服务贸易出口额均呈负增长状态，而同期服务贸易进口额年均增长率超过15%，服务贸易逆差持续扩大。2017年服务贸易出口额为2 280.90亿美元，较2016年增长8.86%，服务贸易进口额为4 675.89亿美元，较2016年增长3.34%，服务贸易出口增速自2011年以来再次高于进口增速。2018年中国服务贸易出口额为2 668.41亿美元，同比增长16.99%，创下2011年以来的出口最高增长率；

服务贸易进口额为 5 250.40 亿美元，增长率再次超过 10%，服务贸易逆差额继续扩大到 2 581.99 亿美元。表 5.5 显示，我国服务贸易自 1992 年以来长期处于逆差状态，表明我国服务业总体竞争力仍然较弱，国内服务产品供给无法满足市场需求，需要通过服务进口弥补国内供求缺口。随着服务业进一步扩大对外开放和我国经济向高质量发展转型，国内市场对保险、金融、知识产权使用等高质量服务的需求不断扩大，这也是自 2011 年以来我国服务贸易逆差持续扩大的主要原因。

虽然现阶段我国服务贸易处于逆差状态，但是随着我国服务产业的发展壮大和进一步扩大开放，服务贸易出口的竞争力也在不断提高。表 5.6 是 1992—2018 年我国服务贸易出口额占世界服务贸易出口总额的比重，即服务贸易出口市场占有率的变化情况。

表5.6　1992—2018年中国服务贸易出口市场占有率

年份	1992 年	1993 年	1994 年	1995 年	1996 年	1997 年	1998 年	1999 年	2000 年
占有率	0.95%	1.13%	1.53%	1.57%	1.56%	1.79%	1.72%	1.83%	1.98%
年份	2001 年	2002 年	2003 年	2004 年	2005 年	2006 年	2007 年	2008 年	2009 年
占有率	2.19%	2.43%	2.47%	2.82%	2.95%	3.14%	3.50%	3.61%	3.41%
年份	2010 年	2011 年	2012 年	2013 年	2014 年	2015 年	2016 年	2017 年	2018 年
占有率	4.55%	4.56%	4.44%	4.28%	4.22%	4.41%	4.16%	4.20%	4.57%

资料来源：根据联合国贸易和发展会议数据库整理而得。

从表 5.6 可以看出，1992 年我国服务贸易出口市场占有率仅为 0.95%，而同期我国货物贸易出口市场占有率为 2.25%，表明我国服务贸易出口发展滞后较多。随着国内服务业竞争力的提升和服务贸易对外开放的扩大，2000 年我国服务贸易出口市场占有率逐渐上升到 1.98%。2001 年我国加入世界贸易组织后，服务贸易伙伴更加多元化，“十五”期间服务贸易出口额增速较快，2005 年服务贸易出口总额全球排名第九，首次位居前十。在《服务贸易发展“十一五”规划纲要》和“走出去”战略的指导下，我国继续扩大服务贸易开放领域，服务贸易便利化程度不断提高，服务贸易法律体系不断完善，2010 年我国服务贸易出口市场占有率上升到

4.55%，服务贸易出口额全球排名上升到第五位。2011—2018年我国服务贸易出口市场年均占有率保持在4.35%，服务贸易出口额全球排名也保持在第五位。

（二）服务贸易出口结构

为进一步分析服务贸易出口结构特征，需要将服务贸易部门进行分类。本书所使用的服务贸易相关数据主要来自联合国贸易与发展会议统计数据库，本书参照该数据库对服务贸易的分类标准，将服务贸易分为运输，旅行，建筑，保险，金融，通信、计算机和信息，知识产权使用费，个人、文化和娱乐，产品相关服务以及其他商业服务，共10个大类，不包括政府服务。其中知识产权使用费包括与知识产权相关的研发成果使用费和视听及相关产品许可费；产品相关服务主要包括产品维护和维修及加工服务；其他商业服务主要包括技术、专业和管理咨询服务费以及研发成果转让费与委托研发服务费。表5.7为1991—2018年我国主要服务贸易出口额分类情况。

表5.7　1991—2018年中国主要服务贸易出口额分类情况

（单位：百万美元）

年份	运输服务	旅行服务	建筑服务	保险服务	金融服务
1991年	2 011	2 346	—	342	—
1992年	2 079	3 530	—	486	—
1993年	1 930	4 683	—	452	—
1994年	3 079	7 323	—	1 700	—
1995年	3 352	8 730	—	1 852	—
1996年	3 070	10 200	—	123	—
1997年	2 955	12 074	590	174	27
1998年	2 300	12 602	594	384	27
1999年	2 420	14 098	985	204	111
2000年	3 671	16 231	602	108	78
2001年	4 635	17 792	830	227	99
2002年	5 720	20 385	1 246	209	51
2003年	7 906	17 406	1 290	339	152

续表

年份	运输服务	旅行服务	建筑服务	保险服务	金融服务
2004 年	12 068	25 739	1 467	381	94
2005 年	15 427	12 439	2 593	549	145
2006 年	21 015	8 468	2 753	555	145
2007 年	31 324	9 333	5 377	904	230
2008 年	38 418	10 823	10 329	1 383	315
2009 年	23 569	10 304	9 463	1 603	356
2010 年	34 211	13 199	14 495	1 727	1 331
2011 年	35 570	10 967	14 724	3 018	849
2012 年	38 912	14 577	12 246	3 329	1 886
2013 年	37 646	15 130	10 663	3 996	3 185
2014 年	38 243	18 854	15 355	4 574	4 531
2015 年	38 594	24 982	16 652	4 976	2 334
2016 年	33 827	30 679	12 690	4 154	3 212
2017 年	37 104	34 054	23 926	4 046	3 694
2018 年	42 301	41 132	26 588	4 923	3 482

年份	通信、计算机和信息服务	知识产权使用费	个人、文化和娱乐服务	产品相关服务	其他商业服务
1991 年	221	—	—	—	1 944
1992 年	—	—	—	—	2 664
1993 年	471	—	—	—	3 456
1994 年	706	—	—	—	3 546
1995 年	756	—	—	—	3 740
1996 年	315	—	—	—	6 859
1997 年	356	55	10	—	8 263
1998 年	953	63	15	—	6 941
1999 年	855	75	7	—	7 410
2000 年	1 701	80	11	—	7 663
2001 年	732	110	28	—	8 448

续表

年份	通信、计算机和信息服务	知识产权使用费	个人、文化和娱乐服务	产品相关服务	其他商业服务
2002 年	1 188	133	30	—	10 419
2003 年	1 740	107	33	—	17 427
2004 年	2 188	236	41	—	22 320
2005 年	2 325	157	134	13 311	14 036
2006 年	3 696	205	137	14 449	16 588
2007 年	5 519	343	316	19 929	23 719
2008 年	7 822	571	418	23 341	21 240
2009 年	7 710	429	97	21 564	17 148
2010 年	10 476	830	123	25 212	34 213
2011 年	13 908	743	123	26 529	56 365
2012 年	16 247	1 044	126	25 745	51 023
2013 年	17 098	887	147	23 257	57 235
2014 年	20 173	676	175	21 421	68 895
2015 年	25 784	1 085	731	24 041	58 403
2016 年	26 531	1 168	742	23 673	57 895
2017 年	27 767	4 762	759	23 993	61 538
2018 年	47 058	5 562	1 214	24 603	69 900

资料来源：根据联合国贸易和发展会议数据库整理而得。①

从表 5.7 可以看出，1997 年之前，联合国贸易与发展组织统计数据库中缺少对我国建筑服务、金融服务、知识产权使用费及个人、文化和娱乐服务的统计，产品相关服务的数据直接并入其他商业服务统计数据。这表明 1997 年之前，我国

① 1991—2004 年服务贸易数据按照国际货币基金组织《国际收支和国际头寸手册》第五版（BPM5）的标准统计，其中“其他商业服务”统计数据包含了“产品相关服务”的数据。为便于与 2005 年以后的数据进行比较分析，笔者将“通信”与“计算机、信息服务”统计数据合并。

服务贸易总体发展较落后，建筑、金融、知识产权使用等服务部门出口较少，缺乏有效的交易记录，难以进行数据统计。2001年加入世界贸易组织后，中国政府高度重视国内服务业的发展和升级，陆续出台了《关于“十五”期间加快发展服务业若干政策措施的意见》《服务贸易发展“十一五”规划纲要》《服务贸易发展“十二五”规划纲要》《服务贸易发展“十三五”规划纲要》等相关政策，推动服务业快速增长。国家发展改革委于2017年发布了《服务业创新发展大纲（2017—2025年）》，为加快我国服务业的创新发展、提升国际服务贸易竞争力和建设服务业强国提供重要指引。

表5.8显示了1998—2018年间我国主要服务贸易部门出口年增长率变化情况。运输、旅行和建筑是我国传统的三大服务贸易部门。受2008年全球金融危机的影响，这三个部门2009年的出口较2008年均有明显下降，其中运输部门下降幅度最大，同比下降38.65%。1998—2010年间运输服务出口年均增长率超过20%，从2011年开始增长率明显下滑，2011—2018年均增长率仅为3%，其中2013年和2016年出现不同程度的负增长。1998—2013年间旅行服务出口年均增长率波动起伏较大，从2014年开始增长率明显，2014—2018年旅行服务出口年均增长率超过20%。2014—2018年，我国旅行服务贸易实现五年顺差。这主要得益于我国旅游环境持续优化及“一带一路”倡议实施，入境旅游人数大幅增长。1998—2010年我国建筑服务出口年均增长率超过30%，居三大传统服务贸易部门之首，但是从2011年开始年增长率迅速下降，在2012年、2013年和2016年甚至出现负增长情况。随着中国加入世界贸易组织，保险、金融、知识产权使用及电信、计算机和信息服务等新兴服务业发展迅速，服务出口竞争力逐渐加强。2002—2018年我国保险服务出口年均增长率超过25%，通信、计算机和信息服务出口年均增长率接近30%，金融、知识产权使用及个人、文化和娱乐服务出口年均增长率均超过40%。综上所述，近五年来我国运输和建筑两大传统服务出口增速呈现放缓趋势，旅行及新兴服务贸易出口保持较快增长。

表5.8　1998—2018年中国主要服务贸易部门出口年增长率情况

年份	运输服务	旅行服务	建筑服务	保险服务	金融服务
1998 年	−22.17%	4.37%	0.68%	120.69%	0.00%
1999 年	5.22%	11.87%	65.82%	−46.88%	311.11%
2000 年	51.69%	15.13%	−38.88%	−47.06%	−29.73%
2001 年	26.26%	9.62%	37.87%	110.19%	26.92%
2002 年	23.41%	14.57%	50.12%	−7.93%	−48.48%
2003 年	38.22%	−14.61%	3.53%	62.20%	198.04%
2004 年	52.64%	47.87%	13.72%	12.39%	−38.16%
2005 年	27.83%	−51.67%	76.76%	44.09%	54.26%
2006 年	36.22%	−31.92%	6.17%	1.09%	0.00%
2007 年	49.06%	10.21%	95.31%	62.88%	58.62%
2008 年	22.65%	15.96%	92.10%	52.99%	36.96%
2009 年	−38.65%	−4.80%	−8.38%	15.91%	13.02%
2010 年	45.15%	28.10%	53.18%	7.74%	273.88%
2011 年	3.97%	−16.91%	1.58%	74.75%	−36.21%
2012 年	9.40%	32.92%	−16.83%	10.30%	122.14%
2013 年	−3.25%	3.79%	−12.93%	20.04%	68.88%
2014 年	1.59%	24.61%	44.00%	14.46%	42.26%
2015 年	0.92%	32.50%	8.45%	8.79%	−48.49%
2016 年	−12.35%	22.80%	−23.79%	−16.52%	37.62%
2017 年	9.69%	11.00%	88.54%	−2.60%	15.01%
2018 年	14.01%	20.78%	11.13%	21.68%	−5.74%

年份	通信、计算机和信息服务	知识产权使用费	个人、文化和娱乐服务	产品相关服务	其他商业服务
1998 年	167.70%	14.55%	50.00%	—	−16.00%
1999 年	−10.28%	19.05%	−53.33%	—	6.76%
2000 年	98.95%	6.67%	57.14%	—	3.41%
2001 年	−56.97%	37.50%	154.55%	—	10.24%

续表

年份	通信、计算机和信息服务	知识产权使用费	个人、文化和娱乐服务	产品相关服务	其他商业服务
2002 年	62.30%	20.91%	7.14%	—	23.33%
2003 年	46.46%	−19.55%	10.00%	—	67.26%
2004 年	25.75%	120.56%	24.24%	—	28.08%
2005 年	6.26%	−33.47%	226.83%	—	−37.11%
2006 年	58.97%	30.57%	2.24%	8.55%	18.18%
2007 年	49.32%	67.32%	130.66%	37.93%	42.99%
2008 年	41.73%	66.47%	32.28%	17.12%	−10.45%
2009 年	−1.43%	−24.87%	−76.79%	−7.61%	−19.27%
2010 年	35.88%	93.47%	26.80%	16.92%	99.52%
2011 年	32.76%	−10.48%	0.00%	5.22%	66.45%
2012 年	16.82%	40.51%	2.44%	−2.96%	−9.48%
2013 年	5.24%	−15.04%	16.67%	−9.66%	12.17%
2014 年	17.98%	−23.79%	19.05%	−7.89%	20.37%
2015 年	27.81%	60.50%	317.71%	12.23%	−15.23%
2016 年	2.90%	7.65%	1.50%	−1.53%	−0.87%
2017 年	4.66%	307.71%	2.29%	1.35%	6.29%
2018 年	69.47%	16.80%	59.95%	2.54%	13.59%

资料来源：根据联合国贸易和发展会议数据库整理而得。

表 5.9 是 1998—2018 年中国主要服务贸易部门出口额占总服务贸易出口额的比例情况；图 5.4 和图 5.5 是 1998—2018 年中国主要服务贸易部门出口额占比的变化情况。

表5.9　1998—2018年中国主要服务贸易部门出口额占比情况

年份	运输服务	旅行服务	建筑服务	保险服务	金融服务
1998 年	9.63%	52.74%	2.49%	1.61%	0.11%
1999 年	9.22%	53.71%	3.75%	0.78%	0.42%

续表

年份	运输服务	旅行服务	建筑服务	保险服务	金融服务
2000 年	12.20%	53.92%	2.00%	0.36%	0.26%
2001 年	13.90%	53.37%	2.49%	0.68%	0.30%
2002 年	14.39%	51.29%	3.13%	0.53%	0.13%
2003 年	16.91%	37.22%	2.76%	0.72%	0.33%
2004 年	18.59%	39.65%	2.26%	0.59%	0.14%
2005 年	19.66%	15.85%	3.30%	0.70%	0.18%
2006 年	22.34%	9.00%	2.93%	0.59%	0.15%
2007 年	24.97%	7.44%	4.29%	0.72%	0.18%
2008 年	26.43%	7.45%	7.11%	0.95%	0.22%
2009 年	19.23%	8.41%	7.72%	1.31%	0.29%
2010 年	19.18%	7.40%	8.13%	0.97%	0.75%
2011 年	17.69%	5.45%	7.32%	1.50%	0.42%
2012 年	19.30%	7.23%	6.08%	1.65%	0.94%
2013 年	18.19%	7.31%	5.15%	1.93%	1.54%
2014 年	17.45%	8.60%	7.01%	2.09%	2.07%
2015 年	17.65%	11.43%	7.62%	2.28%	1.07%
2016 年	16.14%	14.64%	6.06%	1.98%	1.53%
2017 年	16.27%	14.93%	10.49%	1.77%	1.62%
2018 年	15.85%	15.41%	9.96%	1.84%	1.30%

年份	通信、计算机和信息服务	知识产权使用费	个人、文化和娱乐服务	产品相关服务	其他商业服务
1998 年	3.99%	0.26%	0.06%	—	29.05%
1999 年	3.26%	0.29%	0.03%	—	28.23%
2000 年	5.65%	0.27%	0.04%	—	25.46%
2001 年	2.20%	0.33%	0.08%	—	25.34%
2002 年	2.99%	0.33%	0.08%	—	26.21%
2003 年	3.72%	0.23%	0.07%	—	37.27%
2004 年	3.37%	0.36%	0.06%	—	34.38%

续表

年份	通信、计算机和信息服务	知识产权使用费	个人、文化和娱乐服务	产品相关服务	其他商业服务
2005 年	2.96%	0.20%	0.17%	16.96%	17.89%
2006 年	3.93%	0.22%	0.15%	15.36%	17.63%
2007 年	4.40%	0.27%	0.25%	15.89%	18.91%
2008 年	5.38%	0.39%	0.29%	16.06%	14.61%
2009 年	6.29%	0.35%	0.08%	17.59%	13.99%
2010 年	5.87%	0.47%	0.07%	14.14%	19.18%
2011 年	6.92%	0.37%	0.06%	13.20%	28.04%
2012 年	8.06%	0.52%	0.06%	12.77%	25.31%
2013 年	8.26%	0.43%	0.07%	11.23%	27.65%
2014 年	9.21%	0.31%	0.08%	9.77%	31.44%
2015 年	11.79%	0.50%	0.33%	11.00%	26.71%
2016 年	12.66%	0.56%	0.35%	11.30%	27.63%
2017 年	12.17%	2.09%	0.33%	10.52%	26.98%
2018 年	17.64%	2.08%	0.45%	9.22%	26.20%

资料来源：根据联合国贸易和发展会议数据库整理而得。

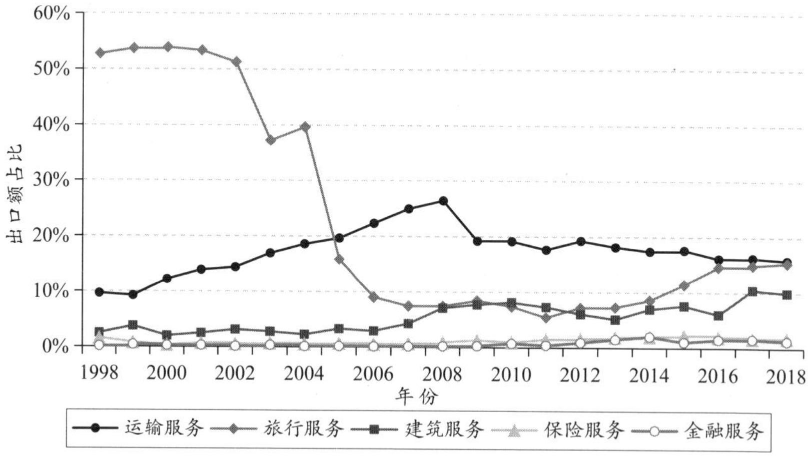

图5.4　1998—2018年中国主要服务贸易部门出口额占比变化情况之一

资料来源：根据联合国贸易和发展会议数据库整理而得。

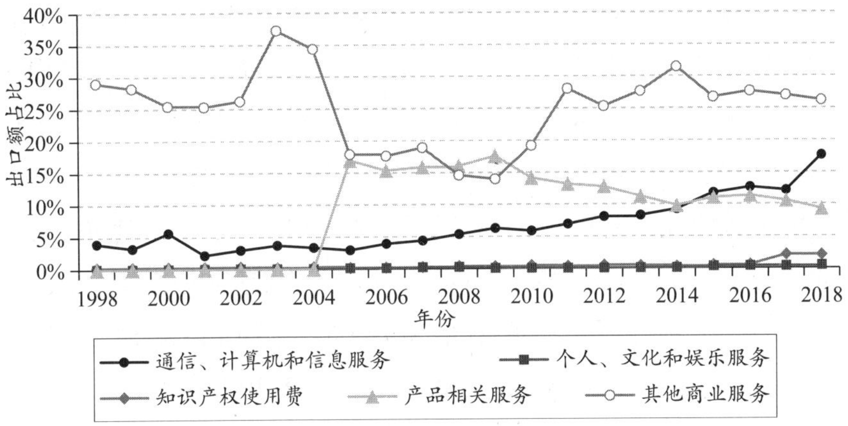

图5.5　1998—2018年中国主要服务贸易部门出口额占比变化情况之二

资料来源：根据联合国贸易和发展会议数据库整理而得。

从图5.4可以看出，运输服务出口额占比在样本期间经历了先上升、后下降的变化趋势；旅行服务出口占比从2003年开始迅速下降，直到2014年开始缓慢上升；建筑服务出口占比在样本期间保持较平稳的上升；保险和金融服务占比也呈现缓慢上升趋势。

从图5.5可以看出，通信、计算机和信息服务出口额占比在样本期间呈稳定上升趋势；知识产权使用服务以及个人、文化和娱乐服务出口额占比变化较小；产品相关服务出口额的统计数据从2005年开始，其占比总体呈现下降趋势；其他商业服务的出口额占比总体呈波动起伏变化。

具体来看，运输服务出口额占比从1998年的9.63%逐渐上升到2008年的26.43%。在这期间，运输服务出口增长也较快，但是从2009年开始，运输服务出口占比呈逐渐下降趋势，2018年运输服务出口仅占总服务出口的15.85%。1998—2002年旅行服务年出口额占总出口额的比重超过50%，占据我国服务出口的“半壁江山”。2003年由于“非典”事件爆发，入境旅游人数降幅明显，此后旅行服务出口所占比重逐渐下降，2011年仅占5.45%。2013年“一带一路”倡议提出后，随着关注中国的人越来越多，从2014年开始，中国旅行服务出口增速明显，旅行服务出口所占比重也逐年上升，2018年占比为15.41%。建筑服务出口所占比重从1998

年的 2.49% 逐渐上升到 2017 年的 10.49%，2018 年占比为 9.96%。保险服务出口占比在 2008 年之前基本低于 1%，2009 年开始所占比重逐渐上升，2014 年和 2015 年的占比分别为 2.09% 和 2.28%。金融服务出口所占比重在 2012 年之前均低于 1%，2013 年开始缓慢上升，2018 年金融服务出口额占总服务出口额的比重也仅有 1.3%。知识产权使用服务出口所占比重总体呈上升趋势，2016 年之前所占比重均低于 1%，2017 年和 2018 年分别达到 2.09% 和 2.08%。保险、金融和知识产权使用服务作为新兴服务贸易出口部门，年出口额所占比重均较低，三部门年出口额之和占总服务出口的比重也仅在 5% 左右。通信、计算机和新兴服务出口所占比重总体呈上升趋势，2015 年开始增幅较大，2018 年通信、计算机和信息服务出口所占比重上升到 17.64%。个人、文化和娱乐服务及其他商业服务年出口额所占比重从 2005 年开始也基本呈现上升态势。综上所述，传统服务贸易部门运输服务出口所占比重总体呈下降趋势，旅行服务出口所占比重在近五年有上升趋势，建筑服务出口基本保持缓慢上升趋势；保险、金融、知识产权使用、通信、计算机和信息服务等新兴服务贸易部门出口所占比重总体呈上升趋势。日新月异的信息技术不仅推动了知识和技术密集型服务业的发展，而且加快了服务贸易发展模式的创新速度。随着“十三五”期间对外开放水平的不断提高，在服务贸易高质量发展的指导意见下，我国服务贸易出口结构正在朝更加合理和优化的方向发展。

第二节　中国货物和服务贸易出口技术复杂度的测算

一、货物贸易出口技术复杂度的测算及比较分析

（一）行业层面的出口技术复杂度

关于一国出口技术复杂度的测算，Hausmann et al.（2007）进行了较为深入的研究，已有文献大部分都采用他们构建的出口产品技术复杂度指数 *PRODY* 来衡量。为测算中国的出口技术复杂度，本书首先借鉴 Rodrik（2006）和 Hausmann et al.（2007）定义的 *PRODY* 指数，具体公式为：

$$PRODY_{kt} = \sum_{j} \frac{\left(x_{jkt} / X_{jt}\right)}{\sum_{m}\left(x_{mkt} / X_{mt}\right)} Y_{jt} \tag{5.1}$$

式中，k 表示产品；j、m 表示进入样本内的国家或地区；$x_{jkt}(x_{mkt})$ 表示某国或某地区 t 时期产品 k 的出口额；$X_{jt} = \sum_{k} x_{jkt}\left(X_{mt} = \sum_{k} x_{mkt}\right)$ 表示某国或某地区 t 时期的总出口额；Y_{jt} 表示 j 国 t 时期的人均国内（地区）生产总值；$PRODY_{kt}$ 表示产品 k 的出口技术复杂度。依据该公式可以计算出 j 国或 m 地区在样本期间各年的出口产品技术复杂度。以产品 k 的出口额占所属行业 i 的出口额比重作为权数，对式（5.1）进行加权平均，从而计算出各行业的出口技术复杂度值，具体公式为：

$$INPY_{it} = \sum_{i}\left(\frac{x_{ikt}}{X_{it}} PRODY_{kt}\right) \tag{5.2}$$

由于中国货物贸易出口产品中约 95% 来源于工业制成品，因此，本书的研究对象是工业制造业。根据《中国国民经济行业分类标准》（GB/T 4754—2002），鉴于数据的可得性和完整性，本书剔除工艺品及其他制造业，废弃资源和废旧材料回收加工业，电力、燃气及水的生产和供应业，同时将部分行业进行汇总，共选取 30 个细分行业作为研究对象。此外，本书选取世界工业制成品出口额靠前的 51 个国家[①] 在 2001—2018 年的出口贸易数据作为计算产品层面 *PRODY* 的基础，这 51 个国家的工业制成品出口总额占世界制成品出口总额的比重均在 90% 以上。各行业出口贸易数据的分类标准为 SITC Rev.3，数据来源于联合国贸易统计数据库。各样本国家历年人均国内生产总值数据来自世界银行 WDI（World Development Indicators）数据库。借鉴盛斌（2002）建立的国际贸易商品标准分类与国民经济行

① 样本国家：中国、孟加拉国、文莱、柬埔寨、印度、印度尼西亚、伊朗、沙特阿拉伯、阿拉伯联合酋长国、哈萨克斯坦、以色列、日本、韩国、马来西亚、巴基斯坦、菲律宾、新加坡、斯里兰卡、泰国、越南、埃及、尼日利亚、南非、加拿大、墨西哥、美国、阿根廷、巴西、委内瑞拉、捷克、斯洛伐克、法国、德国、英国、爱尔兰、意大利、荷兰、比利时、波兰、芬兰、俄罗斯、西班牙、葡萄牙、匈牙利、挪威、瑞典、丹麦、土耳其、乌克兰、澳大利亚、新西兰。

业分类的对应关系，进一步将出口贸易数据与30个细分行业对应起来。中国各年的人均GDP数据来源于历年“中国统计年鉴”。表5.10为根据上述公式计算的中国2001—2018年30个细分工业制造业的出口技术复杂度。

表5.10　中国2001—2018年各细分行业出口技术复杂度

（单位：美元）

年份	食品及饮料制造	纺织品及其制造	皮革毛（羽）及其制品	木材加工及其制品	家具制造	印刷业及记录媒介复制	文教体育用品制造	橡胶制品
2001年	9 274	10 768	8 821	9 721	13 895	6 847	13 532	14 782
2002年	9 369	11 074	8 994	9 803	14 026	6 892	15 092	15 203
2003年	9 582	11 205	9 076	9 881	14 211	6 982	15 832	15 578
2004年	9 894	11 382	9 115	9 935	14 672	7 126	15 782	15 237
2005年	9 963	11 772	9 129	10 123	14 983	7 345	16 324	16 897
2006年	10 283	12 763	9 319	9 893	13 856	8 215	16 984	16 992
2007年	10 845	12 726	9 869	11 065	15 582	7 836	18 946	17 236
2008年	11 342	11 259	10 105	12 217	15 092	8 015	19 245	17 459
2009年	10 924	10 758	10 236	12 043	14 873	7 826	19 012	17 013
2010年	11 026	11 635	11 321	12 698	15 084	7 922	19 125	17 239
2011年	11 475	12 312	12 095	13 259	16 093	8 215	21 035	18 092
2012年	12 036	12 389	12 983	14 125	16 672	8 931	22 317	19 347
2013年	12 935	13 316	13 038	15 021	17 821	9 156	23 743	20 126
2014年	13 011	14 128	13 278	15 983	18 011	10 365	24 126	22 374
2015年	13 294	14 537	13 356	16 056	18 395	11 024	22 689	21 936
2016年	13 802	14 631	14 093	16 873	19 342	15 348	23 167	23 893
2017年	13 925	15 983	15 024	17 216	19 535	18 321	23 989	24 098
2018年	14 166	16 704	15 982	17 309	19 497	18 563	24 590	24 624

年份	金属制品	煤炭采选	石油及天然气开采	黑色金属矿采选	有色金属矿采选	其他非金属矿采选	烟草加工	造纸及纸制品
2001年	13 658	12 035	14 672	9 375	9 847	8 402	8 836	14 326
2002年	13 925	12 895	15 013	9 579	9 925	8 924	8 947	15 347
2003年	14 967	13 024	15 498	9 836	10 233	9 225	8 983	15 783

续表

年份	金属制品	煤炭采选	石油及天然气开采	黑色金属矿采选	有色金属矿采选	其他非金属矿采选	烟草加工	造纸及纸制品
2004 年	15 784	13 237	15 982	10 237	10 939	9 599	9 015	16 235
2005 年	16 238	14 236	16 238	10 926	11 245	10 033	9 116	16 329
2006 年	16 893	14 628	16 385	11 482	12 238	10 898	9 203	17 845
2007 年	17 023	15 238	17 822	12 947	12 398	11 277	9 593	17 689
2008 年	16 365	16 324	17 849	12 955	12 402	11 385	9 896	18 423
2009 年	16 201	16 026	17 025	12 548	12 144	11 083	9 736	18 095
2010 年	16 289	16 135	17 385	12 502	12 483	11 284	9 754	17 989
2011 年	17 238	17 216	18 025	13 028	12 988	12 382	9 982	18 045
2012 年	18 347	17 385	18 937	13 857	13 302	12 884	10 025	19 894
2013 年	18 983	18 013	19 232	13 582	13 472	12 898	10 837	20 126
2014 年	19 802	17 783	18 365	14 725	13 985	13 012	10 983	21 125
2015 年	20 136	17 983	18 832	15 048	14 038	13 326	11 204	21 236
2016 年	21 835	18 231	19 025	15 127	14 122	13 249	12 035	22 347
2017 年	22 385	18 464	19 274	15 238	14 213	13 385	13 236	22 985
2018 年	22 559	18 190	19 475	15 302	14 482	13 489	13 840	23 005

年份	塑料制品	非金属矿物制品	石油加工及炼焦	化学原料及其制品	医药制造	化学纤维制造	黑色金属压延冶炼	有色金属压延冶炼
2001 年	10 385	12 983	14 285	16 899	23 015	15 926	11 436	9 025
2002 年	11 936	13 385	14 022	16 926	22 047	14 529	12 036	8 936
2003 年	12 769	13 895	14 874	17 543	23 953	15 402	13 183	9 016
2004 年	13 451	14 026	15 005	17 836	24 852	15 993	13 238	9 137
2005 年	13 217	14 562	15 285	18 013	25 013	16 201	13 945	9 236
2006 年	14 568	15 093	16 038	20 126	26 136	16339	14 237	9 458
2007 年	15 098	16 947	15 989	21 879	27 016	16 486	14 987	9 873
2008 年	16 125	16 724	16 122	22 156	27 894	17 032	15 235	10 265
2009 年	15 892	15 985	16 008	20 193	27 312	16 885	15 127	11 026
2010 年	15 983	16 026	15 782	21 037	27 368	16 924	15 083	12 045
2011 年	16 213	17 037	16 231	23 492	28 359	17 122	16 126	13 285

续表

年份	塑料制品	非金属矿物制品	石油加工及炼焦	化学原料及其制品	医药制造	化学纤维制造	黑色金属压延冶炼	有色金属压延冶炼
2012 年	16 782	17 379	16 773	24 873	29 357	17 256	17 257	14 027
2013 年	17 983	18 023	16 893	25 016	31 267	17 598	18 252	15 237
2014 年	17 384	18 936	17 032	26 349	32 195	17 883	19 326	17 349
2015 年	18 121	19 026	16 992	26 981	33 954	17 905	20 136	19 326
2016 年	17 895	19 347	17 219	27 984	34 016	18 103	21 347	20 136
2017 年	18 015	20 136	17 293	28 016	34 127	18 221	22 014	21 237
2018 年	18 129	19 409	17 511	28 590	34 859	18 583	22 906	21 394

年份	通用设备制造	专用设备制造	交通运输设备制造	电气机械器材制造	电子通信设备制造	仪器仪表及文化办公用机械制造
2001 年	16 263	15 698	10 232	14 999	18 995	18 491
2002 年	16 302	15 037	9 982	15 027	18 936	18 479
2003 年	16 395	16 349	10 026	15 496	19 235	19 235
2004 年	17 367	17 365	10 845	16 328	19 836	19 784
2005 年	18 946	18 326	11 037	17 984	20 146	20 137
2006 年	20 136	20 364	12 359	18 036	21 357	21 386
2007 年	21 378	21 125	13 459	21 204	23 954	23 754
2008 年	22 386	22 013	14 026	21 985	22 958	24 027
2009 年	21 036	21 846	13 986	20 315	21 947	23 486
2010 年	21 679	21 458	13 679	21 037	22 305	23 984
2011 年	22 846	22 046	14 237	22 046	23 481	24 128
2012 年	23 958	22 946	15 027	22 986	25 602	25 839
2013 年	24 184	23 016	16 839	23 451	24 986	26 502
2014 年	26 438	23 836	17 936	23 068	26 032	25 983
2015 年	27 305	23 486	18 348	23 117	27 893	26 124
2016 年	28 126	23 957	19 236	23 587	28 943	26 592
2017 年	28 235	24 031	20 128	23 975	28 992	26 711
2018 年	28 194	24 104	20 823	23 095	29 045	27 103

从表5.10所示的各个细分行业的情况来看，中国工业制造业各行业出口技术复杂度都有所提升，但增加的程度不同。增长态势较明显的是印刷业及记录媒介复制业、黑色金属矿采选业及有色金属压延冶炼业、交通运输设备制造业，而家具制造业、石油及天然气开采业、石油加工及炼焦业、化学纤维制造业、仪器仪表及文化办公用机械制造业的出口技术复杂度的上升幅度则较小。

将各细分行业各年的出口技术复杂度取平均值，可以得到总体行业的各年出口技术复杂度。为进一步考察不同类型行业出口技术复杂度的变化差异，本书将各工业制造行业按照投入要素密集度细分为三大类型，即劳动密集型行业、资本密集型行业和技术密集型行业[①]，同时将各类型包含的细分行业的出口技术复杂度进行平均，得到三大类型行业各年的出口技术复杂度，如表5.11所示。

表5.11　中国2001—2018年总体行业及按要素密集度分类的行业出口技术复杂度（单位：美元）

年份	2001	2002	2003	2004	2005	2006	2007	2008	2009
总体行业	12 633	12 852	13 318	13 698	14 143	14 797	15 683	15 935	15 529
劳动密集型行业	11 255	11 597	11 923	12 103	12 530	12 799	13 458	13 455	13 209
资本密集型行业	11 206	11 772	12 138	12 525	12 878	13 593	14 334	14 675	14 281
技术密集型行业	15 438	15 188	15 892	16 466	17 022	17 998	19 258	19 675	19 097
年份	2010	2011	2012	2013	2014	2015	2016	2017	2018
总体行业	15 784	16 565	17 389	17 990	18 609	18 941	19 677	20 191	20 424
劳动密集型行业	13 593	14 423	15 238	16 015	16 786	16 824	18 109	18 941	19 332
资本密集型行业	14 393	14 990	15 605	16 018	16 255	16 534	16 819	17 216	17 257
技术密集型行业	19 365	20 283	21 325	21 937	22 786	23 464	24 104	24 415	24 684

① 劳动密集型行业：食品及饮料制造业、纺织品及其制造业、皮革毛（羽）及其制品业、木材加工及其制品业、家具制造业、印刷业及记录媒介复制业、文教体育用品制造业、橡胶制品业、金属制品业；资本密集型行业：煤炭采选业、石油及天然气开采业、黑色金属矿采选业、有色金属矿采选业、其他非金属矿采选业、烟草加工业、造纸及纸制品业、塑料制品业、非金属矿物制品业；技术密集型行业：石油加工及炼焦业、化学原料及其制品业、医药制造业、化学纤维制造业、黑色金属压延冶炼业、有色金属压延冶炼业、通用设备制造业、专用设备制造业、交通运输设备制造业、电气机械器材制造业、电子通信设备制造业、仪器仪表及文化办公用机械制造业。

为了更直观地反映样本期间中国工业制造业总体及各分类行业出口技术复杂度的变化趋势，根据表5.11的数据绘制图5.6。

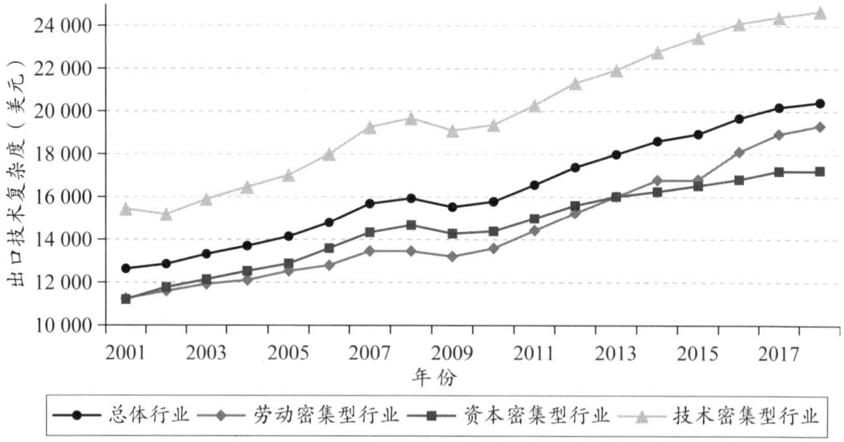

图5.6　中国2001—2018年总体行业及各分类行业的出口技术复杂度

表5.11和图5.6显示，2001—2018年间，中国工业制造业总体行业的出口技术复杂度呈上升态势，受2008年全球金融危机的影响，2009年和2010年总体行业的出口技术复杂度有所下降，2011年开始提升速度较为明显。与工业制造业总体行业的出口技术复杂度相比，劳动、资本及技术密集型三大分类行业的出口技术复杂度变动趋势基本与之相同，呈上升趋势，但具体上升幅度有所不同。劳动密集型行业的出口技术复杂度在样本期间从11 255美元上升到19 332美元，增加幅度为71.76%；资本密集型行业的出口技术复杂度在样本期间从11 206美元上升到17 257美元，增加幅度为53.99%；技术密集型行业的出口技术复杂度在样本期间从15 438美元上升到24 684美元，增加幅度为59.89%。这表明在样本期间，中国资本和技术密集型行业的出口技术复杂度上升较缓慢。此外，劳动密集型行业的出口技术复杂度在样本期间虽然增加幅度较大，但每个时期都低于总体行业的出口技术复杂度；资本和技术密集型行业的出口技术复杂度在样本期间保持领先优势，但增长速度较缓慢。从全球产业价值链的角度来看，中国更多的仅仅是参与了其中较为简单的劳动密集型的分工环节，许多技术密集型行业中，由中国制造业承担的仍然只是加工组装，这在一定程度上抑制了出口技术复杂度的提升。

(二)省级层面的出口技术复杂度

借鉴卓乘风 等(2018)的研究思路,构造省级层面的出口技术复杂度指数。参照式(5.1),首先确定制造业某种产品的出口技术复杂度 $prody_{gt}$,具体公式如下:

$$prody_{gt} = \sum_{p}\left[\frac{(e_{pgt}/E_{gt})}{\sum_{p}(e_{pgt}/E_{gt})} \times PGDP_{pt}\right] \tag{5.3}$$

式中,e_{pgt} 表示 p 省(市、区)制造业产品 g 在 t 时期的出口额;E_{gt} 为 p 省(市、区)制造业产品总出口额;$PGDP_{pt}$ 为 p 省(市、区)的人均地区生产总值。在产品出口技术复杂度指数的基础上,以各省某种制造业产品 g 的出口额占全省制造业总出口额的比重作为权数,构建各省 t 时期制造业整体的出口技术复杂度指数 $pprody_{pt}$,具体公式为:

$$pprody_{pt} = \sum_{g}\left(\frac{e_{pgt}}{E_{gt}} \times prody_{gt}\right) \tag{5.4}$$

进一步测算2001—2017年中国大陆30个省(市、区)[①]制造业的出口技术复杂度。各省(市、区)的制造业产品出口数据来自国务院发展研究中心信息网对外贸易数据库,各省(市、区)人均地区生产总值数据均来自历年的"中国统计年鉴",且均换算成以2000年为基期的人均实际地区生产总值。具体测算结果如表5.12所示。

表5.12 2001—2017年中国30个省(市、区)制造业出口技术复杂度 (单位:元)

年份	辽宁	北京	天津	河北	山东	江苏
2001年	12 948	20 198	18 935	14 032	14 029	19 372
2002年	13 092	22 045	20 048	15 483	16 743	20 184
2003年	15 484	23 402	21 035	16 395	18 362	21 047
2004年	17 493	24 859	22 947	17 094	19 843	22 058
2005年	19 375	25 094	23 094	18 932	20 483	23 954
2006年	20 183	26 783	25 938	19 938	21 884	25 485
2007年	21 589	27 203	26 134	20 153	22 033	26 028

① 由于西藏自治区的对外贸易数据缺失较多,本书未测算西藏的出口技术复杂度。

续表

年份	辽宁	北京	天津	河北	山东	江苏
2008 年	23 875	29 371	28 593	23 947	25 635	29 325
2009 年	22 892	28 036	27 094	22 582	24 588	28 133
2010 年	24 976	30 177	29 572	26 988	28 946	30 154
2011 年	25 092	34 835	31 385	30 142	30 115	33 957
2012 年	27 894	38 724	35 722	34 295	33 742	37 899
2013 年	29 344	41 283	40 183	37 936	36 998	40 212
2014 年	34 128	43 047	42 186	40 385	39 445	43 957
2015 年	39 377	44 276	43 945	42 391	41 016	46 982
2016 年	43 284	48 739	48 936	44 028	44 498	49 235
2017 年	45 905	50 228	50 135	46 832	46 056	50 013

年份	上海	浙江	福建	广东	海南	黑龙江
2001 年	19 344	18 375	17 306	18 924	11 093	15 033
2002 年	20 842	19 241	18 453	20 485	12 422	16 482
2003 年	21 738	19 349	19 385	21 846	12 485	17 364
2004 年	22 045	20 193	20 852	22 947	13 578	18 302
2005 年	23 873	21 846	21 475	23 049	14 028	19 383
2006 年	25 405	22 049	22 495	24 852	15 348	20 184
2007 年	25 895	23 014	23 985	25 788	16 835	21 037
2008 年	28 988	25 935	26 992	29 846	20 933	23 496
2009 年	27 091	24 556	25 036	28 933	19 226	22 055
2010 年	30 994	29 845	28 854	31 936	21 538	26 936
2011 年	34 822	31 337	30 026	35 332	28 994	30 299
2012 年	37 933	34 956	32 281	37 955	31 266	33 284
2013 年	40 285	38 845	35 877	41 102	35 985	35 733
2014 年	43 559	41 982	39 025	42 399	37 559	38 995
2015 年	46 902	43 995	41 223	45 928	39 866	40 392
2016 年	48 349	47 683	45 944	48 689	42 359	43 944
2017 年	50 233	49 035	48 022	49 925	45 937	47 349

续表

年份	吉林	山西	河南	安徽	湖北	湖南
2001 年	13 024	10 425	12 009	14 371	15 937	14 932
2002 年	14 209	11 329	15 442	15 094	16 094	15 567
2003 年	15 543	12 837	16 452	16 422	16 974	16 039
2004 年	16 354	13 029	17 839	18 365	18 395	17 883
2005 年	18 476	13 405	18 103	19 938	20 048	18 462
2006 年	19 486	15 567	18 394	20 313	21 938	19 385
2007 年	20 899	16 899	20 054	21 336	22 034	20 035
2008 年	23 445	21 005	23 948	24 046	24 398	24 302
2009 年	22 092	20 356	22 933	23 668	22 391	23 198
2010 年	26 945	25 933	25 058	29 586	25 093	26 994
2011 年	30 287	29 587	29 446	31 932	30 116	29 945
2012 年	34 923	32 936	33 021	34 955	34 204	33 846
2013 年	38 557	38 574	36 049	37 859	37 335	36 788
2014 年	41 235	40 489	40 323	42 393	40 224	39 586
2015 年	43 946	43 958	43 996	45 034	43 599	42 499
2016 年	46 432	45 005	45 937	46 366	46 783	43 095
2017 年	47 092	47 233	48 056	48 943	47 832	46 233

年份	江西	广西	四川	重庆	内蒙古	陕西
2001 年	13 048	12 036	15 351	15 542	12 094	11 238
2002 年	15 485	13 302	17 003	16 938	13 947	13 724
2003 年	16 332	14 937	18 378	17 738	14 058	14 029
2004 年	17 499	15 034	20 485	18 203	15 526	16 353
2005 年	18 742	16 373	21 842	18 374	16 604	17 942
2006 年	19 384	18 477	22 093	20 481	17 364	18 384
2007 年	20 046	19 802	23 342	21 823	18 793	19 935
2008 年	22 895	22 984	26 998	25 342	21 205	22 194
2009 年	21 434	21 409	25 492	24 398	20 096	20 184
2010 年	25 487	24 625	28 435	28 337	22 395	25 988

续表

年份	江西	广西	四川	重庆	内蒙古	陕西
2011 年	29 983	29 588	30 115	31 244	25 033	29 866
2012 年	31 933	32 935	34 092	35 336	29 476	32 335
2013 年	34 551	35 848	38 996	39 835	33 856	35 986
2014 年	38 955	38 996	41 294	42 346	38 575	39 574
2015 年	41 209	42 038	45 509	46 773	40 288	42 304
2016 年	43 847	45 935	46 113	48 022	42 332	45 039
2017 年	45 902	46 011	48 933	49 221	44 095	48 454
年份	贵州	云南	甘肃	青海	宁夏	新疆
2001 年	9 783	9 812	10 932	9 839	9 372	10 025
2002 年	9 842	10 384	12 039	10 283	10 344	10 283
2003 年	10 293	12 039	14 394	11 039	11 094	12 485
2004 年	12 204	14 982	15 038	13 294	13 395	14 028
2005 年	13 927	15 503	16 384	14 002	15 024	16 645
2006 年	14 059	16 573	17 588	16 482	16 472	18 374
2007 年	17 832	18 012	19 024	18 935	18 325	20 928
2008 年	20 193	21 236	22 395	21 299	21 203	22 985
2009 年	19 985	20 018	21 477	20 156	20 037	21 453
2010 年	22 144	21 835	23 403	23 099	22 955	24 095
2011 年	24 935	23 309	26 894	27 557	25 603	29 478
2012 年	27 846	26 435	29 473	30 256	29 446	31 025
2013 年	30 115	29 937	32 104	34 226	32 395	33 946
2014 年	31 288	30 125	34 226	38 039	35 669	38 932
2015 年	34 019	33 499	38 955	40 143	38 945	40 185
2016 年	36 032	35 385	40 245	41 203	40 117	42 093
2017 年	37 924	37 093	41 299	42 335	42 409	43 255

从表 5.12 的测算结果来看，各省（市、区）在样本期间的制造业出口技术复杂度总体呈稳定上升趋势。这表明中国各省（市、区）制造业的总体出口产品质量不

断提升，生产制造技术水平不断提高。2008年全球金融危机的爆发使世界经济增长速度放缓，2009年中国出口贸易总额下降16.1%，各省（市、区）的制造业出口技术复杂度指数值均有不同程度的下降，但从2010年开始又逐渐恢复较好的出口增长势头。为进一步分析中国制造业出口技术复杂度的区域差异，本书将30个省（市、区）进行区域划分。东部、中部、西部地区的划分主要参照国家统计局的划分标准和借鉴已有文献研究，将辽宁划入东部地区，将吉林和黑龙江划入中部地区[①]。将上述各省（市、区）的制造业出口技术复杂度按所在区域划分，测算东、中、西部各年的平均值，具体如表5.13所示。

表5.13　2001—2017年东、中、西部各地区制造业出口技术复杂度　（单位：元）

年份	2001	2002	2003	2004	2005	2006	2007	2008	2009
东部	16 778	18 094	19 139	20 355	21 382	22 760	23 514	26 676	25 288
中部	13 597	14 963	15 995	17 208	18 320	19 331	20 293	23 442	22 266
西部	11 457	12 554	13 680	15 322	16 602	17 850	19 705	22 549	21 337
年份	2010	2011	2012	2013	2014	2015	2016	2017	
东部	28 544	31 458	34 788	38 005	40 697	43 264	46 522	48 393	
中部	26 504	30 199	33 638	36 931	40 275	43 079	45 176	47 330	
西部	24 301	27 602	30 787	34 295	37 188	40 242	42 047	43 730	

从表5.13可以看出，在样本期间，东、中、西部各地区的制造业出口技术复杂度呈现逐渐递减的趋势，这与各地区总体经济发展水平和对外开放程度基本相符。东部地区作为最早实行改革开放的区域，在有利的对外贸易政策支持下，借助良好的区位优势，积极引进外资，拓宽海外市场，较快地实现了制造业的技术升级和产业结构的优化，有效提升了出口行业的技术含量。辽宁和海南两省虽然在地理区位上划入东部地区，但在样本期间的制造业出口技术复杂度均显著低于东部其他省（市），甚至个别年份的制造业出口技术复杂度数值均低于中部地区的

① 东部地区：辽宁、河北、北京、天津、山东、江苏、上海、浙江、福建、广东、海南；中部地区：吉林、黑龙江、山西、河南、湖北、安徽、湖南、江西；西部地区：内蒙古、广西、重庆、四川、贵州、云南、陕西、甘肃、青海、宁夏、新疆。

平均值，这与两省的实际制造业发展水平也基本相符。中部地区各省（市、区）在样本期间的平均制造业出口技术复杂度较东部地区低，但高于西部地区。自2006年《中共中央国务院关于促进中部地区崛起的若干意见》正式出台后，中部地区借助良好的地缘优势、丰富的劳动力资源和已有的产业基础，积极承接东部地区产业转移，推动制造业技术升级，扩大对外开放和交流，促进了制造业出口技术复杂度的提升。西部地区各省（市、区）在样本期间的平均制造业出口技术复杂度数值较低，表明西部地区出口的制造业产品技术含量总体也较低，这与西部地区制造业总体发展水平的特征相符。由于自然、历史和社会等原因，广大西部地区的基础设施建设较落后，劳动力素质总体偏低，技术研发投入较少，对外开放程度也较低，难以吸引优质外资进入，因此，在一定程度上制约了出口企业的发展和出口行业的技术升级。2001—2017年间，中部地区制造业出口技术复杂度年均上升8.23%，而东部地区年均上升幅度仅为6.89%。西部地区各省（市、区）在样本期间的平均制造业出口技术复杂度数值虽然最低，但是年均上升幅度为8.83%。这表明西部地区的制造业发展虽然起步晚，但具有较快的发展速度，显现出一定的“后发优势”。自2001年国家实行“西部大开发”战略以来，西部地区凭借有利的政府政策支持，大力开展各项招商引资活动，加强与东中部地区的区域合作，积极承接东部劳动力密集型产业转移，不断完善制造业生产和服务体系，取得了显著成效。2013年国家“一带一路”倡议的实施给西部地区创造了有利的发展机遇，外商直接投资从东中部地区逐渐向西部地区延伸，扩大了西部地区对外开放的广度和深度。“中欧班列”的开行大大降低了西部地区向西出口的物流成本，加速了与“丝绸之路”沿线国家的商贸往来。因此，自中国加入WTO以来，西部地区依靠一系列鼓励吸引外资的有利政策，利用外资实现经济转型和产业优化，推动高技术制造业迅速发展，进而提升制造业总体出口技术复杂度。

二、服务贸易出口技术复杂度的测算及比较分析

关于一国服务贸易出口技术复杂度的测算，同样借鉴Rodrik（2006）和Hausmann et al.（2007）定义的*PRODY*指数公式，首先确定服务贸易某个部门的出

口技术复杂度，具体公式为：

$$SPRODY_{it} = \sum_{c}\left[\frac{(e_{cit} / E_{it})}{\sum_{c}(e_{cit} / E_{it})} \times PGDP_{ct}\right] \tag{5.5}$$

式中，e_{cit} 表示某个国家或地区 c 的服务贸易出口部门 i 在 t 时期的出口额；E_{it} 为某个国家或地区 c 的服务贸易部门总出口额；$PGDP_{ct}$ 为某个国家或地区 c 的人均 GDP；$SPRODY_{it}$ 即为服务贸易出口部门 i 在 t 时期的出口技术复杂度。在服务贸易部门出口技术复杂度指数的基础上，以各国或各地区服务贸易部门 i 的出口额占全国或全地区服务贸易总出口额的比重作为权数，构建某个国家或地区 c 在 t 时期的服务贸易整体出口技术复杂度指数，具体公式为：

$$CSPRODY_{ct} = \sum_{i}\left(\frac{e_{cit}}{E_{ct}} \times SPRODY_{it}\right) \tag{5.6}$$

利用式（5.6）可以测算出各国（地区）在某个时期的服务贸易整体出口技术复杂度，并进行跨期比较分析。本书使用的中国和其他样本国家或地区的服务贸易出口统计数据均来自联合国贸易与发展会议数据库。参照该数据库对服务贸易的分类标准，将服务贸易部门分为：运输，旅行，建筑，保险及养老金，金融，通信，计算机与信息，知识产权使用费，个人、文化和娱乐，其他商业服务，共 10 个大类，未包括政府服务。其中知识产权使用费包括与知识产权相关的研发成果使用费和视听及相关产品许可费；其他商业服务主要包括技术、专业和管理咨询服务、研发成果转让费和委托研发服务费、与产品相关的服务。考虑到服务贸易细分项的数据可得性，选取的样本期间为 2000—2018 年[①]，样本国家和地区共 57 个[②]。这 57 个国家和地区在样本考察期间内的服务贸易出口总额占世界服务贸易出

① 2000—2013 年服务贸易数据按照国际货币基金组织《国际收支和国际头寸手册》第五版（BPM5）的标准统计，2014—2018 年服务贸易数据按照《国际收支和国际头寸手册》第六版（BPM6）的标准统计。为便于与 2013 年以前的数据进行比较分析，笔者将 2014—2018 年“产品相关服务”的数据并入“其他商业服务”统计数据中。

② 样本国家和地区：美国、加拿大、日本、以色列、奥地利、比利时、保加利亚、塞浦路斯、捷克、芬兰、法国、德国、希腊、匈牙利、冰岛、爱尔兰、意大利、拉脱维亚、立

口总额的平均比重为85.6%，具有较高的代表性。各样本国家和地区历年人均国内生产总值数据来自世界银行 WDI 数据库。

（一）产品层面服务贸易出口技术复杂度的测算

根据式（5.5），利用所选取样本国家和地区2000—2018年服务贸易各细分部门的出口数据，可以测算出各年产品层面的服务贸易出口技术复杂度，具体如表5.14所示。

表5.14　2000—2018年主要服务贸易部门出口技术复杂度情况　（单位：美元）

年份	运输服务	旅行服务	建筑服务	保险及养老金服务	金融服务
2000年	12 363	12 125	15 347	18 486	19 653
2001年	12 519	11 939	14 908	19 322	20 476
2002年	13 227	12 566	15 005	23 198	22 021
2003年	15 389	14 992	17 643	29 032	23 988
2004年	17 854	16 798	19 964	31 985	27 337
2005年	19 906	18 745	20 995	32 005	28 095
2006年	21 983	20 037	20 143	33 866	31 221
2007年	24 689	23 039	22 988	36 988	33 986
2008年	27 842	25 214	25 642	37 505	34 704
2009年	25 093	23 948	23 095	33 253	32 122
2010年	25 632	24 589	23 224	32 047	32 098
2011年	27 922	26 988	24 889	33 621	33 476
2012年	27 206	26 043	24 102	32 097	35 015
2013年	28 119	27 172	23 366	33 654	36 117

陶宛、瑞士、荷兰、挪威、波兰、葡萄牙、罗马尼亚、斯洛伐克、爱沙尼亚、斯洛文尼亚、西班牙、瑞典、英国、丹麦、澳大利亚、新西兰、俄罗斯、中国大陆、中国香港特别行政区、中国台湾地区、韩国、新加坡、孟加拉国、印度、印度尼西亚、马来西亚、巴基斯坦、菲律宾、斯里兰卡、泰国、土耳其、埃及、南非、墨西哥、阿根廷、巴西、智利、白俄罗斯、乌克兰。

续表

年份	运输服务	旅行服务	建筑服务	保险及养老金服务	金融服务
2014 年	28 955	27 984	24 992	35 692	37 986
2015 年	25 312	25 433	22 609	32 953	35 803
2016 年	24 809	24 886	23 112	32 085	35 218
2017 年	25 023	25 096	23 858	33 013	36 784
2018 年	24 956	26 047	24 012	33 984	37 945

年份	通信服务	计算机与信息服务	知识产权使用费	个人、文化和娱乐服务	其他商业服务
2000 年	12 132	18 205	26 384	11 632	15 216
2001 年	12 209	19 955	26 785	11 365	15 877
2002 年	13 325	20 316	27 966	12 088	17 023
2003 年	15 098	22 997	31 739	13 252	19 946
2004 年	16 905	24 668	35 095	15 364	22 953
2005 年	17 882	25 984	37 911	17 996	24 505
2006 年	19 023	27 089	39 953	20 084	26 233
2007 年	23 655	30 126	44 108	23 105	30 021
2008 年	28 237	33 595	45 832	27 966	31 766
2009 年	25 602	30 367	41 095	26 054	28 554
2010 年	27 312	29 877	42 166	27 793	29 217
2011 年	31 095	31 058	45 983	30 058	32 213
2012 年	31 153	30 021	44 532	29 985	31 009
2013 年	32 065	31 427	44 208	30 015	31 556
2014 年	28 866	34 998	44 559	30 467	30 659
2015 年	26 083	31 608	42 605	28 975	28 998
2016 年	25 787	29 855	42 015	27 742	27 912
2017 年	28 095	30 049	43 021	29 035	28 849
2018 年	30 113	32 315	43 305	29 844	29 014

从表5.14的测算结果可以看出，在样本期间，服务贸易各部门层面的出口技术复杂度总体呈波动性上升趋势，年平均增长幅度约为4%。2001—2008年间，服务贸易各部门层面的出口技术复杂度均保持上升趋势；受2008年金融危机影响，全球货物和服务贸易出口额均大幅下降，2009—2010年间服务贸易各部门层面出口技术复杂度较2008年明显下降；2011—2014年间服务贸易各部门层面出口技术复杂度总体恢复上升态势；2015年开始世界经济整体增速放缓，2016年全球贸易增速下滑明显，因此，2015年和2016年服务贸易各部门层面出口技术复杂度普遍下降。由于服务贸易各部门的要素密集程度不同，各部门层面的出口技术复杂度在样本期间存在较大的差异。样本期间的出口技术复杂度均值排在后三位的分别为运输服务（22 568美元）、旅行服务（21 770美元）和建筑服务（21 573美元），这三个部门均属于传统服务贸易部门；排在前三位的分别为知识产权使用费（39 434美元）、保险及养老金服务（31 304美元）和金融服务（31 265美元），而这三个部门均属于现代服务贸易部门。这表明知识和技术密集型的现代服务业的出口技术含量远高于劳动和资源密集型的传统服务业。因此，一国服务业中现代服务业所占比重越高，其服务贸易出口技术复杂度也越高。

（二）国家层面服务贸易出口技术复杂度的测算

在服务贸易各部门层面出口技术复杂度的基础上，根据式（5.6）可以测算出样本期间包括中国大陆在内的57个国家和地区各年的服务贸易整体出口技术复杂度。根据国际货币基金组织和世界银行对经济体的划分标准，将57个样本国家和地区分为34个发达经济体[①]和23个发展中经济体[②]，进一步测算每一类经济体的平均值

① 发达经济体：爱尔兰、爱沙尼亚、奥地利、澳大利亚、比利时、冰岛、丹麦、德国、法国、芬兰、韩国、荷兰、加拿大、捷克、拉脱维亚、立陶宛、美国、挪威、葡萄牙、日本、瑞典、瑞士、塞浦路斯、斯洛伐克、斯洛文尼亚、中国台湾地区、西班牙、希腊、中国香港特别行政区、新加坡、新西兰、以色列、意大利、英国。

② 发展中经济体：阿根廷、埃及、巴基斯坦、巴西、白俄罗斯、保加利亚、波兰、俄罗斯、菲律宾、罗马尼亚、马来西亚、孟加拉国、墨西哥、南非、斯里兰卡、泰国、土耳其、乌克兰、匈牙利、印度、印度尼西亚、智利、中国大陆。

和总体的平均值，具体如表 5.15 所示。

表5.15　2000—2018年国家层面服务贸易出口技术复杂度情况　（单位：美元）

年份	中国大陆	总体平均值	发达经济体平均值	发展中经济体平均值
2000 年	19 833	22 997	24 968	21 025
2001 年	20 057	23 469	25 055	21 883
2002 年	21 039	24 009	25 992	22 026
2003 年	22 984	24 481	26 107	22 855
2004 年	23 005	24 964	26 935	22 993
2005 年	23 784	25 350	27 193	23 506
2006 年	24 002	25 981	27 996	23 966
2007 年	26 129	27 066	29 045	25 087
2008 年	27 006	28 283	29 622	26 944
2009 年	25 965	26 271	27 503	25 039
2010 年	25 899	26 650	28 032	25 268
2011 年	26 324	27 998	29 917	26 079
2012 年	26 592	28 564	30 683	26 445
2013 年	26 984	28 833	31 022	26 643
2014 年	27 120	29 167	31 346	26 987
2015 年	27 395	28 654	31 005	26 302
2016 年	27 243	28 149	30 098	26 199
2017 年	27 502	28 723	31 026	26 420
2018 年	27 996	29 517	32 049	26 984

表 5.15 中的总体平均值指的是 57 个样本国家和地区 2000—2018 年服务贸易出口技术复杂度的各年平均值；发达经济体平均值指的是 34 个发达国家和地区在样本期间的服务贸易出口技术复杂度的各年平均值；发展中经济体平均值指的是 23 个发展中国家和地区在样本期间的服务贸易出口技术复杂度的各年平均值。为更直观地体现各类经济体及中国大陆在样本期间的服务贸易出口技术复杂度的变

化趋势，根据表5.15的数据绘制图5.7。

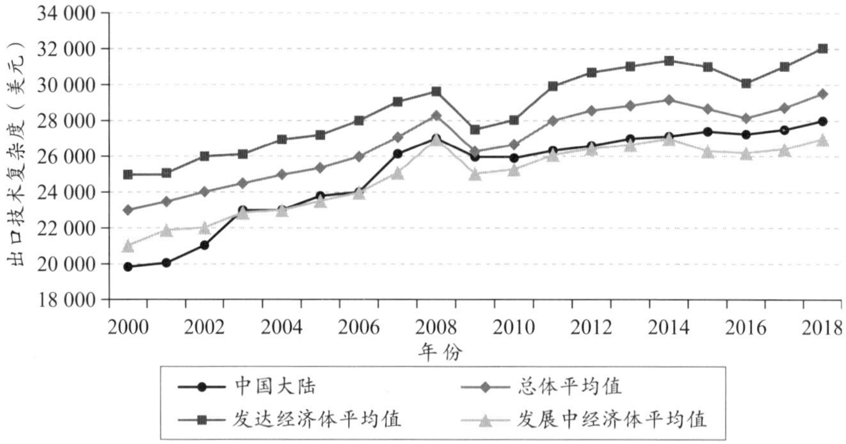

图5.7 2000—2018年国家层面服务贸易出口技术复杂度变化情况

从图5.7可以看出，2000—2018年中国大陆整体服务贸易出口技术复杂度的变化趋势与发达经济体、发展中经济体和总体的平均值变动趋势基本保持一致。2000—2008年，中国大陆整体服务贸易出口技术复杂度呈现平稳上升趋势；2009—2010年，中国大陆整体服务贸易出口技术复杂度出现小幅度下滑；2011年开始继续保持平稳上升态势。具体来看，2000—2002年，中国大陆服务贸易出口技术复杂度低于发展中经济体平均值。从2003年开始，中国大陆的服务贸易出口技术复杂度上升速度加快，扭转了低于发展中经济体平均值的局面，并逐渐小幅超过发展中经济体平均值。2000—2018年，发达经济体平均值各年均高于总体平均值，发展中经济体平均值各年均低于总体平均值，而中国大陆各年的整体服务贸易出口技术复杂度也均低于总体平均值，表明中国大陆的服务贸易出口技术含量低于世界总体平均水平。从图5.7所示的总体平均值和中国大陆的变动趋势来看，在样本期间，中国大陆的服务贸易出口技术复杂度与世界总体平均值的差距呈逐渐缩小的趋势。这主要与持续增长的中国经济和快速发展的现代服务业密切相关。2008年金融危机以来，在全球经济增速放缓的情况下，中国依然保持较快的增长速度。此外，自2013年“一带一路”倡议实施以来，中国持续扩大对外开放领域，同时重视优化国内产业结构，多举措加快现代服务业转型与升级，实行服务贸易创新发展试点改革，不断提升服务业国际竞争力。因此，随着国内新兴服务业的发展壮大、服务业对外开放程度的加深和服务贸易创新发展政策的落实，中国服务贸易出口技术复杂度也将不断提升。

第三节　中国货物和服务贸易出口比较优势的测算

知识经济时代，知识竞争力是一国比较优势的重要来源之一。在国际贸易活动中，知识技术的发展与国际贸易相互促进，技术密集型产品贸易成为国际贸易的重要内容。一国是否拥有自主知识产权的核心技术，是决定其竞争能力高低的内在因素。改革开放之初，中国实施比较优势战略来发展对外贸易，充分发挥中国资源禀赋优势，出口了大量的资源和劳动力密集型产品。自 2010 年以来，随着国际贸易环境的变化和国内劳动力成本的上升，中国依靠劳动力成本的出口比较优势逐渐被削弱。

一、货物贸易出口比较优势的测算及比较分析

目前最普遍使用的测算一国出口贸易比较优势的指标是显示性比较优势指数（Revealed Comparative Advantage Index, RCA 指数）。该指数最早由巴拉萨（Balassa, 1965）提出，该指数是一国某类产品出口额占该国总出口额的比重相对于世界上该类商品出口额占世界总出口额的比重的大小。其具体计算公式为：

$$RCA_{ij}=\frac{X_{ij}/\sum_{j=1}^{n}X_{ij}}{\sum_{i=1}^{m}X_{ij}/\sum_{i=1}^{m}\sum_{j=1}^{n}X_{ij}} \tag{5.7}$$

式中，RCA_{ij} 表示 i 国 j 商品的出口显示性比较优势；X_{ij} 表示 i 国 j 商品的出口额；$i=1, 2, 3, \cdots, m$，表示不同国家；$j=1, 2, 3, \cdots, n$，表示不同商品。以中国为例，中国某种出口产品在世界市场上的显示性比较优势可以表示为：

$$\text{中国}i\text{产品的}RCA=\frac{\text{中国}i\text{产品的出口额/中国所有产品的出口额}}{\text{世界}i\text{产品的出口额/世界所有产品的出口额}} \tag{5.8}$$

RCA 指数反映了不同国家和不同商品在国际市场上的份额和一国的出口绩效，其优点是依据出口贸易的结果来测算比较优势，可以摆脱各种理论所设的制约，在实证分析中使用得非常广泛。日本贸易振兴机构（Japan External Trade Organization，JERTO）提出的比较优势判断标准是：当 RCA 指数大于 2.50 时，该商品具有极强比较优势；当 RCA 指数在 1.25~2.5 之间时，该商品具有较强比较优势；当 RCA 指数在 0.8~1.25 之间时，该商品具有中等比较优势；当 RCA 指数在 0.8 以下时，则说明该商品具有比较劣势。

由于中国货物贸易出口产品中约 95% 来源于工业制成品，因此，本书的研究对象是工业制造业。根据《中国国民经济行业分类标准》(GB/T 4754—2002)，鉴于数据的可得性和完整性，本书剔除工艺品及其他制造业，废弃资源和废旧材料回收加工业，以及电力、燃气及水的生产和供应业，同时将部分行业进行汇总，共选取 30 个细分行业作为研究对象。各行业出口贸易数据的分类标准为 SITC Rev.3，数据来源于联合国贸易统计数据库。由于中国工业行业的分类标准与联合国国际贸易分类标准不统一，因此需要对这两类分类标准进行统一。借鉴盛斌（2002）建立的国际贸易商品标准分类与国民经济行业分类的对应关系，进一步将出口贸易数据与 30 个细分行业对应起来。表 5.16 为根据上述公式计算的 2001—2018 年中国工业行业的 RCA 指数。

表5.16　2001—2018年中国工业行业 RCA 指数

年份	食品及饮料制造	纺织服装及其制造	皮革毛(羽)及其制品	木材加工及其制品	家具制造	印刷及记录媒介复制	文教体育用品制造	橡胶制品
2001 年	0.895	3.122	4.654	1.124	1.559	0.434	3.486	0.812
2002 年	0.886	3.118	4.588	1.165	1.633	0.439	3.392	0.826
2003 年	0.801	3.109	4.392	1.198	1.726	0.448	3.256	0.853
2004 年	0.893	2.989	3.995	1.236	1.852	0.453	3.102	0.922
2005 年	0.887	2.856	3.765	1.326	1.953	0.467	2.927	1.067
2006 年	0.862	2.898	3.588	1.332	2.221	0.498	2.964	1.132
2007 年	0.831	2.962	3.349	1.354	2.239	0.551	2.895	1.025

续表

年份	食品及饮料制造	纺织服装及其制造	皮革毛（羽）及其制品	木材加工及其制品	家具制造	印刷及记录媒介复制	文教体育用品制造	橡胶制品
2008 年	0.823	2.982	2.892	1.289	2.545	0.565	2.864	1.019
2009 年	0.808	2.862	2.882	1.303	2.528	0.582	2.786	1.125
2010 年	0.798	2.735	2.858	1.388	2.543	0.598	2.798	1.106
2011 年	0.764	2.722	2.836	1.392	2.552	0.609	2.825	1.228
2012 年	0.758	2.718	2.802	1.416	2.575	0.621	2.836	1.234
2013 年	0.745	2.633	2.783	1.425	2.581	0.636	2.902	1.246
2014 年	0.737	2.646	2.802	1.436	2.554	0.639	2.894	1.253
2015 年	0.721	2.609	2.797	1.441	2.569	0.643	2.873	1.261
2016 年	0.719	2.627	2.701	1.452	2.507	0.647	2.852	1.305
2017 年	0.734	2.611	2.321	1.463	2.588	0.615	2.886	1.314
2018 年	0.725	2.624	2.209	1.477	2.602	0.593	2.897	1.327

年份	金属制品	煤炭采选	石油及天然气开采	黑色金属矿采选	有色金属矿采选	其他非金属矿采选	烟草加工	造纸及纸制品
2001 年	1.382	1.585	0.246	0.136	0.108	2.082	0.561	0.265
2002 年	1.416	1.565	0.218	0.209	0.096	2.055	0.525	0.278
2003 年	1.498	1.562	0.223	0.222	0.105	1.988	0.498	0.295
2004 年	1.472	1.558	0.189	0.383	0.128	1.876	0.376	0.303
2005 年	1.459	1.552	0.084	0.465	0.158	1.422	0.265	0.298
2006 年	1.591	1.493	0.165	0.225	0.182	1.321	0.243	0.312
2007 年	1.623	1.321	0.134	0.239	0.129	1.206	0.329	0.334
2008 年	1.418	1.462	0.121	0.109	0.116	1.171	0.399	0.345
2009 年	1.402	1.389	0.122	0.141	0.102	1.129	0.405	0.426
2010 年	1.566	1.321	0.243	0.122	0.099	1.089	0.483	0.488
2011 年	1.628	1.382	0.252	0.138	0.098	0.978	0.332	0.509
2012 年	1.689	1.411	0.233	0.125	0.106	1.002	0.298	0.518
2013 年	1.723	1.473	0.228	0.138	0.096	1.015	0.285	0.525
2014 年	1.784	1.422	0.219	0.175	0.112	1.024	0.356	0.531

续表

年份	金属制品	煤炭采选	石油及天然气开采	黑色金属矿采选	有色金属矿采选	其他非金属矿采选	烟草加工	造纸及纸制品
2015 年	1.757	1.409	0.201	0.154	0.135	1.007	0.347	0.546
2016 年	1.803	1.385	0.198	0.199	0.109	1.103	0.301	0.552
2017 年	1.812	1.321	0.176	0.203	0.125	1.098	0.287	0.567
2018 年	1.831	1.294	0.185	0.191	0.136	1.015	0.321	0.571

年份	塑料制品	非金属矿物制品	石油加工及炼焦	化学原料及其制品	医药制造	化学纤维制造	黑色金属压延冶炼	有色金属压延冶炼
2001 年	0.805	1.046	0.329	0.724	0.442	0.456	0.662	0.567
2002 年	0.845	1.033	0.316	0.713	0.448	0.522	0.695	0.633
2003 年	0.866	1.021	0.305	0.701	0.451	0.673	0.736	0.658
2004 年	0.875	0.965	0.288	0.679	0.443	0.582	0.751	0.669
2005 年	0.883	0.942	0.301	0.642	0.462	0.435	0.768	0.685
2006 年	0.906	0.989	0.298	0.664	0.533	0.789	1.246	0.702
2007 年	1.123	1.025	0.265	0.683	0.595	0.956	1.295	0.765
2008 年	0.995	0.891	0.195	0.665	0.623	0.891	1.133	0.772
2009 年	1.022	0.883	0.199	0.659	0.643	0.902	1.128	0.783
2010 年	1.165	0.896	0.218	0.672	0.668	0.983	1.193	0.768
2011 年	1.189	0.902	0.226	0.688	0.685	0.992	1.205	0.785
2012 年	1.209	0.913	0.235	0.698	0.706	1.028	1.189	0.789
2013 年	1.252	0.895	0.256	0.703	0.712	1.075	1.199	0.788
2014 年	1.261	0.867	0.249	0.683	0.709	1.126	1.206	0.801
2015 年	1.258	0.853	0.257	0.679	0.726	1.135	1.221	0.832
2016 年	1.264	0.861	0.264	0.653	0.719	1.119	1.204	0.985
2017 年	1.271	0.858	0.273	0.661	0.726	1.193	1.216	1.007
2018 年	1.278	0.842	0.298	0.647	0.733	1.212	1.227	1.015

年份	通用设备制造	专用设备制造	交通运输设备制造	电气机械器材制造	电子通信设备制造	仪器仪表及文化办公用机械制造
2001 年	0.385	0.372	0.271	0.933	1.472	1.145

续表

年份	通用设备制造	专用设备制造	交通运输设备制造	电气机械器材制造	电子通信设备制造	仪器仪表及文化办公用机械制造
2002 年	0.416	0.408	0.282	0.956	1.795	1.189
2003 年	0.452	0.426	0.295	0.978	1.988	1.262
2004 年	0.468	0.488	0.316	1.125	2.036	1.334
2005 年	0.485	0.512	0.321	1.135	2.581	1.406
2006 年	0.503	0.522	0.369	1.389	2.895	1.532
2007 年	0.596	0.689	0.412	1.456	3.122	1.651
2008 年	0.672	0.693	0.439	1.371	3.046	1.632
2009 年	0.622	0.686	0.432	1.382	2.988	1.618
2010 年	0.678	0.722	0.521	1.405	3.115	1.655
2011 年	0.685	0.734	0.596	1.418	3.128	1.683
2012 年	0.691	0.745	0.624	1.422	3.206	1.702
2013 年	0.695	0.751	0.673	1.431	3.222	1.733
2014 年	0.703	0.743	0.718	1.429	3.253	1.751
2015 年	0.712	0.749	0.783	1.456	3.311	1.748
2016 年	0.725	0.756	0.816	1.448	3.298	1.739
2017 年	0.738	0.762	0.854	1.462	3.327	1.756
2018 年	0.748	0.775	0.907	1.498	3.352	1.784

从表 5.16 中可以看出，2001—2018 年间，中国各工业行业的比较优势状况发生了较大的变化，有些行业一直保持着较高的比较优势，有些行业由具有比较劣势慢慢转为具有一定的比较优势，而有些行业则从具有比较优势逐渐转为具有比较劣势。2001 年，具有中等以上的比较优势行业包括食品及饮料制造业、纺织服装及其制造业、皮革毛（羽）及其制品业、木材加工及其制品业、家具制造业、文教体育用品制造业、橡胶制品业、金属制品业、煤炭采选业、其他非金属矿采选业、塑料制品业、非金属矿物制品业、电气机械器材制造业、电子通信设备制造业和仪器仪表及文化办公用机械制造业，以上这些行业的 RCA 指数都大于 0.8。

2001—2018 年，始终保持比较优势且呈不断改善的行业有家具制造业、木材加工及其制品业、金属制品业、橡胶制品业、塑料制品业、电气机械器材制造业、电子通信设备制造业和仪器仪表及文化办公用机械制造业，以上这些行业 2018 年的 RCA 指数均大于 1.25，表明这些行业已经具有较强的比较优势了；其中家具制造业的 RCA 指数从 2008 年开始大于 2.5，电子通信设备制造业的 RCA 指数从 2005 年开始大于 2.5，且在样本期间均未出现下降趋势。参照日本贸易振兴机构的比较优势判断标准，这两个行业当前阶段均具有极强的比较优势，而另外一些行业的比较优势却在下降。例如，纺织服装及其制造业、皮革毛（羽）及其制品业、食品及饮料制造业、文教体育用品业、煤炭采选业、其他非金属矿采选业、非金属矿物制品业的 RCA 指数在样本期间均出现不同程度的下降，其中食品及饮料制造业的 RCA 指数下降幅度虽然不大，从 2001 年的 0.895 仅下降到 2018 年的 0.725，但是按照比较优势判断标准，食品及饮料制造业是由具有比较优势逐渐转为具有比较劣势。食品及饮料制造业、纺织服装及其制造业和皮革毛（羽）及其制品业都属于典型的劳动密集型行业，这些行业的比较优势逐渐下降表明中国劳动力低成本的优势呈现不断弱化趋势。

在样本期，由具有比较劣势逐渐转为具有中等比较优势的行业是化学纤维制造业、黑色金属压延冶炼业、有色金属压延冶炼业、交通运输设备制造业，其中化学纤维制造业的 RCA 指数从 2001 年的 0.456 上升到 2018 年的 1.212，黑色金属压延冶炼业的 RCA 指数从 2001 年的 0.662 上升到 2018 年的 1.227，有色金属压延冶炼业的 RCA 指数从 2001 年的 0.567 逐渐上升到 2018 年的 1.015，交通运输设备制造业的 RCA 指数在样本期间增幅较大，从 2001 年的 0.271 上升到 2018 年的 0.907，增长了两倍多。2001—2018 年间一直都具有比较劣势，但比较劣势在逐渐减弱的行业有造纸及纸制品业、印刷及记录媒介复制业、医药制造业、有色金属压延冶炼业、通用设备制造业、专用设备制造业，以上这些行业的 RCA 指数一直都小于 0.8。以医药制造业、通用设备制造业和专用设备制造业为例，2001 年这三个行业的 RCA 指数分别为 0.442、0.385、0.372，2018 年则分别上升为 0.733、0.748、0.775，表明这些行业的比较劣势在不断减弱，出口国际竞争力在不断加强。

还有一些行业在样本期间一直处于比较劣势状态，RCA 指数呈波动起伏变化，但未见明显的改善，这些行业包括石油及天然气开采业、黑色金属矿采选业、有色金属矿采选业、烟草加工业、石油加工及炼焦业、化学原料及其制品业。

将各工业行业各年的 RCA 指数取平均值，可以得到总体行业各年的 RCA 指数。为进一步考察不同类型行业出口比较优势的变化差异，本书将各工业行业按照投入要素密集度细分为三大类型，即劳动密集型行业、资本密集型行业和技术密集型行业[①]，同时将各类型行业包含的细分行业的 RCA 指数进行平均，得到三大类型行业各年的 RCA 指数。具体计算结果如表 5.17 所示。

表5.17　总体行业及按投入要素密集度分类的行业 RCA 指数

年份	2001 年	2002 年	2003 年	2004 年	2005 年	2006 年	2007 年	2008 年	2009 年
总体行业	1.116	1.132	1.139	1.128	1.114	1.167	1.186	1.152	1.146
劳动密集型行业	1.941	1.939	1.921	1.879	1.856	1.898	1.871	1.822	1.809
资本密集型行业	0.759	0.758	0.753	0.739	0.674	0.648	0.649	0.623	0.624
技术密集型行业	0.647	0.698	0.744	0.765	0.811	0.954	1.041	1.011	1.004
年份	2010 年	2011 年	2012 年	2013 年	2014 年	2015 年	2016 年	2017 年	2018 年
总体行业	1.176	1.184	1.194	1.204	1.213	1.214	1.218	1.227	1.234
劳动密集型行业	1.821	1.841	1.851	1.853	1.861	1.852	1.846	1.816	1.809
资本密集型行业	0.656	0.642	0.646	0.656	0.663	0.657	0.664	0.656	0.648
技术密集型行业	1.051	1.069	1.086	1.103	1.114	1.134	1.144	1.165	1.183

① 劳动密集型行业：食品及饮料制造业、纺织服装及其制造业、皮革毛（羽）及其制品业、木材加工及其制品业、家具制造业、印刷及记录媒介复制业、文教体育用品制造业、橡胶制品业、金属制品业；资本密集型行业：煤炭采选业、石油及天然气开采业、黑色金属矿采选业、有色金属矿采选业、其他非金属矿采选业、烟草加工业、造纸及纸制品业、塑料制品业、非金属矿物制品业；技术密集型行业：石油加工及炼焦业、化学原料及其制品业、医药制造业、化学纤维制造业、黑色金属压延冶炼业、有色金属压延冶炼业、通用设备制造业、专用设备制造业、交通运输设备制造业、电气机械器材制造业、电子通信设备制造业、仪器仪表及文化办公用机械制造业。

为了更直观地反映样本期间中国工业行业总体及各分类行业 RCA 指数的变化趋势，根据表 5.17 的数据绘制图 5.8。

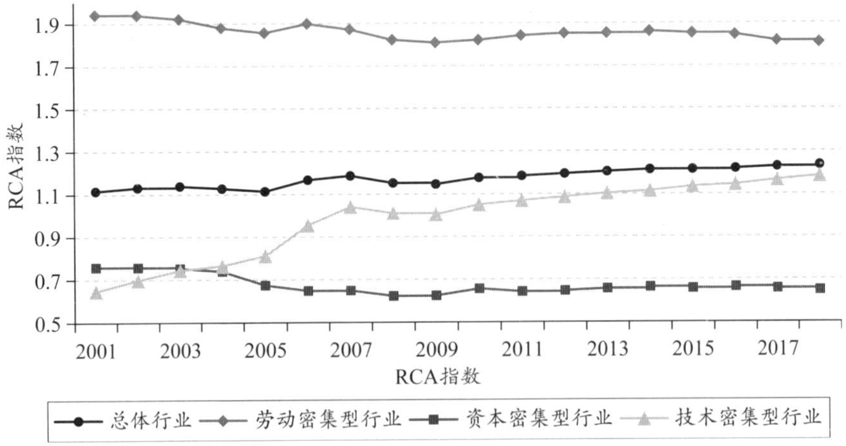

图5.8　2001—2018年中国工业行业 RCA 指数变化趋势

从图 5.8 可以看出，2001—2018 年中国工业行业总体的 RCA 指数大于 1，不同类型的工业行业比较优势年平均值呈现较大的差异性。劳动密集型行业各年的 RCA 指数均大于 1.5。按照日本贸易振兴机构的判断标准，劳动密集型行业在样本期间拥有较强的比较优势，但是变化趋势图表明劳动密集型行业的比较优势呈下降趋势。资本密集型行业各年的 RCA 指数基本都小于 0.8，表明该类型行业在样本期间大多具有比较劣势，而且呈现持续增强的趋势。技术密集型行业的 RCA 指数从 2005 年开始大于 0.8，逐渐从具有比较劣势向具有比较优势转变，且在样本期间呈现明显的改善趋势。此外，由图 5.8 可以清晰地看出，大多数行业受到 2008 年全球金融危机的影响，2008 年或 2009 年各类型行业的 RCA 指数均有明显的下降，尤其是劳动和资本密集型行业的出口比较优势下降幅度较大，而技术密集型行业的出口比较优势下降幅度明显要小于前两者。

二、服务贸易出口比较优势的测算及比较分析

《世界贸易统计评论 2019 年》(*World Trade Statistical Review* 2019) 显示 2018 年全球商业服务贸易连续第二年保持强劲增长，进出口总额增长了 8%；全球范围

内新兴服务贸易的出口增长快于传统服务贸易，服务部门出口增长最多的是计算机服务，其出口增长达17%；发达国家仍是全球服务贸易的出口主体，且在新兴服务贸易出口中占据主导地位。中国自加入世界贸易组织以来，服务贸易出口的国际市场占有率呈逐年上升态势，服务贸易出口额排名从2010年开始一直居全球第五，那么中国服务贸易出口比较优势是否也呈上升趋势呢？

关于一国服务贸易出口比较优势的测算，参考王绍媛（2005）、何树全（2007）等已有文献研究，继续借鉴巴拉萨提出的显示性比较优势指数的基本思想：一国服务贸易出口额占该国总出口额的比重相对于世界服务贸易出口额占世界总出口额比重的大小。其具体计算公式为：

$$RCA_{is} = \frac{X_{is} / X_i}{X_{ws} / X_w} \tag{5.9}$$

式中，RCA_{is} 为 i 国服务贸易出口显示性比较优势；X_{is} 为 i 国服务贸易出口额；X_i 为 i 国总出口额；X_{ws} 为世界服务贸易出口额；X_w 为世界总出口额。

利用式（5.9），采用联合国贸易与发展会议统计数据库可以测算出2001—2018年中国大陆、发达经济体及发展中经济体[①]各年服务贸易出口比较优势指数，具体如表5.18所示。

表5.18　中国大陆、发达经济体及发展中经济体服务贸易出口 RCA 指数

	2001年	2002年	2003年	2004年	2005年	2006年	2007年	2008年	2009年
中国大陆	0.562	0.572	0.552	0.591	0.499	0.501	0.543	0.529	0.375
发达经济体	1.116	1.207	1.323	1.400	1.322	1.351	1.433	1.358	1.098
发展中经济体	0.77	0.804	0.847	0.88	0.791	0.798	0.855	0.800	0.636
	2010年	2011年	2012年	2013年	2014年	2015年	2016年	2017年	2018年
中国大陆	0.546	0.558	0.664	0.644	0.698	0.695	0.713	0.722	0.785
发达经济体	1.342	1.401	1.281	1.309	1.257	1.228	1.210	1.226	1.229
发展中经济体	0.785	0.790	0.734	0.751	0.695	0.713	0.718	0.710	0.716

从表5.18可以看出，在样本期间，发达经济体各年服务贸易出口 RCA 指数平

① 发展中经济体的原始数据包括了中国大陆的数据。

均值大于 1.25，表明发达经济体服务贸易部门出口具有较强的比较优势；发展中经济体各年服务贸易出口 RCA 指数平均值小于 0.8，表明发展中经济体服务贸易部门出口具有比较劣势；而中国大陆各年服务贸易出口 RCA 指数均小于发达经济体，与发达经济体各年平均值有较大差距，表明中国大陆总体服务贸易出口具有比较劣势。为了更直观地反映样本期间中国大陆、发达经济体及发展中经济体服务贸易出口 RCA 指数的变化趋势，根据表 5.18 的数据绘制图 5.9。

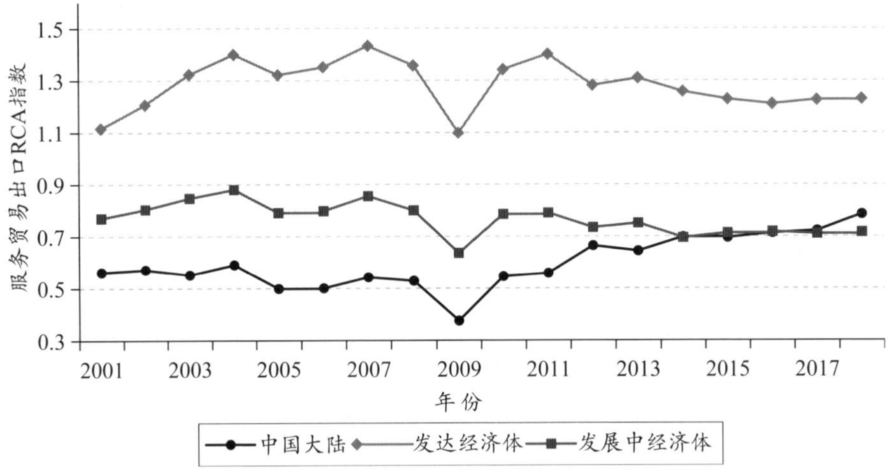

图5.9　2001—2018 年中国大陆、发达经济体及发展中经济体服务贸易出口 RCA 指数情况

从图 5.9 可以看出，中国大陆、发达经济体及发展中经济体的服务贸易出口 RCA 指数在样本期间的波动趋势相似。具体来看，RCA 指数 2001—2007 年基本保持平稳或小幅上升趋势；2008—2009 年出现明显下降，主要是受全球金融危机的影响，各类经济体的货物和服务贸易出口均有不同程度减少；2010—2011 年中国大陆、发达经济体及发展中经济体的服务贸易出口较之前有所增加，各类经济体的 RCA 指数均有不同程度的上升。2012—2018 年间，由于世界经济总体处于低迷状态，增长缓慢，各类型经济体的服务贸易出口 RCA 指数基本保持平稳状态，未出现大幅波动。在样本期间，中国大陆的服务贸易总体出口 RCA 指数基本处于 0.4~0.8 之间，具有比较劣势。从趋势图来看，从 2011 年开始，中国大陆服务贸易出口的比较劣势有缩小趋势。中国大陆的服务贸易出口额虽然在样本期间保持增

长趋势，但出口规模依然较小。根据联合国贸易与发展会议统计数据库中的出口数据测算，中国大陆在2001—2018年间的服务贸易出口额占贸易出口总额的比重平均值仅为9.51%，不仅远低于发达经济体25.34%的平均值，而且低于发展中经济体15.1%的平均值。

进一步借鉴巴拉萨提出的显示性比较优势指数的基本思想，可以测算中国各服务贸易部门的RCA指数，具体计算公式为：

$$RCA_{sj}=\frac{X_j\Big/\sum_{j=1}^{n}X_j}{X_{jw}\Big/\sum_{j=1}^{n}X_{jw}} \tag{5.10}$$

式（5.10）中，RCA_{sj}表示中国j服务贸易部门的出口显示性比较优势；X_j表示中国j服务贸易部门的出口额；X_{jw}表示j服务贸易部门的世界总出口额，j=1, 2, 3, …, n，表示不同的服务贸易部门。中国及世界各服务贸易部门的原始出口数据均来源于联合国贸易与发展会议统计数据库[①]，测算结果如表5.19所示。

表5.19　2001—2018年中国服务贸易各部门RCA指数

年份	运输服务	旅行服务	建筑服务	其他商业服务	个人、文化和娱乐
2001年	0.625	1.742	1.201	1.143	0.099
2002年	0.663	1.720	1.451	1.175	0.077
2003年	0.800	1.296	1.321	1.616	0.073
2004年	0.853	1.405	1.122	1.498	0.064
2005年	0.937	1.441	1.600	1.321	0.199
2006年	1.045	1.409	1.262	1.318	0.182
2007年	1.168	1.214	1.775	1.366	0.337
2008年	1.148	1.129	2.452	1.306	0.380
2009年	0.987	1.313	2.511	1.471	0.101
2010年	0.926	1.052	3.186	1.159	0.081
2011年	0.879	0.990	3.005	1.086	0.069

① 为便于与2013年以前的数据进行比较分析，笔者将2014—2018年“产品相关服务”的数据并入“其他商业服务”统计数据中。

续表

年份	运输服务	旅行服务	建筑服务	其他商业服务	个人、文化和娱乐
2012 年	0.972	1.006	2.540	0.966	0.071
2013 年	0.948	0.995	2.313	1.046	0.079
2014 年	0.915	0.833	3.362	1.450	0.081
2015 年	0.970	0.841	3.872	1.240	0.337
2016 年	0.938	0.861	3.293	1.241	0.354
2017 年	0.932	0.689	5.497	1.229	0.346
2018 年	0.911	0.602	5.334	1.210	0.479
平均值	0.923	1.141	2.616	1.269	0.189

年份	通信服务	保险服务	金融服务	计算机与信息	知识产权使用费
2001 年	0.341	0.348	0.048	0.233	0.095
2002 年	0.604	0.194	0.021	0.266	0.093
2003 年	0.575	0.253	0.051	0.386	0.058
2004 年	0.363	0.239	0.022	0.410	0.090
2005 年	0.282	0.384	0.028	0.398	0.052
2006 年	0.327	0.282	0.020	0.538	0.052
2007 年	0.404	0.336	0.022	0.608	0.063
2008 年	0.428	0.441	0.028	0.728	0.078
2009 年	0.372	0.484	0.039	0.800	0.066
2010 年	0.274	0.390	0.103	0.792	0.085
2011 年	0.353	0.623	0.058	0.913	0.065
2012 年	0.358	0.709	0.136	0.827	0.089
2013 年	0.315	0.562	0.217	0.731	0.071
2014 年	0.305	0.782	0.234	1.307	0.044
2015 年	0.411	0.904	0.120	1.615	0.065
2016 年	0.450	0.768	0.176	1.694	0.071
2017 年	0.474	0.724	0.190	1.617	0.258
2018 年	0.492	0.749	0.156	2.441	0.238
平均值	0.396	0.510	0.093	0.906	0.091

从表5.19可以看出，样本期间的RCA指数平均值大于0.8的服务贸易部门有运输服务、旅行服务、建筑服务、其他商业服务、计算机与信息服务，其中运输服务部门的RCA指数平均值为0.923，旅行服务部门的RCA指数平均值为1.141，建筑服务部门的RCA指数平均值为2.616，其他商业服务部门的RCA指数平均值为1.269，计算机与信息服务部门的RCA指数平均值为0.906，其余的服务贸易部门在样本期间的RCA指数平均值均小于0.8。按照日本贸易振兴机构提出的比较优势判断标准，运输服务、旅行服务、计算机与信息服务部门在样本期间保持中等的比较优势，建筑服务和其他商业服务部门在样本期间具有较强的比较优势，其余的服务贸易部门在样本期间均具有比较劣势。按照服务贸易部门的分类，运输服务、旅行服务、建筑服务属于传统服务部门，计算机与信息服务属于现代服务部门。表5.18的测算结果表明，中国传统服务贸易部门具有一定的显示性比较优势，而现代服务部门中除了计算机与信息服务，其余均未达到具有比较优势的判断标准。

为了更直观地反映样本期间中国各服务贸易部门出口比较优势RCA指数的变化趋势，根据表5.19的数据绘制图5.10和图5.11。

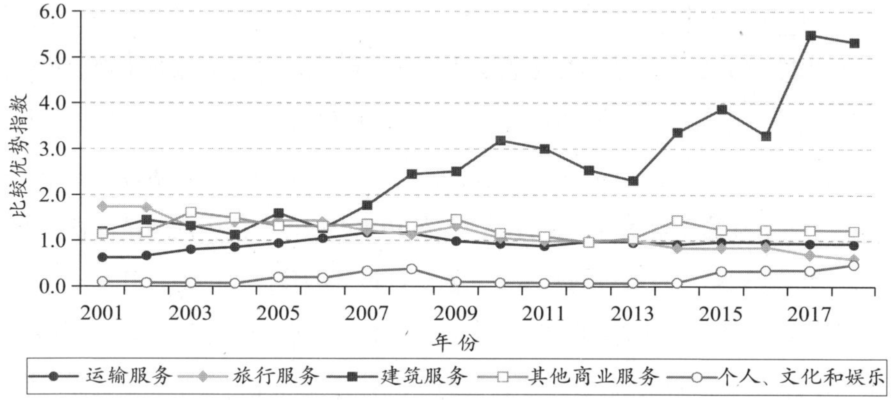

图5.10　2001—2018年中国服务贸易各部门比较优势指数变化趋势之一

从图5.10可以看出，中国运输服务部门的RCA指数在2001—2007年之间呈持续上升态势，表明运输服务的国际竞争力逐渐增强。具体来看，2001年RCA指数为0.625，具有比较劣势，2003年RCA指数上升到0.8，由具有比较劣势开始转为具有一定的比较优势，2007年RCA指数为1.168，达到最高峰。运输服务部门RCA指数从2008年开始呈逐渐下降趋势，至2018年，RCA指数均在0.9~1.0之间徘徊。这主要是由于2008年全球金融危机爆发，世界经济增长缓慢，中国货物贸易出口增速减缓，2009年、2015年和2016年甚至出现负增长，与货物贸易密切相关的运输服务因此也受到较大的影响。中国旅行服务部门在2001—2018年间的RCA指数平均值虽然有1.141，但总体呈下降趋势，表明我国旅行服务贸易显示性比较优势在逐渐减弱。具体来看，2001—2006年间RCA指数均大于1.25，拥有较强的比较优势；从2007年开始，RCA指数基本小于1.25，2017年和2018年的RCA指数均小于0.8，表明我国旅行服务贸易从具有比较优势转为具有比较劣势。虽然从2011年开始，中国旅行服务贸易出口额总体呈上升趋势，但旅行服务出口占服务总出口的比重却逐渐下降，且旅行服务贸易逆差额有扩大趋势。这主要是由于中国旅游服务业总体发展的质量偏低，在旅游产品供给方面缺少有竞争力、有持续吸引力和有较高回头率的产品，因此难以维持一定的比较优势。建筑服务部门的RCA指数在样本期间呈逐渐上升趋势，2001年的RCA指数仅有1.201，2009年的RCA指数上升到2.511，基本没有受到2008年全球金融危机的影响，2014年开始RCA指数均大于2.5。按照日本贸易振兴机构的判断标准，样本期间建筑服务RCA指数的变化表明中国建筑服务从具有中等的比较优势逐渐上升到具有较强的比较优势，再继续上升到具有极强的比较优势。其比较优势的显著变化主要得益于国内建筑服务行业拥有良好的产业基础、较雄厚的资本、先进的技术和丰富的高素质劳动力资源。改革开放以来，中国国内经济的快速发展为建筑服务业积累了较雄厚的资本；大量基础设施的建设和房地产开发不仅有效推动了建筑技术进步，而且带动了钢铁产业、机械产业、建筑设计等产业的发展，奠定了良好的产业基础；高等职业教育的实施为建筑行业提供了充足的高素质人才。《中国服务贸易发展报告2017》显示，中国在高铁、公路、桥梁、码头、水电等基础设施建筑领域的技术水平已经处于世界领先地位。加入世界贸易组织以来，中国建筑服务国际竞争力的不断提升促进了建筑服务出口的快速增长。其他商业服务部门的RCA指数在样本期间波动幅度较小，总体保持较强的比较优势。根据联合国贸易与发展会议统计数据库的注释，其他商业服务包括法律、广告、咨询、会计、研发等专业技术服务和与产品有关的服务，统计的范围较广。中国注册会计师协会的资料显示，2010年以来，随着中国企业海外投资的增多，国际化注册会计师为对外直接投资企业提供的境外投融资、跨境税务咨询、海外工程造价等服务迅速增加，国际业务收入逐年增加。海外律师服务业务量也随着海外投资企业的增加而呈逐年增长的趋势。个人、文化和娱乐服务的RCA指数在样本期间均未达到0.8，表明该服务部门具有比较劣势。从图5.10的变化趋势来看，从2015年开始，个人、文化和娱乐服务部门的RCA指数逐年上升，表明该部门的比较劣势有减弱趋势。

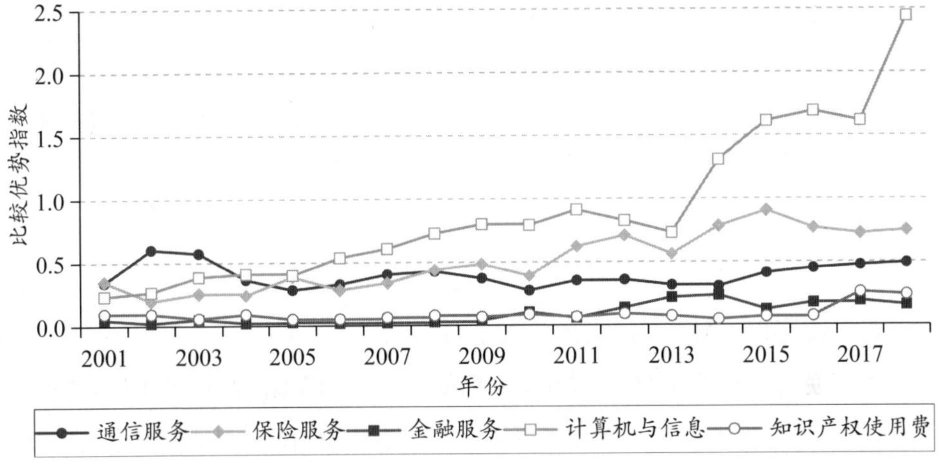

图5.11　2001—2018年中国服务贸易各部门比较优势指数变化趋势之二

图5.11中的各服务贸易部门均属于现代服务范畴，从图5.11可以看出，计算机与信息服务的RCA指数在样本期间总体呈逐渐上升趋势，2001年RCA指数为0.233，2009年RCA指数首次达到0.8，实现了从具有比较劣势向具有比较优势的转变。2014年RCA指数值为1.307，此后上升较快，2018年RCA指数为2.441，达到样本期间的最高峰。从RCA指数的变化可以看出，计算机与信息服务部门从2014年开始具有较强的比较优势，且比较优势呈现逐渐增强的趋势。进入21世纪以来，世界计算机与信息技术的快速发展衍生出多样化的信息服务新商业模式，

中国在计算机和信息服务方面的出口也随着计算机互联网技术的进步而逐渐增加。特别是“一带一路”倡议实施以来，中国不断加强与“一带一路”沿线国家和地区的交流与合作，计算机与信息服务外包呈现良好的发展势头。中国服务贸易指南网的统计信息显示，2014 年以来，中国信息技术外包、信息业务流程外包和知识流程外包的数量均呈现较快增长。保险服务、金融服务、通信服务和知识产权使用服务在样本期间的 RCA 指数平均值均小于 0.8，表明这 4 个现代服务部门均具有比较劣势。具体来看，保险服务部门的 RCA 指数在 2001—2010 年间起伏波动不大，从 2011 年开始，RCA 指数上升较快，2015 年达到 0.904 的高峰值。2011 年以来，随着国内保险服务水平和竞争力的提高，保险服务对外出口结构不断优化，出口额也逐年增加。金融服务部门的 RCA 指数变化趋势与保险服务部门相似，也是 2001—2011 年间无明显变化，2012 年开始增长较明显。通信服务部门的 RCA 指数在 2014 年以前呈波动起伏状态，2015 年开始逐渐增长，表明通信服务部门的比较劣势呈逐渐减弱趋势。这主要得益于计算机和信息技术的发展，通信服务与计算机和信息技术密切相关，后者的进步会通过外溢和关联效应影响前者。知识产权服务部门的 RCA 指数在样本期间一直处于低位，而且未呈现明显的增长趋势，表明我国知识产权服务缺乏有效竞争力。

虽然中国服务贸易进出口总量大，但从上述测算的整体服务出口比较优势和各服务部门的出口比较优势指数来看，中国服务贸易整体以及大多数服务贸易部门的 RCA 指数仍然偏低，且短期内未显现明显的增加趋势，这与中国整体经济发展水平是不相称的。

第四节　中国出口贸易遭遇知识产权壁垒现状

知识产权贸易壁垒是在保护知识产权的名义下，对含有知识产权的商品实行进口限制或者凭借拥有知识产权优势，超出知识产权所授予的独占权或有限垄断权的范围，不合理或者不公平地行使知识产权，实行“不公平贸易”的行为（郑秉秀，

2002）。随着中国出口产品中知识和技术密集型产品所占比重的上升及出口市场的日趋多元化，中国出口企业遭遇进口国知识产权贸易壁垒的问题日益凸显。发达国家的跨国公司为了维持其技术垄断优势，获取高额的专利许可费，在众多领域设置知识产权贸易壁垒。由于知识产权贸易壁垒具有非公开性和歧视性的特点，中国出口企业在出口贸易中往往会面临很强烈的攻击。

一、知识产权壁垒的主要类型

知识产权壁垒主要有两大类型：一是由专利、商标组成的知识产权壁垒；二是由技术标准组成的知识产权壁垒。首先，发达国家的跨国公司为了保护自己的知识产权，不仅会在本国申请专利，而且会在目标市场国申请注册相关及外围专利，进行广泛的全球专利布局。这样既可以巩固其在海外市场上的知识产权垄断优势，又可以向需要使用其相关专利的目标市场国的企业索取高额专利许可费。此外，有些发达国家的跨国公司会抢先对中国的一些著名商标进行注册，为中国企业“走出去”设置拦路虎。例如，2017 年我国著名的家电生产销售企业青岛海信公司就遭遇了合作盟友夏普“碰瓷式”的商标侵权纠纷诉讼；1999 年“海信”的英文商标“Hisense”遭遇了德国博世公司的商标抢注。其次，发达国家的跨国企业将行业的技术标准和知识产权壁垒结合起来，对发展中国家的技术密集型企业出口设置巨大障碍。发达国家的众多跨国公司由于具有长期积累的技术和雄厚的资本，往往拥有较多的研发优势，容易成为许多行业的技术标准制定者，甚至是全球标准战略的推行者。它们先针对各种技术申请注册专利。其全球化的专利布局为其技术获得了充分的知识产权法律保护。它们再将技术标准化，形成知识产权与技术标准相结合的贸易壁垒。技术标准一旦与知识产权结合在一起，对发展中国家企业而言，进入海外市场的难度将更大。发展中国家企业生产的产品如果达不到相关技术标准，则难以进入国际市场；如果想通过获取了相关技术专利的使用许可，则必须支付高额的专利许可费用。例如，欧盟要求中国打火机出口商加装欧盟专利的儿童启用锁，中国企业必须就此支付该项专利的许可费才可以使用。发达国家通过技术型知识产权壁垒的设置，可以有效地达到限制进口的目的。对于中国企业，在出口贸易中常遭遇到的知识产权贸易壁垒主要有两个条款：美国301条款和337条款。美国301条款是美国《1974年贸易法》中第301条的简称，它针对存在不合理的国际贸易行为的国家开展调查，并采取报复性措施，旨在保护美国在海外贸易中的利益。337条款最早在《美国1930年关税法》第337节中出现，旨在保护美国国内产品的知识产权免受其他国家产品进入美国市场造成的负面影响。该条款的主要内容是出口到美国的产品如果存在侵犯美国国内有效的专利权等知识产权侵权行为，且对美国国内相关产业造成实质性损害，则美国国内企业可以向美国国际贸易委员会申请调查。中国加入世界贸易组织后，随着对美国出口的技术产品逐渐增多，美国对中国企业发起的“337”调查案件数量也持续上升。表5.20列出了中国企业在2001—2018年间遭遇美国“337”调查的案件数量情况。

表5.20　2001—2018年中国涉案美国“337”调查数量以及比率汇总

年份	全球总数	涉及中国企业的调查数量	中国企业涉案调查所占百分比	年份	全球总数	涉及中国企业的调查数量	中国企业涉案调查所占百分比
2001年	24	1	4.2%	2010年	56	19	33.9%
2002年	17	5	29.4%	2011年	69	16	23.1%
2003年	18	8	44.4%	2012年	40	13	32.5%
2004年	26	10	38.5%	2013年	42	14	33.3%
2005年	29	10	34.5%	2014年	39	13	33.3%
2006年	33	8	24.2%	2015年	36	8	22.9%
2007年	35	10	28.5%	2016年	54	18	33.3%
2008年	41	11	26.8%	2017年	59	22	37.3%
2009年	31	8	25.8%	2018年	50	19	38.0%

资料来源：冉瑞雪、黄胜、王俣，等.2018年度中国企业应诉美国“337”调查综述[R/OL].知产力研究院 http://www.zhichanli.com，2018。

从表5.20可以看出，2001年中国企业涉案美国“337”调查仅有一起，仅占美国全球“337”调查案件数量的4.2%，但是从2002年开始，中国企业的涉案数量就开始迅速增加，2003年中国涉案企业数所占比重高达44.4%，这给入世不久的中国出口企业带来沉重一击。随着美国在全球发起“337”调查数量的上升，中国企业的涉案数量总体也呈现上升趋势，2017年中国被调查企业数量达到22家，而2018年中国涉案企业总数虽然比2017年减少了3家，但是所占比重达到38%，是继2003年之后的又一高峰值。冉瑞雪等人在知产力研究院上发表的《2018年度中国企业应诉美国“337”调查综述》报告显示，在2001—2018年间中国企业遭遇美国“337”调查的原因主要包括存在专利、商标、商业外观、著作权等侵权行为，其中绝大多数的案由是专利侵权，特别是2018年，专利侵权成为中国企业涉案的唯一理由。

二、遭遇知识产权壁垒的主要行业

随着中国出口的工业制成品数量不断增加，中国出口的电子产品、机械设备、化学化工品等都遭遇过不同程度的知识产权贸易壁垒。以美国“337”调查为例，中国贸易救济网的相关信息显示，中国遭遇美国“337”调查的涉案行业主要包括电子工业，电气工业，通用设备制造业，专用设备制造业，医药工业，文体、工美和娱乐用品制造业，化学原料和制造品工业，汽车工业，仪器仪表工业等，其中电子工业行业涉案数量最多，几乎占到50%的比重。

本章小结

本章从货物贸易和服务贸易两方面对出口贸易进行了分析。通过计算1991—2018年货物和服务贸易出口额、进口额和进出口额的增长率，分析了近年来中国货物和服务贸易进出口的变化趋势，并利用中国出口贸易额占全世界出口贸易总额的比率来反映中国出口在国际贸易市场上的地位。中国的对外贸易总额从改革开放之初的200亿美元增长到2018年的46 224.2亿美元，年均增长率约为14.62%。随着对外贸易的深化，出口商品中初级产品的比重大幅下降。从2010年开始，初级产品占商品出口总额的比重基本在5%左右，而工业制成品占比维持在95%左右，工业制成品占据了绝对的主导地位。2008—2018年中国各类工业制成品出口额占比的测算结果显示，机械及运输设备出口额占工业制成品的比重基本维持在50%左右；化学品及有关产品出口额所占比重从2008年的5.87%上升到2018年的6.74%；按原料分类的制成品出口比重有小幅下降；杂项制品出口额占比基本保持在25%左右，这表明我国工业制成品出口结构在不断优化。2001—2018年中国工业制造业各行业出口技术复杂度都有所提升，但提升的程度不同。增长态势较明显的是印刷及记录媒介业、黑色金属矿采选业及有色金属压延冶炼业、交通运输设备制造业，而家具制造业、石油及天然气开采业、石油加工及炼焦业、化学纤维制造业、仪器仪表及办公机械制造业的出口技术复杂度的上升幅度则较小。将各工业制造行业按照投入要素密集度细分为劳动密集型行业、资本密集型行业和技术密集型行业三大类型。劳动密集型行业的出口技术复杂度在样本期间虽然增长幅度较多，但都低于总体行业的出口技术复杂度；资本和技术密集型行业的出口技术复杂度在样本期间保持领先优势，但增长速度较缓慢。省级层面的行业出口技术复杂度测算结果显示，各省（市、区）在样本期间的制造业出口技术复杂度总体呈稳定上升趋势，表明中国各省（市、区）的制造业总体出口产品质量不断提升，生产制造技术水平不断提高。分区域层面的测算结果显示，东、中、西部各地区在样本期间的制造业出口技术复杂度呈逐渐递减的趋势，这与各地区的总体经济发展水平和对外开放程度基本相符。货物贸易出口比较优势RCA指数的测算结果表明，2001—2018年间中国各工业行业的比较优势状况发生了较大的变化，有些行业一直保持着较高的比较优势，有些行业由具有比较劣势慢慢转为具有一定的比较优势，而有些行业则从具有比较优势逐渐转为具有比较劣势。按要素密集度划分的各行业类型的测算结果显示，劳动密集型行业在样本期间拥有较强的比较优势，但是比较优势呈下降趋势；资本密集型行业各年的比较优势RCA指数基本都小于0.8，表明该类型行业在样本期间大多具有比较劣势，而且呈继续增强的趋势；技术密集型行业比较优势RCA指数从2005年开始大于0.8，逐渐从具有比较劣势向具有比较优势转变，且在样本期间呈明显的改善趋势。

随着国内服务业的快速发展和对外开放的深化，服务贸易进出口也逐渐增加。1991—2018年中国服务贸易出口额和进口额的年增长率呈波动起伏状态，但是服务贸易总体仍然保持较快增长态势。中国服务贸易自1992年以来长期处于逆差状态，表明我国服务业总体竞争力仍然较弱，国内服务产品供给无法满足市场需求，需要通过服务进口弥补国内供求缺口。根据联合国贸易与发展会议统计数据库对服务贸易的分类标准，1998—2018年中国传统服务贸易部门运输服务出口所占比重总体呈下降趋势，旅行服务出口所占比重在近5年有上升趋势，建筑服务出口基本保持缓慢上升趋势；保险、金融、知识产权使用费、电信、计算机和信息服务等现代新兴服务贸易部门出口所占比重总体呈上升趋势。这表明我国服务贸易出口结构正在朝更加合理和优化的方向发展。2010年我国服务贸易出口市场占有率上升到4.55%，服务贸易出口额全球排名上升到第5位。从2000年开始，中国与东盟、非洲和拉丁美洲等新兴市场经济体的贸易往来逐渐增加。2013年中国提出“一带一路”倡议，进一步扩大与丝绸之路经济带和海上丝绸之路沿线国家的交流与合作。中国多元化的出口市场分布表明中国出口贸易结构朝逐步优化的方向发展。服务贸易出口技术复杂度的测算结果显示，2000—2018年中国整体服务贸易出口技术复杂度的变化趋势与发达经济体、发展中经济体和总体的平均值变动趋势基本保持一致。2000—2008年，中国整体服务贸易出口技术复杂度呈平稳上升趋势；2009—2010年，中国整体服务贸易出口技术复杂度出现小幅度下滑；2011年开始继续保持平稳上升态势。在样本期间，中国各年整体服务贸易出口技术复杂度均低于总体平均值，表明中国服务贸易出口技术含量低于世界总体平均水平；但是中国服务贸易出口技术复杂度与世界总体平均值的差距呈逐渐缩小的趋势。这主要得益于持续增长的中国经济和快速发展的现代服务业。服务贸易出口比较优势RCA指数的测算结果表明，中国、发达经济体及发展中经济体的服务贸易出口RCA指数在样本期间的波动趋势相似。2001—2018年中国服务贸易总体出口RCA指数基本在0.4~0.8之间，且各年服务贸易出口RCA指数均小于发达经济体，与发达经济体各年平均值有较大差距，表明中国总体服务贸易出口具有比较劣势。按照日本贸易振兴机构提出的比较优势判断标准，分部门的RCA指数测算结果表明，运输服务、旅行服务、计算机与信息服务部门在样本期间保持中等的比较优势，建筑服务和其他商业服务部门在样本期间具有较强的比较优势，其余的服务贸易部门在样本期间均具有比较劣势。

随着中国出口产品中知识和技术密集型产品所占比重的上升及出口市场的多元化，中国出口企业遭遇进口国知识产权贸易壁垒的问题日益凸显。知识产权壁垒主要有两大类型：一是由专利、商标组成的知识产权壁垒；二是由技术标准组成的知识产权壁垒。随着中国出口的工业制成品数量不断增加，中国出口的电子产品、机械设备、化学化工品等都遭遇了不同程度的知识产权贸易壁垒。

第六章 知识产权保护影响出口增长的实证分析

WTO于1994年签署的TRIPs设定了知识产权规则的最低标准。自此，发达国家认为发展中国家的弱知识产权保护会妨碍创新者通过其创新产品获得公平的报酬，降低技术先进型产品对非发达国家的出口，因此，发展中国家应该加强知识产权的保护。然而，该协定遭到许多发展中国家的反对，它们认为，如果发展中国家实施更强的知识产权保护，几乎不能刺激研发创新；相反，会增加国外跨国公司的垄断势力、降低发展中国家获得创新产品和先进科技的可能性。第五章的分析结果显示，近些年来，中国的货物和服务贸易出口增长迅速，与此同时，中国的知识产权保护水平也不断提高。前文的理论分析已经表明，知识产权保护强度会对一国的出口贸易产生影响。那么在实践中，随着中国实施更强的知识产权保护，中国货物和服务贸易出口的产品种类增加了吗？中国货物和服务贸易出口的产品数量增加了吗？知识产权保护强度对这两者会有什么影响？本章将利用中国的数据，通过实证分析来回答这些问题。

第一节 知识产权保护影响货物贸易出口增长的实证分析

基于新新贸易理论形成的贸易增长的二元边际概念为回答上述问题提供了强有力的理论支撑。出口边际（margin of export）变化是指出口贸易的增量变化。边际变化的研究最早见于微观经济学理论，在该理论中，产品产量的边际变化可以分解为集约边际变化（intensive margin，IM）和扩展边际变化（extensive margin，EM）：集约边际反映产品生产的专业化程度；扩展边际反映产品生产的多样化特征。将微观经济学的边际理论扩展到贸易领域，可以分析贸易增长路径的变化。由于每家企业的生产规模和生产效率都不同，企业异质性的存在影响其出口选择，出口将沿扩展边际和集约边际增长（Melitz，2003）。已有文献关于出口贸易二元边际的研究主要从产品、企业和国家三个层面来分析。Hummels et al.（2005）从产品层面定义了贸易的扩展边际和集约边际：扩展边际表示一国出口或进口的产品种类；集约边际表示一国出口或者进口产品的价值量，即产品价格和产品数量的乘积。Amurgo-Pacheco et al.（2008）基于 24 个发达国家和发展中国家在 1990—2005 年间的产品层面的出口数据，测算了各国的出口二元边际，发现这些国家的出口主要沿着集约边际路径增长，但发展中国家出口扩展边际的促进作用正不断加强。国内学者施炳展等（2009）扩展了 Hummels et al.（2005）的分解方法，将集约边际进一步分解为产品数量边际和产品价格边际，基于 HS 六分位贸易数据，研究了 1995—2004 年中国对美国的出口增长情况，发现中国对美国出口增长的 70% 是沿着产品数量增长路径产生的，产品种类增长的贡献度较小。Bernard et al.（2006）扩展了二元边际的定义，其中扩展边际不局限于产品种类的增加，还包括企业种类：企业层面的出口扩展边际是指有新的出口企业加入，即出口企业种类的增加；集约边际是指现有出口企业出口额的增加。一国的贸易增长可以沿扩展边际和集约边际实现：扩展边际的变化是指贸易产品种类或进行贸易活动的企业数量方面的变化；集约边际的变化是指发生的贸易量值的增加或减少（Bernard et al.，2009）。Eaton et al.（2008）采用 1996—2005 年间哥伦比亚出口企业的数据，通过追踪出口企业进入和退出国际市场的情况，发现该国出口主要沿集约边际路径增长。陈勇兵 等（2012）采用 2000—2005 年的中国海关数据，从企业层面分析了中国出口增长情况，发现研究期内中国出口的增长主要受集约边际的影响。Besedes et al.（2007）从国家层面拓展了二元边际的定义，其中扩展边际是指新增贸易伙伴国带来的贸易增量，而集约边际是指与原有贸易伙伴国的贸易增量。

一、计量模型构建与数据说明

贸易引力模型被广泛应用于研究各种贸易政策对双边贸易流量的影响，例如分析贸易安排、货币同盟、贸易壁垒等对贸易流量的影响。已有文献研究大多也是采用引力模型考察贸易成本及相关因素对贸易二元边际的影响。为分析知识产权保护对中国出口贸易二元边际的影响，本书借鉴 Frensch（2010）和 Ivus（2010a）的经验研究，在扩展的引力模型基础上引入知识产权保护变量，设定如下模型：

$$BJ_{jt} = \alpha_0 + \alpha_1 IPR_t + \alpha_2 Z_{jt} + \lambda_j + \varepsilon_{jt}^1 \tag{6.1}$$

式中，BJ_{jt} 表示 t 时期出口国对进口国 j 的货物贸易出口二元边际；IPR_t 表示 t 时期出口国的知识产权保护程度；Z_{jt} 表示控制变量，主要包括进口国人均国内生产总值、进口国人口规模以及进口国的平均进口关税率等影响贸易量的其他因素；λ_j 为个体效应，反映不随时间变化的个体差异；ε_{jt} 为随机扰动项，服从均值为零、方差有限的正态分布。

式（6.1）设定的计量模型存在内生性问题。一方面，由于一国的经济发展与进口贸易密切相关，进口国的经济发展水平会影响中国出口贸易的二元边际，但贸易的二元边际也可能会影响进口国的经济发展水平，两者互为相关；另一方面，经济发展水平、对外贸易政策也会影响一国知识产权保护强度，知识产权保护变量也具有潜在的内生性。此外，考虑到前期的进出口情况会对当期的进出口产生一定的影响（马涛 等，2010），因此，本模型引入了被解释变量的滞后项来反映国际贸易的动态变化。

$$BJ_{jt} = \alpha_0 + \alpha_1 IPR_t + \alpha_2 Z_{jt} + \alpha_3 BJ_{jt-1} + \lambda_j + \varepsilon_{jt}^2 \tag{6.2}$$

式中，BJ_{jt-1} 表示滞后一期的货物贸易出口二元边际。

（一）因变量

计量模型的因变量是货物贸易出口的二元边际。根据前文所述，二元边际包括了扩展边际和集约边际。本书借鉴 Feenstra et al.（2006）和 Ivus（2010a）的方法来定义货物贸易出口的扩展边际（EM）和集约边际（IM）。扩展边际反映的是商品种类的变化。集约边际反映的是初始商品贸易额的变化。设 X_{ijt} 表示 t 时期中国出

口到 j 国的 i 产品的贸易额，则 $X_{it}=\sum_j X_{ijt}$ 表示 t 年中国出口到全世界的 i 产品的贸易额，那么对 j 国的出口贸易扩展边际可以定义为：

$$EM_{jt}=\frac{\sum_{i\in I_{jt}}X_{it}}{\sum_{i\in I_t}X_{it}} \tag{6.3}$$

式中，I_{jt} 表示 t 年出口到 j 国的产品集；$I_t=\cup_j I_{jt}$，表示中国 t 年出口的全部产品集。中国对 j 国的出口贸易扩展边际等于中国出口的全部产品集贸易额中 j 国所占的比重。分子与分母的区别在于产品集不同，比重越大，表明中国出口到 j 国的产品种类越多。

$$IM_{jt}=\frac{\sum_{i\in I_{jt}}X_{ijt}}{\sum_{i\in I_{jt}}X_{it}} \tag{6.4}$$

式（6.4）表示中国对 j 国的出口贸易集约边际，其值等于中国出口到 j 国的产品集总额与相同产品集内中国出口到所有国家的贸易额的比值，即集约边际衡量的是对于相同的产品集，中国出口到每个目的国的贸易额占全部目的国贸易额的比重。

$$EM_{jt}IM_{jt}=\frac{\sum_{i\in I_{jt}}X_{ijt}}{\sum_{i\in I_t}X_{it}} \tag{6.5}$$

式（6.5）表示扩展边际与集约边际的乘积，其值等于中国出口到 j 国的全部贸易额与中国出口到全世界的贸易额的比值。因此，扩展边际和集约边际是中国出口到各国商品的种类和量的一个分解。

鉴于数据的可得性，本研究选取 1996—2017 年中国对 40 个主要贸易伙伴国的制造业出口额作为样本数据，其中有 22 个发达国家、18 个发展中国家[①]，制造业行业出口贸易数据的分类标准为三位数的 SITC Rev.3，借鉴盛斌 等（2008）、刘庆

① 发达国家样本：澳大利亚、奥地利、比利时、加拿大、丹麦、芬兰、法国、德国、爱尔兰、以色列、意大利、日本、荷兰、新西兰、挪威、韩国、新加坡、西班牙、瑞典、瑞士、英国、美国。

发展中国家样本：阿根廷、巴西、哥伦比亚、埃及、匈牙利、印度、印度尼西亚、马来西亚、墨西哥、尼日利亚、巴基斯坦、菲律宾、波兰、俄罗斯、南非、泰国、土耳其、越南。

林等（2010）的分类方法，将出口贸易数据进一步划分为初级产品和劳动资源密集型行业、中低技术行业和高技术行业[①]，数据来源于联合国贸易统计数据库。

（二）解释变量

计量模型的核心解释变量是知识产权保护强度。IPR 是中国国内的知识产权保护强度，数据来源于第四章对中国知识产权保护强度的测算结果。本章也采用了中国向国外申请专利数量的对数（ln*patent*）作为衡量知识产权保护强度的一个替代指标，用以检验模型的估计结果的稳健性。变量 ln*patent* 的数据来源于国家知识产权局统计年报。

（三）控制变量

为使解释变量的估计系数更为可靠，本书选取能体现进口国特征及增加贸易成本的扭曲性因素的若干控制变量，主要包括：

进口国经济发展水平（*PGDP*）：人均国内生产总值是衡量一个国家或地区经济发展水平最重要且最常用的指标。已有宏观经济研究表明，一国经济发展水平越高，对各类工业制成产品的进口需求也越大，因此，预期该变量系数符号为正。该变量的数据根据世界银行 WDI 数据库整理而得。

进口国市场规模（*POPU*）：通常用进口国人口数量代表进口国的市场规模，理论上市场规模越大，进口的高技术产品越多，因此，预期该变量系数符号为正。该变量的数据来源于世界银行 WDI 数据库。

① 初级产品和劳动资源密集型行业：煤炭采选业、石油和天然气开采业、黑色金属矿采选业、有色金属矿采选业、非金属矿采选业、木材及竹材采运业、食品加工和制造业、饮料制造业、纺织业、服装及其他纤维制品制造业、皮革毛皮羽绒及其制品业、木材加工及竹藤棕草制品业、家具制造业、造纸及纸制品业、石油加工及炼焦业、化学纤维制造业、非金属矿物制品业、有色金属冶炼及压延加工业。中低技术行业：文教体育用品制造业、橡胶制品业、黑色金属冶炼及压延加工业、金属制品业、普通机械制造业、专用设备制造业、交通运输设备制造业、电气机械及器材制造业、电力热力生产供应业。高技术行业：化学原料及化学制品制造业、医药制造业、塑料制品业、电子及通信设备制造业、仪器仪表及文化办公用机械制造业。

进口国平均进口关税率（*TARI*）：进口国平均进口关税率代表进口贸易扭曲因素，一般来说，高关税率不利于工业制成品的进口贸易，因此，预期符号为负。该变量的数据来源于世界银行 WDI 数据库。

表 6.1 是各变量的统计性描述，表 6.2 和表 6.3 是相关系数矩阵。经计算，平均方差膨胀因子（*VIF*）的值均小于 10，表明没有严重的多重共线性问题。

表6.1　主要变量的统计性描述

变量	样本数	均值	标准差	最小值	最大值
贸易扩展边际（*EM*）	880	0.098 9	0.003 5	0.020 9	0.125 3
贸易集约边际（*IM*）	880	0.057 1	0.104 3	0.001 3	0.691 5
知识产权保护强度（*IPR*）	880	2.099 1	0.623 1	0.943 2	3.649 0
进口国经济发展水平（*PGDP*，万美元）	880	1.623 2	1.235 3	0.040 9	4.204 3
进口国市场规模（*POPU*，百万美元）	880	87.992 4	12.933 2	3.524 5	1 289.270 4
平均进口关税率（*TARI*，%）	880	85 6	3.203 5	0.000 0	49.540 0

资料来源：由 Stata 14.0 软件分析数据所得。

表6.2　变量间的相关系数矩阵（因变量为扩展边际 ***EM***）

变量	***EM***	***IPR***	***PGDP***	***POPU***	***TARI***
EM	1.000 0				
IPR	0.529 5	1.000 0			
PGDP	0.053 2	0.105 4	1.000 0		
POPU	0.079 3	0.029 3	−0.350 4	1.000 0	
TARI	−0.162 4	−0.319 5	−0.460 8	0.275 2	1.000 0

资料来源：由 Stata 14.0 软件分析数据所得。

表6.3　变量间的相关系数矩阵（因变量为集约边际 ***IM***）

变量	***IM***	***IPR***	***PGDP***	***POPU***	***TARI***
IM	1.000 0				
IPR	0.034 8	1.000 0			
PGDP	0.374 3	0.105 4	1.000 0		

续表

	IM	*IPR*	*PGDP*	*POPU*	*TARI*
POPU	0.169 2	0.029 3	−0.350 4	1.000 0	
TARI	−0.172 6	−0.319 5	−0.460 8	0.275 2	1.000 0

资料来源：由 Stata 14.0 软件分析数据所得。

二、实证检验及结果分析

(一) 样本总体及分行业回归结果

实证检验中的 Hansen 检验用于判断是否存在过度识别约束，该检验的原假设是模型中工具变量的选取是有效的。AR(2) 检验的原假设是差分方程的残差项不存在二阶序列相关。表 6.4 报告了式（6.1）和式（6.2）采用系统 GMM 估计法的基本回归结果及分行业回归结果。在 10% 的显著性水平上，表 6.4 中第 (1) 列至第 (8) 列的 Hansen 检验统计量和 AR(2) 检验统计量均不显著，这表明两个检验均不能拒绝原假设，说明模型中工具变量的选取是有效的，而且差分方程的残差项不存在二阶序列相关。

表 6.4 中第 (1) 列和第 (2) 列是中国总体出口贸易的回归结果，该结果表明影响双边贸易的控制变量的系数符号与预期一致，且在 5% 的置信水平下显著。具体来看，进口国经济发展水平（*PGDP*）和进口国市场规模（*POPU*）对出口贸易边际显著为正的影响证实了这两者都是影响双边贸易流量的重要决定因素。进口国平均进口关税率（*TARI*）对出口贸易边际的影响均在 5% 的置信水平下显著为负，这表明随着进口国进口关税率的提高，双边贸易流量会减少，这也符合理论预期。表 6.4 中所有因变量滞后项（*L.BJ*）在 5% 和 1% 的置信水平下显著为正，表明上一期的出口对本期有明显的影响，出口贸易保持较强的惯性。

接下来重点讨论知识产权保护强度对出口贸易边际的影响。表 6.4 中第 (1) 列和第 (2) 列的回归结果显示知识产权保护强度（*IPR*）对出口贸易边际的影响在 1% 的置信水平下显著为正，说明随着知识产权保护强度的加强，中国出口贸易的扩展边际和集约边际也随之提高，即中国知识产权保护强度的加强会促使出口贸易的产品种类和产品数量增加。具体而言，知识产权保护指数增加1个单位，出口贸易扩展边际增加0.002 9个单位，集约边际增加0.003 6个单位。由此可以看出，知识产权保护强度的增强主要是促进出口贸易集约边际，对扩展边际的影响要小得多。

表6.4　基于扩展的G-P指数的总体国家样本及分行业回归结果

解释变量	总体出口产品		初级产品和劳动资源密集型行业	
	因变量 ***EM***(1)	因变量 ***IM***(2)	因变量 ***EM***(3)	因变量 ***IM***(4)
IPR	0.002 9	0.003 6	0.000 5	0.003 2
	(5.760 2)***	(4.582 2)***	(1.930 2)*	(1.424 7)
PGDP	0.009 8	0.014 6	0.001 2	0.003 5
	(4.2713)***	(2.311 5)**	(1.983 4)**	(1.890 2)*
POPU	0.000 1	0.000 2	0.000 2	0.000 3
	(2.350 2)**	(5.412 5)***	(1.945 2)*	(2.463 2)**
TARI	−0.000 2	−0.002 5	−0.000 5	−0.000 8
	(−2.291 1)**	(−2.441 8)**	(−2.381 7)**	(−2.432 1)**
L.BJ	0.004 5	0.003 6	0.002 7	0.001 3
	(6.373 2)***	(4.882 3)***	(2.322 5)**	(2.492 2)**
Constants	0.043 5	0.033 9	0.019 1	0.013 4
	(3.038 3)***	(6.820 1)***	(8.691 4)***	(4.2902)***
AR(2) 检验 (*P*)	0.306 2	0.252 4	0.394 2	0.539 2
Hansen 检验 (*P*)	0.547 3	0.432 2	0.467 3	0.519 3
样本数	880	880	880	880

解释变量	中低技术行业		高技术行业	
	因变量 ***EM***(5)	因变量 ***IM***(6)	因变量 ***EM***(7)	因变量 ***IM***(8)
IPR	0.001 9	0.002 1	0.002 5	0.003 7
	(3.511 2)***	(4.225 2)***	(4.261 5)***	(3.638 1)***
PGDP	0.002 6	0.002 4	0.003 7	0.004 8
	(3.290 3)***	(2.483 5)**	(3.622 4)***	(4.880 3)***

续表

解释变量	中低技术行业		高技术行业	
	因变量 **EM**(5)	因变量 **IM**(6)	因变量 **EM**(7)	因变量 **IM**(8)
POPU	0.000 5	0.000 7	0.000 2	0.000 6
	(3.350 2)***	(3.8703)***	(2.280 9)**	(4.914 5)***
TARI	−0.000 3	−0.0002	−0.000 2	−0.000 5
	(−2.3205)**	(−2.0216)**	(−2.214 6)**	(−2.261 4)**
L.BJ	0.0015	0.001 6	0.001 4	0.002 8
	(3.2412)***	(4.561 3)***	(4.293 7)***	(4.382 7)***
Constants	0.0153	0.012 5	0.021 9	0.030 6
	(4.130 5)***	(2.990 5)***	(5.498 2)***	(2.259 5)**
AR(2) 检验 (*P*)	0.434 8	0.218 6	0.394 5	0.323 9
Hansen 检验 (*P*)	0.431 8	0.554 3	0.462 9	0.347 2
样本数	880	880	880	880

注：*L.BJ* 表示因变量的滞后项；每个变量估计值下面的小括号中报告的是 *Z* 值；***、**、* 分别代表 1%、5%、10% 的显著性水平；AR(2) 检验和 Hansen 检验给出的是检验统计量相应的 *P* 值。

表 6.4 中第 (3) 列至第 (8) 列进一步报告了各解释变量对行业层面的出口贸易边际的影响，回归结果显示：进口国经济发展水平（*PGDP*）、进口国市场规模（*POPU*）和进口国平均进口关税率（*TARI*）的系数符号和理论预期一致，且在 10% 的置信水平下基本都显著；知识产权保护强度对出口贸易边际的影响则呈现较明显的行业差异，知识产权保护强度对初级产品和劳动资源密集型行业的出口贸易扩展边际的作用效应在 10% 的置信水平下为正，这表明更强的知识产权保护强度能促使中国初级产品和劳动资源密集型产品出口种类的增加。知识产权保护强度对初级产品和劳动资源密集型行业的出口贸易集约边际的影响系数虽然为正，但未通过显著性检验。Ivus（2010a）认为，如果更强的知识产权保护并没能增加出口的利润率，那么提高知识产权保护水平不能促使出口产品增加的情况是可能发生的。由于初级

产品和劳动资源密集型产品的利润率通常比技术密集型产品的要低，而且这类产品的市场竞争力主要依靠低廉的劳动力成本，对知识产权保护强度的依赖性较低、反应程度较不敏感，因此出现系数不显著的情况。知识产权保护强度的提高显著增加了中国中低技术行业和高技术行业的出口贸易边际。具体而言，知识产权保护指数增加 1 个单位，高技术行业的出口贸易扩展边际增加 0.002 5 个单位，集约边际增加 0.003 7 个单位，而中低技术行业的出口贸易扩展边际增加 0.001 9 个单位，集约边际增加 0.002 1 个单位。由此可以看出，高技术行业的出口贸易边际对知识产权保护强度的反应大于中低技术行业。这主要是因为过强的保护会促使本地企业加强和重视研发活动，从而使其产品具有较高的知识含量和包含更多专利技术，也更有利于出口产品种类和出口数量的增加（Braga et al.，1991）。

（二）分国别回归结果

发展中国家由于经济发展水平较低，缺乏足够的研发和创新能力，对知识产权的保护和重视程度也较低，因此，与贸易有关的知识产权保护壁垒也较少。相比较而言，发达国家具有较高的研发能力，在知识产权方面拥有绝对优势，其强化知识产权保护的贸易政策易形成贸易壁垒并增加贸易争端，这也会使发展中国家的生产和贸易成本大幅度提高。因此，可以预期知识产权保护强度对中国出口发达国家和发展中国家的贸易边际的影响会不同。表 6.5 报告了发达国家样本的回归结果，表 6.6 报告了发展中国家样本的回归结果。由表 6.5 和表 6.6 可知，AR(2) 检验和 Hansen 检验的 P 值均大于 0.1，表明工具变量是有效的，且不存在二阶序列相关。因此，系统 GMM 估计法是有效的。

表 6.5 中所有因变量滞后项均在 1% 的置信水平下显著为正，表明中国对发达国家的出口贸易保持较强的惯性。第 (1) 列至第 (8) 列的回归结果显示，各控制变量的系数符号与预期一致，除了进口国平均关税率（*TARI*）的系数显著性不稳定以外，其余的控制变量均在 10% 的置信水平下显著。这主要是由于发达国家的平均进口关税率普遍较低且较平稳，因此对中国出口贸易边际的影响不稳定。对发达国家的总体出口产品的回归结果表明，每增加 1 个单位的知识产权保护强度，出口贸易扩展边际和集约边际分别增加 0.002 7 个单位和 0.005 8 个单位，这表明知识产权

保护强度的增强对中国出口发达国家的贸易集约边际的影响大于扩展边际。与总体国家样本的回归结果相似，知识产权保护强度的提高显著增加了中国中低技术行业和高技术行业的出口贸易边际，对初级产品和劳动资源密集型行业出口贸易扩展边际的影响在5%的置信水平下显著为正，但对集约边际的影响虽然为正，系数在统计上却不显著。这主要还是因为高技术行业通常属于专利密集型行业，知识产权保护强度的增强，一方面，能够更好地获得国外技术转让，从而提高自身的研发能力，另一方面，能降低生产的边际成本，使其产品在发达国家市场上具有较强的竞争力，因此知识产权保护对中高技术行业出口贸易边际的影响程度也更高（Branstetter et al.，2006）。相反，初级产品和劳动资源密集型行业本身的知识技术含量很低，因此对知识产权保护的依赖程度也低，所以知识产权保护强度对其的影响也较低。

表6.5　基于扩展的G-P指数的发达国家样本回归结果

解释变量	总体出口产品		初级产品和劳动资源密集型行业	
	因变量 ***EM***(1)	因变量 ***IM***(2)	因变量 ***EM***(3)	因变量 ***IM***(4)
IPR	0.002 7	0.005 8	0.000 3	0.002 4
	(4.930 1)***	(5.390 2)***	(2.511 2)**	(1.282 4)
PGDP	0.003 1	0.004 9	0.003 1	0.004 2
	(4.620 3)***	(3.510 2)***	(2.339 6)**	(2.238 4)**
POPU	0.000 1	0.000 2	0.000 1	0.000 3
	(2.283 9)**	(8.103 4)***	(2.253 6)**	(4.325 8)***
TARI	−0.000 2	−0.002 4	−0.000 1	−0.002 8
	(−1.842 9)	(−2.375 3)**	(−1.284 2)	(−1.235 6)
L.BJ	0.002 9	0.003 8	0.001 8	0.002 3
	(6.430 3)***	(8.580 4)***	(3.595 2)***	(4.355 1)***
Constants	0.043 2	0.039 2	0.096 1	0.025 7
	(5.043 6)***	(3.050 5)***	(7.173 7)***	(8.397 5)***
AR(2) 检验 (*P*)	0.367 3	0.286 4	0.392 7	0.587 2
Hansen 检验 (*P*)	0.564 5	0.446 7	0.655 2	0.406 9
样本数	484	484	484	484

续表

解释变量	中低技术行业		高技术行业	
	因变量 ***EM***(5)	因变量 ***IM***(6)	因变量 ***EM***(7)	因变量 ***IM***(8)
IPR	0.001 9	0.004 2	0.002 9	0.006 3
	(6.792 2)***	(3.901 2)***	(12.290 3)***	(4.580 2)***
PGDP	0.003 4	0.004 3	0.002 6	0.005 32
	(5.324 2)***	(2.409 3)**	(3.220 3)***	(3.440 2)***
POPU	0.000 2	0.001 5	0.000 3	0.000 3
	(2.320 9)**	(5.394 5)***	(2.043 8)**	(8.439 2)***
TARI	−0.000 2	−0.001 4	−0.001 5	−0.002 1
	(−1.295 1)	(−2.539 2)**	(−2.492 3)**	(−2.306 7)**
L.BJ	0.001 7	0.001 6	0.001 5	0.002 9
	(3.275 6)***	(4.285 4)***	(5.246 3)***	(6.527 4)***
Constants	0.367 1	0.302 8	0.278 1	0.193 2
	(8.206 4)***	(5.547 3)***	(8.396 3)***	(9.328 5)***
AR(2) 检验 (*P*)	0.635 8	0.274 9	0.544 1	0.235 6
Hansen 检验 (*P*)	0.368 2	0.568 4	0.358 5	0.365 6
样本数	484	484	484	484

注：*L.BJ* 表示因变量的滞后项；每个变量估计值下面的小括号中报告的是 *Z* 值；***、**、* 分别代表 1%、5%、10% 的显著性水平；AR(2) 检验和 Hansen 检验给出的是检验统计量相应的 *P* 值。

表6.6　基于扩展的 G-P 指数的发展中国家样本回归结果

解释变量	总体出口产品		初级产品和劳动资源密集型行业	
	因变量 ***EM***(1)	因变量 ***IM***(2)	因变量 ***EM***(3)	因变量 ***IM***(4)
IPR	0.000 9	0.001 4	0.000 2	0.000 5
	(5.234 7)***	(6.232 5)***	(1.425 6)	(1.420 3)
PGDP	0.001 3	0.015 8	0.002 4	0.003 8
	(4.264 5)***	(5.335 2)***	(2.243 1)**	(2.265 3)**

续表

解释变量	总体出口产品		初级产品和劳动资源密集型行业	
	因变量 ***EM***(1)	因变量 ***IM***(2)	因变量 ***EM***(3)	因变量 ***IM***(4)
POPU	0.000 3	0.000 1	0.000 6	0.000 5
	(2.264 8)**	(8.134 2)***	(1.204 3)	(2.365 3)**
TARI	−0.000 3	−0.000 5	−0.000 2	−0.000 3
	(−2.183 6)**	(−2.382 1)**	(−2.236 2)**	(−3.304 5)***
L.BJ	0.005 1	0.006 2	0.002 1	0.002 3
	(4.536 8)***	(6.387 2)***	(4.395 2)***	(5.652 3)***
Constants	0.153 8	0.233 4	0.162 5	0.252 3
	(14.317 4)***	(1.156 2)	(5.426 2)***	(5.693 2)***
AR(2) 检验 (*P*)	0.364 5	0.537 2	0.315 5	0.429 8
Hansen 检验 (*P*)	0.504 7	0.394 5	0.364 2	0.385 3
样本数	396	396	396	396

解释变量	中低技术行业		高技术行业	
	因变量 ***EM***(5)	因变量 ***IM***(6)	因变量 ***EM***(7)	因变量 ***IM***(8)
IPR	0.001 2	0.001 5	0.000 4	0.000 8
	(9.465 3)***	(4.320 9)***	(5.394 8)***	(6.473 5)***
PGDP	0.003 9	0.031 8	0.002 8	0.013 6
	(4.597 5)***	(5.322 9)***	(5.264 3)***	(5.489 2)**
POPU	0.000 2	0.000 3	0.000 1	0.000 2
	(2.255 9)**	(5.395 2)***	(2.459 7)**	(4.587 5)***
TARI	−0.000 5	−0.000 2	−0.000 3	−0.000 1
	(−2.454 3)**	(−3.295 1)***	(−4.547 2)***	(−2.339 8)**
L.BJ	0.003 2	0.005 2	0.001 9	0.002 8
	(5.948 3)***	(3.465 2)***	(6.302 3)***	(5.345 9)***
Constants	0.024 3	0.104 5	0.012 4	0.023 6
	(4.430 8)***	(9.683 5)***	(5.109 4)***	(3.845 3)***
AR(2) 检验 (*P*)	0.526 1	0.286 9	0.316 8	0.263 7

续表

解释变量	中低技术行业		高技术行业	
	因变量 ***EM***(5)	因变量 ***IM***(6)	因变量 ***EM***(7)	因变量 ***IM***(8)
Hansen 检验 (*P*)	0.493 2	0.247 8	0.419 6	0.524 6
样本数	396	396	396	396

注：*L.BJ* 表示因变量的滞后项；每个变量估计值下面的小括号中报告的是 *Z* 值；***、**、* 分别代表 1%、5%、10% 的显著性水平；AR(2) 检验和 Hansen 检验给出的是检验统计量相应的 *P* 值。

表 6.6 中所有因变量滞后项均在 1% 的置信水平下显著为正，表明中国对发展中国家的出口贸易也保持一定的惯性。表 6.6 的回归结果显示，各控制变量的系数符号与预期基本一致，显著性也较稳定，与表 6.5 的回归结果的主要不同点在于知识产权保护强度对出口贸易边际的影响。具体而言，知识产权保护强度对初级产品和劳动资源密集型行业出口贸易边际的影响系数为正，但不显著；对中低技术行业和高技术行业出口贸易边际的影响系数值下降明显。这主要是因为大多数发展中国家自身对知识产权的保护较弱，各行业的专利技术密集程度较低，使得知识产权保护强度对中国中低技术行业和高技术行业出口发展中国家的贸易边际的影响程度较发达国家要小得多。

三、稳健性检验

为考察模型估计结果是否存在变量选择偏误，本部分采用历年中国向国外申请专利数量的对数（ln*patent*）来估计知识产权保护强度对中国出口贸易边际的影响。表 6.7 报告了总体国家样本的回归结果，AR(2) 检验和 Hansen 检验的 *P* 值均大于 0.1，表明工具变量是有效的，且不存在序列相关，即系统 GMM 估计法是有效的。

表 6.7 显示，不管是对总体出口产品的回归还是对分行业的回归，各控制变量系数符号与预期一致，与表 6.4 的回归结果也保持基本一致。第 (1) 列至第 (8) 列因变量滞后项均在 1% 的置信水平下显著为正；从国外专利申请量（ln*patent*）的系

数值可以看出，采用两种不同的衡量知识产权保护强度的指标进行估计的结果仅是估计系数大小的不同，两者的显著性是一致的。总体出口产品的回归结果显示，知识产权保护强度对中国出口贸易扩展边际和集约边际的影响均在1%的置信水平下显著为正，向国外申请专利数量每增加1%，出口贸易扩展边际和集约边际分别增加4.86%和6.91%。这进一步证实了知识产权保护强度的增强主要是促进了出口贸易集约边际的增长。细分行业的回归结果显示，知识产权保护强度对中国初级产品和劳动资源密集型行业出口贸易边际的影响仍然不显著，对中低技术行业和高技术行业出口贸易边际的影响在1%的置信水平下显著为正，这与基于扩展的G-P指数的回归结果基本一致。因此，可以在一定程度上证明本书估计结论的稳健性。

表6.7　基于国外专利申请量（ln*patent*）的总体国家样本回归结果

解释变量	总体出口产品		初级产品和劳动资源密集型行业	
	因变量 ***EM***(1)	因变量 ***IM***(2)	因变量 ***EM***(3)	因变量 ***IM***(4)
ln*patent*	0.056 1	0.071 3	0.035 3	0.022 6
	(8.384 6)***	(6.456 4)***	(1.425 3)	(1.587 4)
PGDP	0.003 4	0.016 4	0.002 5	0.001 8
	(5.952 3)***	(3.3149)***	(4.5862)***	(2.425 6)**
POPU	0.000 3	0.000 2	0.000 2	0.000 4
	(3.536 7)***	(3.336 4)***	(1.425 2)	(2.450 3)**
TARI	−0.001 8	−0.001 9	−0.000 3	−0.000 5
	(−3.653 4)***	(−3.4943)***	(−2.4893)**	(−4.520 9)***
L.BJ	0.002 9	0.005 4	0.003 2	0.004 6
	(8.293 4)***	(5.586 6)***	(4.496 1)***	(4.632 3)***
Constants	0.164 3	0.116 3	0.124 5	0.162 8
	(13.208 4)***	(9.867 3)***	(12.709 4)***	(10.325 8)***
AR(2) 检验 (*P*)	0.235 3	0.345 6	0.225 8	0.562 7
Hansen 检验 (*P*)	0.536 3	0.784 9	0.375 6	0.497 5
样本数	880	880	880	880

续表

解释变量	中低技术行业		高技术行业	
	因变量 **EM**(5)	因变量 **IM**(6)	因变量 **EM**(7)	因变量 **IM**(8)
ln*patent*	0.025 6	0.032 7	0.043 7	0.058 3
	(12.385 7)***	(6.466 9)***	(13.954 3)***	(12.543 3)***
PGDP	0.003 4	0.004 5	0.002 7	0.003 5
	(4.354 9)***	(2.430 4)**	(2.529 3)**	(4.628 3)***
POPU	0.000 6	0.001 2	0.000 8	0.001 5
	(2.309 4)**	(2.202 5)**	(2.239 2)**	(4.394 5)***
TARI	−0.000 2	−0.000 4	−0.000 3	−0.000 5
	(−2.320 4)**	(−4.356 2)***	(−3.894 3)***	(−3.524 5)***
L.BJ	0.001 9	0.002 4	0.001 5	0.003 2
	(4.322 6)***	(4.356 9)***	(3.263 4)***	(5.207 1)***
Constants	0.115 4	0.119 3	0.124 8	0.147 6
	(9.603 2)***	(12.495 3)***	(13.345 6)***	(12.465 3)***
AR(2) 检验 (*P*)	0.344 6	0.236 8	0.293 5	0.285 6
Hansen 检验 (*P*)	0.452 3	0.642 9	0.425 9	0.338 5
样本数	880	880	880	880

注：*L.BJ* 表示因变量的滞后项；每个变量估计值下面的小括号中报告的是 *Z* 值；***、**、* 分别代表 1%、5%、10% 的显著性水平；AR(2) 检验和 Hansen 检验给出的是检验统计量相应的 *P* 值。

第二节　知识产权保护影响服务贸易出口增长的实证分析

随着现代信息技术的深度应用和全球数字经济的快速发展，我国服务业逐渐成为国民经济增长的重要“助推器”，服务贸易也涌现出众多新业态和新模式。知识产权保护是服务贸易由大变强，由低附加值向高附加值转型的重要支撑。加入

WTO 以来，中国政府不断加强与世界知识产权组织及其成员方的交流与合作，有力地推动了中国服务企业“走出去”战略的实施。

一、计量模型构建与数据说明

为进一步检验知识产权保护对中国服务贸易出口二元边际的影响，参照已有影响服务贸易出口的因素研究，本书综合 Krugman（1980）、Felbermayr et al.（2006）、殷凤 等（2009）、易行健 等（2010）、姚海棠 等（2013）、宋加强 等（2014）的研究思路，设定如下多元线性回归模型：

$$STM_t = \beta_0 + \beta_1 IPR_t + \beta_2 \ln GDP_t + \beta_3 DEV_t + \beta_4 OPEN_t + \beta_5 \ln SFDI_t + \beta_6 \ln GOODS_t + \varepsilon_t \tag{6.6}$$

式中，t 为 2000—2017 年的各年份；β_0 为常数项向量；β_1 至 β_6 为各系数向量；ε 为随机扰动项。各变量的具体描述和数据说明如下所示：

（一）被解释变量：*STM*

被解释变量（*STM*）表示中国服务贸易出口的二元边际，包括扩展边际和集约边际。本书借鉴 Hummels et al.（2005）和戴翔 等（2014）对贸易边际的分解方法，从产品层面测算中国服务贸易出口增长的扩展边际和集约边际。根据 Hummels et al.（2005）的推导，一国服务贸易出口增长分解为扩展边际（*SEM*）和集约边际（*SIM*），满足如下公式：

$$STM = SEM \times SIM \tag{6.7}$$

式中，*STM* 表示一国服务贸易出口的相对市场份额，即该国出口到伙伴国的服务贸易额占伙伴国从其他国家进口的服务贸易总额的比重。

本书借鉴戴翔（2013）的研究思路，在实际测算中采用中国服务贸易出口额与所选的样本国家和地区服务贸易平均出口额之比作为中国服务贸易出口的相对市场份额的替代变量。随着服务业“碎片化”的发展，全球服务贸易的细分“种类”势必不断增加。虽然联合国贸易和发展会议数据库对全球服务贸易进出口的统计分类仅有 11 项，但是服务贸易细分“种类”的增加必然会促进统计分类贸易额的增长。鉴于服务贸易分类统计数据无法像货物贸易那样细致，本书沿用戴翔

(2013) 的研究思路，采用一国服务贸易出口分项的多元化指标 (记为 SV) 来间接衡量该国服务贸易出口种类的变化，测度公式如下：

$$SV_t = \sum_{it} S_{it}^2 \tag{6.8}$$

式中，S_{it} 表示 t 年第 i 个服务出口细分项的出口额占服务贸易总出口额的比重。

参照联合国贸易与发展会议数据库的分类，本书 i 取值为 1~10，代表运输、旅游、建筑服务等 10 类服务贸易细分项，不包括政府服务。一国服务贸易出口细分项的多元化指标的取值范围为 $0 \leqslant SV_t \leqslant 1$，该指标数值越小，表明服务贸易出口细分项的多元化程度越高；反之，数值越大，表明服务贸易出口细分项的集中度越高。采用相对概念，测算中国服务贸易出口扩展边际 (SEM_{ct}) 的公式如下：

$$SEM_{ct} = SV_{ct} / SV_{wt} \tag{6.9}$$

式中，SV_{ct} 为 t 年中国服务贸易出口种类多元化指数；SV_{wt} 为 t 年世界服务贸易出口多元化指数。

在测算中国服务贸易出口扩展边际的基础上，根据式 (6.7) 可以倒推出服务贸易出口集约边际 (SIM_{ct})，具体如下：

$$SIM_{ct} = STM_{ct} / SEM_{ct} \tag{6.10}$$

本书使用的中国以及其他样本国家和地区的服务贸易出口统计数据均来自联合国贸易与发展会议数据库。考虑到服务贸易细分项的数据可得性，本书选取的样本期间为 2000—2017 年，样本国家和地区共 57 个[①]。这 57 个国家和地区在样本考察期间的服务贸易出口总额占世界服务贸易出口总额的平均比重为 85.6%，具有较高的代表性。

① 样本国家和地区：美国、加拿大、日本、以色列、奥地利、比利时、保加利亚、塞浦路斯、捷克、芬兰、法国、德国、希腊、匈牙利、冰岛、爱尔兰、意大利、拉脱维亚、立陶宛、瑞士、荷兰、挪威、波兰、葡萄牙、罗马尼亚、斯洛伐克、爱沙尼亚、斯洛文尼亚、西班牙、瑞典、英国、丹麦、澳大利亚、新西兰、俄罗斯、中国大陆、中国香港特别行政区、中国台湾地区、韩国、新加坡、孟加拉国、印度、印度尼西亚、马来西亚、巴基斯坦、菲律宾、斯里兰卡、泰国、土耳其、埃及、南非、墨西哥、阿根廷、巴西、智利、白俄罗斯、乌克兰。

按照上述分解方法，本书测算了2000—2017年中国服务贸易出口的相对市场份额、扩展边际及集约边际，具体如表6.8所示。

表6.8　2000—2017年中国服务贸易出口扩展边际和集约边际情况

年份	出口相对市场份额	扩展边际	集约边际	年份	出口相对市场份额	扩展边际	集约边际
2000年	1.109 8	0.794 5	1.396 9	2009年	2.016 2	0.912 3	2.21
2001年	1.183 6	0.783 2	1.511 2	2010年	2.367 5	0.895 6	2.643 5
2002年	1.203 1	0.802 1	1.499 9	2011年	2.573 8	0.902 8	2.850 9
2003年	1.304 5	0.811 5	1.607 5	2012年	2.658 1	0.913 5	2.909 8
2004年	1.469 2	0.835 2	1.759 1	2013年	2.739 6	0.912 6	3.00 2
2005年	1.582 4	0.852 6	1.856	2014年	2.903 1	0.933 1	3.111 2
2006年	1.672 3	0.863 2	1.937 3	2015年	2.960 2	0.925 4	3.198 8
2007年	1.890 2	0.879 3	2.149 7	2016年	3.132 4	0.942 7	3.322 8
2008年	1.923 1	0.890 5	2.159 6	2017年	3.206 6	0.943 3	3.399 3

从表6.8可以看出，2000—2017年间，中国服务贸易出口的相对市场份额呈稳定上升趋势，从2000年的1.109 8逐渐上升到2017年的3.206 6。从出口增长的二元边际分解来看，扩展边际总体呈现波动式上升态势，集约边际在样本期间呈现稳定增加态势。具体而言，扩展边际（*SEM*）从2000年的0.794 5逐渐上升到2009年的0.912 3，2010年和2011年有小幅下降，2012年开始呈波动式增长。根据前文对扩展边际的定义，该数值越大，表示服务贸易出口细分项的集中度越高。因此，扩展边际从2000年开始呈现波动式增长，表明中国服务贸易出口多元化呈现波动式递减态势，即出口细分项的种类随出口相对市场份额的增长呈减少趋势。集约边际从2000年的1.396 9逐渐上升到2017年的3.399 3，增长了1.43倍。这表明中国服务贸易出口增长主要源于集约边际的增加，即在原有出口种类的基础上保持出口额的较快增长，而出口种类增加对服务贸易出口总额增长的贡献较小。因此，中国服务贸易出口总体偏向于"粗放型"增长。

由于不同服务贸易部门的出口增长情况存在一定的差异，有必要在上述整体服务贸易出口增长二元边际分析的基础上对不同类型的服务贸易出口增长情况进行深入分析。根据国际货币基金组织对服务贸易的分类标准，参照宋加强 等（2014）的方法，本书将运输、旅行及建筑服务归类为传统服务贸易部门，保险，金融，电信，计算机和信息，知识产权使用费，个人、文化和娱乐，产品相关服务及其他商业服务七个大类归为现代服务贸易部门。同样按照上述分解方法，本书分别测算了2000—2017年中国传统服务贸易和现代服务贸易出口的相对市场份额、扩展边际及集约边际，具体如表6.9和表6.10所示。

表6.9　2000—2017年中国传统服务贸易出口扩展边际和集约边际

年份	出口相对市场份额	扩展边际	集约边际	年份	出口相对市场份额	扩展边际	集约边际
2000年	0.756 2	0.787 6	0.960 1	2009年	1.289 5	0.882 6	1.461 0
2001年	0.825 8	0.789 5	1.046 0	2010年	1.325 5	0.887 5	1.493 5
2002年	0.935 2	0.798 3	1.171 5	2011年	1.462 8	0.894 7	1.635 0
2003年	1.023 6	0.809 2	1.265 0	2012年	1.583 9	0.906 2	1.747 8
2004年	1.123 5	0.812 5	1.382 8	2013年	1.623 3	0.913 6	1.776 8
2005年	1.137 2	0.834 2	1.363 2	2014年	1.702 5	0.921 5	1.847 5
2006年	1.156 8	0.856 3	1.350 9	2015年	1.696 2	0.913 2	1.857 4
2007年	1.205 6	0.868 9	1.387 5	2016年	1.809 3	0.922 8	1.960 7
2008年	1.254 9	0.899 5	1.395 1	2017年	1.832 5	0.932 7	1.964 7

从表6.9可以看出，中国传统服务贸易出口相对市场份额指数在样本期间总体呈上升态势，特别是中国于2001年加入世界贸易组织后，传统服务贸易出口额增速明显。2003年中国传统服务贸易出口指数值为1.023 6，并且从2003年开始，*STM*指数均大于1，表明中国传统服务贸易出口总额高于世界传统服务贸易出口的平均额。从出口增长的二元边际分解来看，传统服务贸易出口扩展边际和集约边际的变化趋势与整体服务贸易出口二元边际相似，扩展边际呈现波动式上升态势，集约边际在样本期间呈现稳定增加态势。具体而言，扩展边际从2000年的0.787 6逐渐上升到2008年的0.899 5。受2008年全球金融危机的影响，扩展边际指数值在2009—2011年有小幅下降，2012年开始呈波动式增长。根据前文对扩

展边际的定义，该数值越大，表示服务贸易出口细分项的集中度越高。因此，传统服务贸易出口扩展边际从2000年开始呈波动式增长趋势，一定程度上表明中国传统服务贸易出口多元化呈波动式递减态势，即传统服务贸易出口细分项的种类随出口相对市场份额的增长呈减少趋势。集约边际从2000年的0.960 1逐渐上升到2017年的1.964 7，增长了1.05倍。这表明中国传统服务贸易出口增长仍然主要源于集约边际的增加，即在原有出口种类的基础上保持出口额的较快增长，而出口种类增加对传统服务贸易出口总额增长的作用有限。总体来看，运输、旅行及建筑服务作为中国传统的三大服务贸易出口部门，在出口细分种类上的创新较少，弱化了出口多元化程度，出口规模扩张较多地依赖于原有种类产品的数量增长。

表6.10 2000—2017年中国现代服务贸易出口扩展边际和集约边际

年份	出口相对市场份额	扩展边际	集约边际	年份	出口相对市场份额	扩展边际	集约边际
2000年	0.330 2	0.648 3	0.509 3	2009年	0.595 6	0.551 2	1.080 6
2001年	0.338 5	0.620 5	0.545 5	2010年	0.615 7	0.546 2	1.127 2
2002年	0.342 6	0.602 4	0.568 7	2011年	0.695 2	0.538 9	1.290 0
2003年	0.402 5	0.591 5	0.680 5	2012年	0.728 5	0.534 2	1.363 7
2004年	0.424 8	0.582 2	0.729 6	2013年	0.798 3	0.525 1	1.520 3
2005年	0.498 2	0.573 2	0.869 2	2014年	0.801 2	0.510 9	1.568 2
2006年	0.521 7	0.563 6	0.925 7	2015年	0.835 5	0.513 3	1.627 7
2007年	0.529 3	0.559 8	0.945 5	2016年	0.865 3	0.502 6	1.721 6
2008年	0.603 2	0.560 3	1.076 6	2017年	0.878 9	0.486 3	1.807 3

从表6.10可以看出，中国现代服务贸易出口相对市场份额指数在样本期间总体依然呈上升态势。自2007年国务院发布《关于加快发展服务业的若干意见》以来，国内服务业发展结构不断优化，适应新型工业化和居民消费结构升级的现代服务业发展迅速。现代服务业国内市场需求的扩张不仅提升了服务业综合竞争力，也助推了相关服务贸易出口。2000年中国现代服务贸易出口相对市场份额指数仅为0.330 2，随着现代服务贸易出口的快速增长，2017年中国现代服务贸易出口相

对市场份额指数上升到0.878 9，表明中国现代服务贸易出口总额越来越接近世界现代服务贸易出口的平均额。从出口增长的二元边际分解来看，现代服务贸易出口扩展边际指数总体呈下降趋势。具体而言，扩展边际指数从2000年的0.648 3逐渐下降到2017年的0.486 3。根据前文对扩展边际的定义，该数值越小，表示服务贸易出口细分项的多元化程度越高。因此，现代服务贸易出口扩展边际从2000年开始呈小幅下降趋势，在一定程度上表明中国现代服务贸易出口的多元化程度在上升，即现代服务贸易出口细分项的种类随出口相对市场份额的增长呈增加趋势。集约边际从2000年的0.509 3逐渐上升到2017年的1.807 3，增长了2.54倍。这表明中国现代服务贸易出口增长仍然主要源于集约边际的增加，即在原有出口种类的基础上保持出口额的较快增长，但同时也应该看到随着服务业供给侧结构性改革的深化和服务创新的多元化，现代服务贸易出口细分种类也不断增加，对服务贸易出口总额增长的促进作用也逐渐加强。

（二）解释变量

知识产权保护强度（*IPR*）：*IPR*是中国国内知识产权保护强度。该变量数据来源于前文第四章测算的中国知识产权保护强度。

需求规模（*GDP*）：一国国内市场需求规模的扩大会影响该国生产规模。Krugman（1980）认为，当存在规模报酬递增和运输成本时，生产将集中在拥有较大国内市场需求的国家，以便充分发挥规模经济的作用和降低长距离运输的成本。在满足国内市场需求的同时，规模经济效应引致的产品成本下降可以提高该国产品的国际竞争力，进而扩大对外出口。随着服务产品国内市场需求规模的扩大，该国服务产品出口交易的规模也随之扩大。借鉴陈启斐 等（2014）的研究，使用一国国内生产总值的年增长率来衡量一国市场需求规模的变化情况。该变量原始数据来源于历年“中国统计年鉴”。

服务业发展水平（*DEV*）：一国服务业的发展是服务贸易出口发展的基础，国内服务业发展水平的提升有利于增强该国服务出口部门的国际竞争力，进而扩大服务贸易出口规模（Davis et al.，1998；Sirari et al.，2011）。本书以我国第三产业产值占国内生产总值的比重来衡量服务业发展水平。该变量原始数据来源于历年“中国统计年鉴”。

贸易开放程度（*OPEN*）：已有文献研究表明，对外开放程度较高的国家，其服务业的全球价值链参与度也较高。在经济全球化的背景下，服务业生产的国际化程度也日趋加深，促使一国服务贸易出口竞争力不断提升（丁平，2007；陈虹 等，2010）。因此，一国贸易开放程度的提高有助于增强经济活力，提升服务贸易出口竞争力，进而扩大服务贸易出口规模。本书以我国每年对外贸易进出口总额与国内生产总值的比值来衡量贸易对外开放程度。该变量原始数据来源于历年“中国统计年鉴”。

服务业外商直接投资（*SFDI*）：关于服务业外商直接投资对我国服务业发展的文献研究，主要得出了两种观点，一种观点认为服务业外商直接投资对我国服务业和经济发展有正向促进作用，有利于扩大服务部门的产量，促进服务业产业结构优化和升级（钟晓君 等，2016；仲伟周 等，2018）；另一种观点则认为我国服务业吸收的外商直接投资质量不稳定，对我国服务业发展有阶段性的负经济增长效应，以追逐利润为目的的外商直接投资不利于我国服务业的结构升级（王新华，2007；赵玉娟，2011）。总体来看，服务业吸收外商直接投资，可以在一定程度上扩充行业资本，获取知识和技术溢出效应，进而影响服务业发展和一国服务贸易出口规模。本书以服务业实际利用外资额的年增长率来衡量服务业外商直接投资情况。该变量原始数据来源于历年“中国统计年鉴”。

货物贸易出口能力（*GOODS*）：货物贸易出口额是衡量一国货物贸易国际竞争力的重要指标之一。一国货物贸易出口额越高，表明该国货物贸易的国际市场占有率越高。生产性服务业与制造业协同发展，货物贸易出口可以带动相关的服务贸易出口，扩大服务贸易出口市场。本节以我国货物贸易出口额的年增长率来衡量货物贸易出口能力。该变量原始数据来源于历年“中国统计年鉴”。

本节以各变量2000—2017年的数据集作为研究样本，表6.11和表6.12是相关系数矩阵。经计算，平均方差膨胀因子（*VIF*）的值小于10，表明回归模型中各变量没有严重的多重共线性问题。

表6.11 变量间相关系数矩阵（因变量为扩展边际 *SEM*）

	SEM	*IPR*	ln*GDP*	*DEV*	*OPEN*	ln*SFDI*	ln*GOODS*
SEM	1.000 0						
IPR	−0.203 6	1.000 0					
ln*GDP*	−0.361 8	0.201 3	1.000 0				
DEV	−0.401 5	0.132 9	0.122 7	1.000 0			
OPEN	−0.439 2	0.343 1	0.302 8	0.230 9	1.000 0		
ln*SFDI*	0.102 5	0.203 8	0.425 4	−0.211 5	0.139 5	1.0000	
ln*GOODS*	−0.267 3	0.301 2	0.325 6	0.331 4	0.423 2	−0.1863	1.000 0

资料来源：由 Eviews 7.0 软件分析数据所得。

表6.12 变量间相关系数矩阵（因变量为集约边际 *SIM*）

	SIM	*IPR*	ln*GDP*	*DEV*	*OPEN*	ln*SFDI*	ln*GOODS*
SIM	1.000 0						
IPR	0.330 5	1.000 0					
ln*GDP*	0.214 3	0.201 3	1.000 0				
DEV	0.313 5	0.132 9	0.122 7	1.000 0			
OPEN	0.398 2	0.343 1	0.302 8	0.230 9	1.000 0		
ln*SFDI*	0.123 2	0.203 8	0.425 4	−0.211 5	0.139 5	1.000 0	
ln*GOODS*	0.178 5	0.301 2	0.325 6	0.331 4	0.423 2	−0.186 3	1.000 0

资料来源：由 Eviews 7.0 软件分析数据所得。

二、实证检验及结果分析

本节使用普通最小二乘法（Ordinary Least Square，OLS）对上述多元线性回归模型即式（6.6）式进行分析。表 6.13 是全样本回归结果。表 6.14 是分别基于传统服务贸易和现代服务贸易出口数据的回归结果。

表 6.13 中第 (1) 列的被解释变量是扩展边际，调整的 $\overline{R}^2$ 为 0.893 9，表明模型整体拟合度较好；第 (2) 列的被解释变量是集约边际，调整的 $\overline{R}^2$ 为 0.901 2，模型整体拟合度也较好。比较第 (1) 列和第 (2) 列的各变量回归系数，知识产权保护强

度对出口扩展边际影响的回归系数为 -0.132 5，通过了 5% 的显著性检验，表明在其他解释变量不变的情况下，知识产权保护强度每增加一个单位，服务贸易整体出口的扩展边际指数值平均下降 0.132 5 个单位，即服务贸易整体出口细分项的多元化程度将平均提高 0.132 5 个单位；知识产权保护强度对出口集约边际影响的回归系数为 0.203 6，通过了 1% 的显著性检验，表明在其他解释变量不变的情况下，知识产权保护强度每增加一个单位，服务贸易整体出口的集约边际指数值平均增加 0.203 6 个单位。该回归结果表明，加强知识产权保护既有利于增加服务贸易出口细分项的种类，也有助于集约边际的增长，且加强知识产权保护对集约边际增长的促进作用要大于对扩展边际的影响。国内市场需求规模（ln*GDP*）对服务贸易整体出口扩展边际影响的回归系数为 −0.598 3，对集约边际影响的回归系数为 0.982 1，两者均通过了 1% 的显著性检验，表明国内市场需求规模平均提高 1%，服务贸易出口多元化程度将提高 0.005 9 个单位，集约边际将增长 0.009 8 个单位。这一估计结果与现实情况较符合，随着服务业国内市场需求的扩大，服务业供给量逐渐增加。在满足国内市场需求的同时，服务业生产的规模经济推动了服务出口的增长。服务业发展水平对服务贸易出口扩展边际影响的回归系数为 −0.116 5，通过了 5% 的显著性检验，对集约边际影响的回归系数为 0.212 3，通过了 1% 的显著性检验，表明服务业发展水平的提高对集约边际的影响大于扩展边际。服务业发展水平的提高增强了服务贸易出口的国际竞争力，推动了服务出口增长。贸易开放程度对服务贸易出口扩展边际影响的回归系数为 −0.102 6，通过了 10% 的显著性检验，对集约边际影响的回归系数为 0.190 4，通过了 5% 的显著性检验，表明贸易开放程度的提高既加深了服务贸易出口的多元化程度，也促进了集约边际的增长。随着贸易开放程度的提高，出口企业面临更加激烈的市场竞争，服务贸易出口部门只有不断创新产品种类，提高服务产品质量，才能拥有较强的出口比较优势。服务业外商直接投资（ln*SFDI*）对服务贸易出口扩展边际影响的回归系数为正，但未通过显著性检验；对集约边际影响的回归系数为 0.756 3，通过了 10% 的显著性检验，表明服务业吸收外商直接投资促进了出口集约边际的增长。笔者认为可能的原因是样本期间服务业吸收的外商直接投资总体质量不高，对于服务业创新研发的投入较少，短期内更关注投资回报利润率，因此未能显著影响服务贸易出口多元化程度，但能促进集约边际的增长。货物贸易出口能力（ln*GOODS*）对服务贸易出口扩展边际影响的回归系数为 −0.696 2，对集约边际影响的回归系数为 0.998 7，两者均通过了 5% 的显著性检验，表明货物贸易出口能力的提高既加深了服务贸易出口的多元化程度，也促进了集约边际的增长，且货物贸易出口能力的提高对集约边际的促进作用大于对扩展边际的影响。综合来看，回归模型中各个解释变量对服务贸易出口多元化程度的影响均小于对集约边际的影响。

表6.13　全样本回归结果

解释变量	（1）扩展边际 ***SEM***	（2）集约边际 ***SIM***
IPR	−0.132 5(−2.490 2) **	0.203 6(4.027 8) ***
ln*GDP*	−0.598 3(−3.621 8)***	0.952 1(3.983 2)***
DEV	−0.116 5(−2.302 7)**	0.212 3(5.208 3)***
OPEN	−0.102 6(−1.892 1)*	0.190 4(2.256 3)**
ln*SFDI*	0.463 8(1.520 3)	0.756 3(1.782 3)*
ln*GOODS*	−0.696 2(−2.532 2)**	0.998 7(2.283 3)**
调整后的判定系数 $\overline{R}^2$	0.893 9	0.901 2

注：小括号中报告的是 *t* 值；***、**、* 分别代表 1%、5%、10% 的显著性水平。

表 6.14 是分部门的回归结果，其中第 (1) 列和第 (2) 列的被解释变量是传统服务贸易部门出口的扩展边际和集约边际指数；第 (3) 列和第 (4) 列的被解释变量是现代服务贸易部门出口的扩展边际和集约边际指数。具体来看各个解释变量的回归系数，知识产权保护强度对传统服务贸易出口的扩展边际指数影响的回归系数为正，但未通过显著性检验，对现代服务贸易出口的扩展边际指数影响的回归系数为 −0.243 9，且通过了 1% 的显著性检验，表明知识产权保护强度的提高显著加深了现代服务贸易出口细分项的多元化程度，但是并没有显著影响传统服务贸易出口的扩展边际。可能的解释是相对于传统服务行业，电信、计算机和信息、保险、金融等现代服务行业往往涉及较多的知识、专利、版权等要素，因此加强知识产权保护有助于激励现代服务业企业进行服务产品创新，提升服务质量，以

满足国内外消费者多样化的服务需求。知识产权保护强度对传统和现代服务贸易出口集约边际的影响均显著为正，表明加强知识产权保护，可以减少贸易壁垒和贸易摩擦，促进服务贸易整体出口集约边际的增长。国内市场需求规模（ln*GDP*）对传统服务贸易出口扩展边际和集约边际指数影响的回归系数分别为 −0.458 2 和 0.653 9，对现代服务贸易出口扩展边际和集约边际指数影响的回归系数分别为 −0.792 6 和 0.928 1，均通过了 1% 的显著性检验，表明国内市场需求规模的增加既加深了传统服务贸易和现代服务贸易出口多元化的程度，也促进了传统服务贸易和现代服务贸易出口集约边际的增长，且国内市场需求规模的增加对现代服务贸易出口二元边际的影响要大于对传统服务贸易出口二元边际的影响。可能的解释是随着生活水平的提高，消费者对现代服务需求的多元化和服务品质的要求也逐渐提高，而对传统服务业的需求增速较缓，因此现代服务业市场需求规模的扩大推动现代服务贸易出口的作用更大。服务业发展水平对传统服务贸易出口扩展边际指数影响的回归系数在 5% 的置信水平下显著为正，对现代服务贸易出口扩展边际指数影响的回归系数则在 5% 的置信水平下显著为负，表明在样本期间，服务业发展水平的提高反而降低了传统服务贸易出口的多元化程度，但是加深了现代服务贸易出口的多元化程度。相对于传统服务业，现代服务业发展新领域不断涌现，服务创新动能更强，现代服务业增加值占服务业的比重呈逐渐上升趋势，因此，服务业发展水平的提高更能推动现代服务贸易出口的多元化。服务业发展水平对传统和现代服务贸易出口集约边际的影响均显著为正，表明服务业发展水平的提高有助于提升服务贸易出口的竞争力，进而可以促进传统和现代服务贸易出口集约边际的增长。贸易开放程度对传统和现代服务贸易出口扩展边际指数影响的回归系数均在 5% 的置信水平下显著为负，对传统和现代服务贸易出口集约边际指数影响的回归系数均在 5% 的置信水平下显著为正，表明随着贸易开放程度的提高，传统和现代服务贸易出口的二元边际均呈显著增长的趋势。服务业外商直接投资（ln*SFDI*）对传统和现代服务贸易出口扩展边际指数影响的回归系数虽然为负，但均未通过显著性检验；对传统服务贸易出口集约边际影响的回归系数在 10% 的置信水平下显著为正，对现代服务贸易出口集约边际影响的回归系数则未通过显著性检验。服务业吸收的外商直接投资较制造业要少，而且外资更倾向于通过利用我国丰富的资源和廉价劳动力获取高额的投资回报，对服务业发展领域的创新和技术升级投入较少，因此难以推动我国传统和现代服务贸易出口多元化的增长。货物贸易出口能力（ln*GOODS*）对传统和现代服务贸易出口扩展边际指数影响的回归系数均在5%的置信水平下显著为负，对传统和现代服务贸易出口集约边际指数影响的回归系数均在5%的置信水平下显著为正，表明我国货物贸易出口能力的提升显著促进了传统和现代服务贸易出口二元边际的增长。综合来看，回归模型中知识产权保护强度、服务业发展水平这两个解释变量对现代服务贸易出口二元边际的影响均大于对传统服务贸易出口二元边际的影响。

表6.14　分部门回归结果

解释变量	传统服务贸易出口		现代服务贸易出口	
	（1）扩展边际 ***SEM***	（2）集约边际 ***SIM***	（3）扩展边际 ***SEM***	（4）集约边际 ***SIM***
IPR	0.003 3	0.102 8	−0.243 9	0.208 5
	(1.298 2)	(3.983 1)***	(−3.947 8)***	(4.162 5)***
ln*GDP*	−0.458 2	0.653 9	−0.792 6	0.928 1
	(−4.582 7)***	(3.094 8)***	(−5.2043)***	(3.485 2)***
DEV	0.009 6	0.101 6	−0.132 8	0.132 2
	(2.209 5)**	(2.323 5)**	(−2.291 2)**	(3.203 4)***
OPEN	−0.093 6	0.182 2	−0.102 3	0.095 7
	(−2.152 3)**	(2.420 3)**	(−2.763 5)**	(2.034 6)**
ln*SFDI*	−0.509 3	0.628 3	−0.672 5	0.721 2
	(−1.323 6)	(1.862 5)*	(−0.928 3)	(0.862 4)
ln*GOODS*	−0.582 3	0.832 6	−0.930 1	0.828 9
	(−2.132 1)**	(2.203 5)**	(−2.520 1)**	(2.120 5)**
$\overline{R}^2$	0.790 1	0.898 6	0.921 6	0.917 9

注：小括号中报告的是 *t* 值；***、**、* 分别代表1%、5%、10% 的显著性水平。

本章小结

本章基于中国货物贸易和服务贸易出口数据，实证考察了知识产权保护强度对中国货物和服务贸易出口二元边际的影响。

本章基于中国1996—2017年对40个主要贸易伙伴国的货物贸易出口数据，利用贸易引力模型实证考察知识产权保护强度对中国货物贸易出口扩展边际和集约边际的影响，得到如下结论：

（1）总体而言，知识产权保护强度的增强对中国总体出口贸易边际的影响显著为正，而且知识产权保护强度的增强主要是影响出口贸易集约边际，对扩展边际的影响要小得多。主要的原因是随着一国知识产权保护强度的增强，国内研发部门的预期利润增加，将吸引更多的企业进行创新活动，促使出口贸易产品的国际竞争力进一步提升，因此出口的产品种类（扩展边际）也在不断增加。但由于长期以来中国许多产品被贴上"山寨"的标签，国际市场对中国出口拥有自主知识产权的新产品的认可需要较长的时间，因此，知识产权保护对总体出口贸易流量的影响仍然更多地通过集约边际起作用。分行业而言，加强知识产权保护总体上显著增加了中低技术行业和高技术行业的出口贸易边际，尤其是高技术行业对知识产权保护强度的敏感度最强。相反，知识产权保护强度的增强对初级产品和劳动资源密集型行业的出口贸易扩展边际的影响却显著为负，对出口贸易集约边际的影响系数虽然为正，但未通过显著性检验。这主要是由于不同行业对知识产权保护的敏感度显著不同，初级产品和劳动资源密集型行业由于知识技术含量较低且行业利润率较低，对知识产权保护的依赖性较低、反应程度较不敏感，而高技术行业由于具有较高的知识技术含量，对知识产权保护的要求就比较高，因此知识产权保护强度对其出口贸易边际的影响就较大。

（2）分国别而言，知识产权保护的增强对中国初级产品和劳动资源密集型行业出口发达国家的贸易扩展边际的影响显著为负，而对集约边际的影响却不显著；

对中国出口发展中国家的贸易扩展边际和集约边际均在统计上不显著。此外，知识产权保护对中国中低技术行业和高技术行业出口发达国家的贸易边际的影响远大于同类行业出口发展中国家贸易边际的影响。这说明知识产权保护对中国出口贸易边际的影响有着较明显的国别差异。其主要原因在于发达国家的知识产权保护水平较高，而大多数发展中国家的知识产权保护水平较低，各行业的专利技术密集程度较发达国家要低得多，对于来自中国的出口产品不能提供较好的知识产权保护，这将引致出口企业更愿意选择发达国家作为目标市场，而减少对发展中国家的出口份额。因此，知识产权保护对中国中低技术行业和高技术行业出口发展中国家的贸易边际的影响较发达国家也要小得多。

本章基于中国服务贸易出口数据，测算了2000—2017年中国服务贸易出口的相对市场份额、扩展边际及集约边际指数，并在此基础上利用多元线性回归模型，实证分析了知识产权保护强度对服务贸易出口扩展边际和集约边际的影响。2000—2017年间，中国服务贸易出口的相对市场份额呈稳定上升趋势，从2000年的1.109 8逐渐上升到2017年的3.206 6。从出口增长的二元边际分解来看，扩展边际总体呈波动式上升态势，集约边际在样本期间呈稳定增加态势。这表明服务贸易出口细分项的种类随出口相对市场份额的增长呈减少趋势，中国服务贸易的出口增长主要源于集约边际的增加，即在原有出口种类的基础上保持出口额的较快增长，中国服务贸易出口总体偏向于“粗放型”增长。其中，运输、旅行及建筑服务作为中国传统的三大服务贸易出口部门，在出口细分种类上的创新较少，弱化了出口多元化程度，出口规模扩张较多地依赖于原有种类产品的数量增长；保险、金融、电信、计算机和信息等现代服务贸易的出口增长仍然主要源于集约边际的增加，但同时，随着服务业供给侧结构性改革的深化和服务创新的多元化，现代服务贸易出口细分种类也不断增加，对服务贸易出口总额增长的促进作用也逐渐加强。实证分析结论如下：

（1）全样本回归结果显示，在其他解释变量不变的情况下，知识产权保护强度每增加一个单位，服务贸易整体出口的扩展边际指数值平均下降0.132 5个单位，即服务贸易整体出口细分项的多元化程度将平均提高0.132 5个单位；服务贸易整体出口的集约边际指数值平均增加 0.203 6 个单位。这表明加强知识产权保护既有利于增加服务贸易出口细分项的种类，也有助于集约边际的增长，且加强知识产权保护对集约边际增长的促进作用要大于对扩展边际的促进作用。

（2）分部门回归结果显示，知识产权保护强度对传统服务贸易出口的扩展边际指数影响的回归系数为正，但未通过显著性检验，对现代服务贸易出口的扩展边际指数影响的回归系数为 −0.243 9，且通过了 1% 的显著性检验，表明知识产权保护强度的提高显著加深了现代服务贸易出口细分项的多元化程度，但是并没有显著影响传统服务贸易出口的扩展边际。可能的解释是相对于传统服务行业，电信、计算机和信息、保险、金融等现代服务行业往往涉及较多的知识、专利、版权等要素，因此加强知识产权保护有助于激励现代服务业企业进行服务产品创新，提升服务质量，以满足国内外消费者多样化的服务需求。知识产权保护强度对传统和现代服务贸易出口集约边际的影响均显著为正，表明加强知识产权保护，可以减少贸易壁垒和贸易摩擦，促进服务贸易整体出口集约边际的增长。

第七章　知识产权保护影响出口技术复杂度的实证分析

1992—2018 年间，中国货物贸易出口增长迅速，平均增速远高于同期 GDP 的年均增长率。与此同时，中国货物和服务贸易出口结构中，知识、技术密集型产品的占比不断提高，出口产品技术复杂度迅速提升。知识产权作为一种重要的制度安排，对一国出口产品技术含量的影响得到了不少学者的关注。Schneider（2005）经实证研究发现，发达国家的知识产权保护对技术创新有显著的正向效应，而发展中国家的知识产权保护却会阻碍本国的研发创新和技术升级。Chen et al.（2005）的研究结果与 Schneider（2005）的相反，他们认为知识产权保护能显著促进发展中国家的技术创新和提升其出口技术复杂度。Sherwood（1997）的实证研究也表明，一国加强知识产权保护有利于新兴市场国家的国内技术创新和吸引外资，即这些国家的知识产权保护水平的提高更有利于其出口产品的技术升级。一国制造和出口产品中的技术含量可以清晰地反映该国参与国际分工的地位。衡量各出口产品所包含的技术含量需要精确计算其生产和加工环节中的研发投入量。由于难以获得准确的研发投入数据，国外学者 Hausmann et al.（2005）构建了出口复杂度指标，以此来衡量出口产品中的技术含量。对于中国迅速扩张的出口贸易规模及不断提升的出口技术复杂度，Rodrik（2006）、Jarreau et al.（2009）、陈启斐（2013）等认为政府的推动和保护等为中国的许多独特出口行为提供了具一定合理成分的解释。与此密切相关的一个客观事实是，在中国出口技术复杂度不断提升的同时，快速发展的知识产权事业也将吸引更多世界目光。完善的知识产权保护制度可以有效地规范生产经营环境、增强合约执行力和扩大贸易比较优势（柒江艺 等，2012）。那么，知识产权保护制度是否推动了中国货物和服务贸易出口技术复杂度的提升？基于此，本章试利用中国货物和服务贸易行业的出口数据，测算货物和服务贸易的出口技术复杂度，并在此基础上对知识产权保护与中国货物和服务贸易出口技术复杂度的关系进行实证分析。

第一节 知识产权保护影响货物贸易出口技术复杂度的实证分析

一、行业层面的实证分析

（一）模型设定、变量选取与数据说明

一国加强知识产权保护，一方面，会通过激励国内出口企业自主创新，促进国内产业升级而提升出口产品的技术复杂度和在国际贸易中的比较优势，另一方面，会通过影响 FDI 的技术转移方式与质量，促进中间产品贸易的技术升级而影响出口贸易。为进一步验证知识产权保护是否对各工业行业的出口技术复杂度有促进作用，需要引入计量模型。本书首先利用全样本考察知识产权保护强度的增强对行业出口技术复杂度的促进作用，其基本命题是知识产权保护强度较高的行业，其出口的技术复杂度较高，设定计量模型如下：

$$\ln INPY_{it} = \alpha_0 + \alpha_1 \ln IIPR_{it} + \alpha_2 X_{it} + \lambda_i + \mu_t + \varepsilon_{it} \tag{7.1}$$

式中，i 代表行业；t 为 2000—2017 年的各年份；$INPY$ 为行业出口技术复杂度[①]；$IIPR$ 为行业知识产权保护强度[②]；X 为控制变量；λ 和 μ 分别为个体效应和时间效应；ε 为随机扰动项，服从均值为零、方差有限的正太分布。

为考察估计结果的稳健性，本书加入如下控制变量：

（1）物质资本投入（CAP）。本书用行业固定资产净值余额表示行业的物质资

① 各行业划分标准及行业出口技术复杂度的数据来源于第五章。

② 各行业知识产权保护强度的数据来源于第四章。

本投入，取其对数值进入模型。物质资本作为经济增长的必投要素，对生产率水平有重要的影响。由于产品技术复杂度衡量的是产品的技术水平特点，一般认为物质资本密集型产品的技术含量较高，因此可以预期物质资本投入较多的行业，其生产出口的产品技术复杂度也较高。各行业固定资产净值年平均余额来源于历年“中国工业经济统计年鉴”。

(2) 人力资本投入（*WAGE*）。人力资本工资差别理论表明，人力资本投入是劳动者收入存在差异的主要原因之一，拥有较高知识技能和劳动生产率的员工更倾向于从事平均工资较高的行业，该类出口行业的人力资本禀赋得到有效提高，从而也能提升其产品的出口技术复杂度。因此，本书用各行业在岗职工的人均工资表示行业人力资本投入，取人均工资的对数值进入模型，预期该变量系数符号为正。各行业在岗职工人均工资来源于历年“中国劳动统计年鉴”。

(3) 研发投入（*RD*）。研发投入用各行业大中型工业企业每年的科技研发经费与该行业工业总产值的比值来衡量。各行业的研发投入是影响创新的重要因素，研发直接推动行业知识资本的积累，从而进一步提高劳动生产率和技术水平。因此，预期该变量系数符号为正。各行业研发经费内部支出的数据来源于历年“中国科技统计年鉴”。

(4) 外商直接投资（*FDI*）。已有研究表明外商直接投资可以通过学习模仿、外部竞争、人员流动等渠道产生技术外溢效应。发展中国家吸收来自发达国家的投资，内资企业通过获得技术溢出效应进一步刺激自身的技术创新和产品升级。因此，预期外商直接投资对行业出口技术复杂度的提升具有正向作用。各行业吸收外商直接投资的数据来源于历年“中国工业经济统计年鉴”，取其对数值进入模型。

(5) 进口贸易（*IMP*）。一方面，进口贸易丰富了可选择的中间投入品的种类，技术含量高的中间产品会产生知识溢出；另一方面，进口贸易对国内相似行业形成竞争压力，促使国内企业积极开展自主研发和创新活动，从而提升国内行业的技术水平。因此，预期该变量系数符号为正。该变量数据来源于联合国贸易统计数据库，根据 SITC Rev.3 的 3 位编码下各产品与中国国民经济行业分类的对应关系计算而得，取其对数值进入模型。

新增长理论强调知识资本是长期经济增长的引擎，对一国的出口技术升级起着重要作用。知识资本的积累可能源于自主创新和知识创造，也可以通过吸引外商直接投资、进口贸易参与国际分工，获得技术转移。为更好地分析和验证知识产权保护对出口技术复杂度的影响机制，本书构造了知识产权保护与研发投入的交互项，知识产权保护与外商直接投资的交互项，以及知识产权保护与进口贸易的交互项。进一步考虑到出口贸易行为是一个动态连续过程，一国出口技术复杂度不仅与当期因素有关，还可能受前一期的出口技术复杂度的影响，为此加入上一期的行业出口技术复杂度作为控制变量，从而构建动态面板数据模型，如式(7.2)所示：

$$\ln INPY_{it} = \alpha_0 + \alpha_1 \ln IIPR_{it} + \alpha_2 \ln IIPR_{it} \times RD + \alpha_3 \ln IIPR_{it} \times \ln FDI + \alpha_4 \ln IIPR_{it} \times \ln IMP + \alpha_5 \ln INPY_{i,t-1} + \alpha_6 X_{it} + \lambda_i + \mu_t + \varepsilon_{it} \quad (7.2)$$

表7.1为各变量间的相关系数矩阵。经计算，平均方差膨胀因子（VIF）的值均小于10，表明没有严重的多重共线性问题。

表7.1　变量间的相关系数矩阵

	ln*INPY*	ln*IIPR*	ln*CAP*	ln*WAGE*	ln*RD*	ln*FDI*	ln*IMP*
ln*INPY*	1.000 0						
ln*IIPR*	0.395 4	1.000 0					
ln*CAP*	0.324 2	0.102 3	1.000 0				
ln*WAGE*	0.233 8	0.196 6	0.495 4	1.000 0			
ln*RD*	0.402 9	0.430 5	0.338 6	0.297 3	1.000 0		
ln*FDI*	0.287 5	0.338 1	0.303 2	0.401 6	0.300 7	1.000 0	
ln*IMP*	0.220 6	0.402 5	0.202 7	0.193 8	0.286 6	0.352 6	1.000 0

资料来源：由Stata 14.0软件分析数据所得。

（二）实证结果及分析

静态短面板数据模型通常假设其扰动项为独立同分布，采用截面加权估计法可以较好地消除静态短面板模型的异方差问题。首先通过F检验和Hausman检验选择合适的模型形式，进而进行具体的回归分析。该模型最关注的是各行业知识产权保护强度与行业出口技术复杂度的关系，通过逐一引入各控制变量对该模型进行逐步回归。表 7.2 列示了式 (7.1) 的回归结果。

表7.2　静态面板模型基本回归结果

变量	(1)	(2)	(3)	(4)	(5)	(6)
ln*IIPR*	0.398 4	0.312 6	0.238 1	0.184 9	0.150 9	0.149 2
	(5.925 7)***	(3.395 3)***	(1.202 5)	(2.188 9)**	(2.316 6)**	(1.328)
ln*CAP*		0.102 5	0.283 9	0.083 4	0.054 9	0.062 3
	0.283 9	(2.553 1)**	(3.925 4)***	(2.450 9)**	(4.324 6)***	(3.965 6)***
ln*WAGE*			0.092 5	0.022 1	0.016 6	0.014 5
			(1.382 7)	(1.453 3)	(1.427 5)	(1.252 8)
ln*RD*				0.552 1	0.357 2	0.339 2
				(3.925 4)***	(4.253 1)***	(6.562 8)***
ln*FDI*					0.188 9	0.223 7
					(2.275 9)**	(2.361 4)**
ln*IMP*						0.139 4
						(1.952 6)*
Constants	6.894 5	6.395 6	5.792 5	5.579 8	4.489 3	4.084 2
	(4.388 5)***	(4.567 9)***	(5.681 6)***	(6.829 9)***	(8.391 5)***	(5.863 9)***
模型类型	FE	FE	FE	FE	FE	FE
样本数	510	510	510	510	510	510

注：每个变量估计值下面的小括号中报告的是 *t* 值；***、**、* 分别代表 1%、5%、10% 的显著性水平。

表 7.2 第 (1) 列只有解释变量行业知识产权保护强度，无控制变量，知识产权保护强度的系数在 1% 的置信水平下显著为正，表明行业知识产权保护强度的增强显著提升了行业出口技术复杂度。第 (2) 列加入了控制变量物质资本投入，该变量估计系数符号与预期一致且具有统计显著性，加入该变量后，知识产权保护强

度变量的回归系数符号未变，仍保持统计显著性。第 (3) 列在第 (2) 列的基础上加入了劳动资本投入，该变量系数符号虽然为正，但回归结果不显著。这可能是由于随着人均工资的提高，企业生产成本也随之增加，为控制成本而缩减研发投入，从而不利于产品技术复杂度的提升。加入该变量后知识产权保护强度系数也变得不显著了。第 (4) 列是加入控制变量研发投入的回归结果，该变量对行业出口技术复杂度的影响在 1% 的置信水平下显著为正，劳动力资本投入变量仍然不显著，知识产权保护强度系数在 5% 的置信水平下显著为正。第 (5) 列加入外商直接投资，回归结果显示该变量和知识产权保护强度变量的估计系数均在 5% 的置信水平下显著，与预期一致。最后加入进口贸易变量，该变量的回归结果显著，但加入该变量后，知识产权保护强度的系数变得不显著了。从表 7.2 中各列回归结果来看，知识产权保护强度的系数虽然都为正，但显著性不稳定。这可能是由于该模型存在内生性问题，使得估计结果出现非一致性。

知识产权保护强度对行业出口技术复杂度有影响，但出口技术复杂度更高的行业也可能更重视知识产权保护，才会采取较完善的知识产权保护措施，因此式 (7.1) 存在一定的内生性问题。内生性问题会影响回归结果的准确性，可采取的应对方法之一是寻找一个与知识产权保护强度相关但又独立于行业出口技术复杂度的变量作为工具变量。但由于与内生解释变量相关的变量通常与因变量的扰动项也相关，因此很难寻找到合适的工具变量。可行的另一方法是使用内生解释变量的滞后项作为该模型的工具变量。此外，考虑到出口贸易行为的惯性特征，式 (7.2) 包含被解释变量的滞后项，该模型为动态面板数据模型。动态面板数据模型具有固有的内生性问题，其应用最广的估计方法是 GMM，该方法又分为两种：一阶差分 GMM 和系统 GMM。系统 GMM 由于利用了更多的样本信息，通常比一阶差分 GMM 更有效，因此，本书将使用系统 GMM 来估计。首先将行业出口技术复杂度及知识产权保护强度变量作为内生变量，以这两个变量的滞后项作为模型的工具变量，然后依据自相关检验决定滞后项的阶数以确定这些工具变量的有效性，最后用 Sargan 检验来判定是否存在过度识别。

Sargan 检验的原假设为模型中采用的工具变量是有效的，AR(2) 检验的原假设为差分方程的残差项不存在序列相关。表 7.3 报告了式（7.2）采用系统 GMM 的总体样本回归结果及分行业类型回归结果。表 7.3 中第 (1) 列至第 (4) 列的 Sargan 检验和 AR(2) 检验的统计量在 10% 的置信水平下都不显著，表明模型估计中选取的工具变量是有效的且差分方程的残差项不存在序列相关。

表7.3　系统 GMM 估计回归结果

变量	总体 (1)	劳动密集型行业 (2)	资本密集型行业 (3)	技术密集型行业 (4)
L.ln*INPY*	0.271 2	0.121 6	0.118 4	0.318 6
	(4.921 8)***	(3.691 4)***	(4.582 9)***	(3.883 5)***
ln*IIPR*	0.044 2	0.016 2	0.025 8	0.054 7
	(3.991 2)***	(3.246 3)***	(4.123 5)***	(4.291 8)***
ln*CAP*	0.021 9	0.008 9	0.018 7	0.024 6
	(3.596 2)***	(2.498 1)**	(4.926 3)***	(4.923 4)***
ln*WAGE*	0.003 9	0.004 9	0.013 3	0.044 2
	(1.012 7)	(1.305 1)	(1.170 4)	(1.250 9)
ln*RD*	0.040 5	0.013 2	0.014 6	0.053 5
	(4.390 1)***	(2.231 2)**	(2.243 2)**	(3.938 6)***
ln*FDI*	0.015 3	0.011 9	0.014 9	0.020 6
	(5.287 5)***	(3.952 3)***	(2.310 4)**	(4.996 4)***
ln*IMP*	0.017 1	0.009 2	0.010 2	0.019 2
	(4.382 4)***	(2.231 7)**	(3.114 6)***	(3.938 2)***
ln*IIPR*×ln*RD*	0.026 3	0.001 7	0.004 6	0.027 6
	(3.403 2)***	(2.225 3)**	(3.041 9)***	(5.467 2)***
ln*IIPR*×ln*FDI*	0.022 3	0.010 5	0.017 5	0.030 2
	(4.043 5)***	(5.308 9)***	(2.018 2)**	(3.860 5)***
ln*IIPR*×ln*IMP*	0.015 4	0.003 9	0.003 7	0.009 9
	(5.398 2)***	(1.029 5)	(4.093 2)***	(5.928 1)***
Constants	3.593 9	4.683 1	2.489 2	3.398 7
	(4.198 3)***	(5.738 4)***	(2.268 1)**	(2.382 4)**

续表

变量	总体 (1)	劳动密集型行业 (2)	资本密集型行业 (3)	技术密集型行业 (4)
AR(2) 检验 (*P*)	0.362 9	0.580 9	0.589 3	0.625 7
Sargan 检验 (*P*)	0.364 9	0.415 6	0.395 6	0.587 8
样本数	510	153	153	204

注：L.ln*INPY* 为滞后一阶的被解释变量；每个变量估计值下面的小括号中报告的是 *Z* 值；***、**、* 分别代表 1%、5%、10% 的显著性水平；AR(2) 检验和 Hansen 检验给出的是检验统计量相应的 *P* 值。

表 7.3 第 (1) 列是总体样本回归结果，该结果表明知识产权保护强度对行业出口技术复杂度的提升作用显著且稳定，系统 GMM 较好地消除了内生性问题带来的估计结果的不一致性。已有研究证实知识产权保护可以通过影响出口企业的生产成本和交易成本促使企业重视研发和创新活动，进一步提升出口产品的技术复杂度。Yang et al.（2003）在对发展中国家大量企业的调查研究中发现，超过半数的企业明确表示如果国内知识产权保护强度会不断提高，它们将扩大研发投资的规模。Mondal et al.（2006）认为发展中国家在经历从弱知识产权保护阶段向强知识产权保护阶段转变的过程中，原来不重视自主创新的企业在经历一段严峻的考验后反而提高了创新能力，这种现象类似于经济理论中的“鳗鱼效应”。知识产权保护的增强对中国行业出口技术复杂度提升的明显促进作用表明，中国在加入 WTO 后，行业知识产权保护水平不断升高，对企业开展研发和创新活动产生较好的激励作用。滞后一期的行业出口技术复杂度系数在 1% 的置信水平下显著为正，表明前期的出口贸易行为对当期具有较强的影响；物质资本投入对于行业出口技术复杂度的提升具有显著正的影响，这符合比较优势理论，一国的物质资本相对于劳动力越丰富，则越有可能生产和出口资本密集和技术复杂的产品；劳动力资本投入对行业出口技术复杂度的影响系数虽然为正，但不显著；大量实证研究表明，研发投入对科技进步具有积极推动作用，总体样本回归结果显示，企业研发投入对行业出口技术复杂度的提升有显著正的影响，且研发投入的回归系数远大于外商直接投资和进口贸易的回归系数，这在一定程度上印证了 Branstetter et al.（2006）

的观点；外商直接投资和进口贸易也促进了中国行业出口技术复杂度的提升，通过引进外商直接投资和进口高技术含量的中间产品，国内企业可以采用国外较先进的科学技术来提高其知识资本积累，从而促进出口产品结构的优化和升级（谢建国等，2014）。

交互项的回归结果清晰地表明了知识产权保护影响出口技术复杂度的途径，知识产权保护与研发投入的交互项系数在1%的置信水平下显著为正，说明强化知识产权保护措施可以更好地促进出口企业加大研发投入，从而提升出口产品的技术复杂度；知识产权保护与外商直接投资、进口贸易的交互项系数也显著为正，说明知识产权保护力度的加强可以吸引更多的外商直接投资和进口贸易，进而影响中国的出口技术复杂度；知识产权保护与研发投入的交互项系数值大于其与外商直接投资和进口贸易的交互项系数值，说明总体上知识产权保护更多的是通过研发投入的途径影响出口技术复杂度。

知识产权保护强度对行业出口技术复杂度的提升作用因行业知识属性的差异而有所不同。从表7.3第(2)列至第(4)列中分行业类型的回归结果可以看出，知识产权保护强度对技术密集型行业出口技术复杂度的提升具有非常显著的作用。技术密集型行业的知识产权保护回归系数明显大于资本密集型行业的回归系数，而资本密集型行业的知识产权保护回归系数又明显大于劳动密集型行业的回归系数。其主要原因是技术密集型行业大多以知识作为重要的发展载体，对研发投入和知识资本更敏感，从知识的创造到具体的生产、销售等各个环节都更依赖于知识产权的保护。如果存在许多“山寨”企业从事“搭便车”的低成本模仿性生产和低价销售，真正进行自主研发企业的利润空间将被极大地压缩，从而制约这类企业的技术创新。而劳动密集型行业大多是低附加值的加工工业，依赖于标准化的生产流程、生产工艺和管理方法，技术的更新升级速度较慢。对于这类型的行业而言，知识产权保护对其生产过程的影响也较弱。劳动密集型行业交互项的回归结果显示，知识产权保护与研发投入、外商直接投资的交互项系数显著为正，与进口贸易的交互项系数不显著，表明知识产权保护通过研发和外商直接投资可以促进劳动密集型行业出口技术复杂度的提升；资本和技术密集型行业的交互项系数均显著为正，表明知识产权保护通过研发投入、外商直接投资和进口贸易等途径可以提升这两类行业的出口技术复杂度。各控制变量对行业出口技术复杂度的影响也因行业类型的不同有较大的差异。物质资本投入对资本和技术密集型行业出口技术复杂度提升的影响系数要大于劳动密集型行业，其原因在于资本和技术密集型行业在生产过程中需要相对较多的资本，充足的资本有利于企业引进较好的技术，促使其提高产品的技术复杂度；劳动力资本投入对各类型行业出口技术复杂度的影响依然不显著；研发投入、外商直接投资和进口贸易对技术密集型行业出口技术复杂度提升的影响系数远大于劳动和资本密集型行业，这主要是因为技术密集型行业与知识资源密切相连且更重视研发投入，而研发是影响外商直接投资和进口贸易技术溢出的重要因素，国内企业通过外商直接投资和高技术含量的中间产品的进口，模仿学习国外先进技术，研发新产品，基于研发投入、外商直接投资和进口贸易的有机结合，较快地提高自身的技术水平。

二、省级层面的实证分析

(一) 模型设定、变量选取与数据说明

从生产价值链的不同区段看，处在较低端生产环节上的产品的技术含量往往较低，其竞争力主要来源于投入要素的价格优势，对制度质量的变化相对不敏感；而处于价值链中高端生产环节上的产品的技术含量通常较高，其竞争力更多地依靠投入要素的异质性和较强的专业化程度，因此对制度质量所决定的交易成本有着更高的要求。知识产权保护作为激励创新的一种重要制度安排，对处于不同价值链区段的产品技术复杂度的影响也具有差异性。综合已有关于出口技术复杂度影响因素的研究（Schott，2008；王永进 等，2010；戴翔 等，2014），本书设定如下计量模型：

$$\ln prody_{it} = \alpha_0 + \alpha_1 \ln IPR_{it} + \alpha_2 X_{it} + \lambda_i + \mu_t + \varepsilon_{it} \tag{7.3}$$

式中，i 代表各省（市、区）；t 为 2001—2017 年的各年份；$prody_{it}$ 为各省（市、区）t 年的制造业出口技术复杂度；IPR_{it} 为各省（市、区）的知识产权保护强度；X 为控制变量；λ 和 μ 分别为个体效应和时间效应；ε 为随机扰动项，服从均值为零、方差有

限的正态分布。

考虑计量回归估计结果的稳健性，本书加入如下控制变量：

(1) 研发投入强度（*RD*）。研发投入强度以各省（市、区）当年研究与试验发展经费内部支出额占各地区国内生产总值的比重来衡量。研发投入强度的增加能否提升当地制造业的出口技术复杂度与研发支出模式密切相关（代中强，2010）。如果研究与试验发展模式是以自主创新为主导模式，则研发投入强度的加大将促进制造业企业开展自主创新研发，有助于提升当地制造业的出口技术复杂度；如果研究与试验发展模式是以模仿创新为主导模式，那么研发投入强度的加大能否提升当地制造业的出口技术复杂度则不确定。各地区研发机构的内部经费支出数据来源于历年“中国科技统计年鉴”。各地区国内生产总值数据来源于历年“中国统计年鉴”。

(2) 外商直接投资（*FDI*）。已有文献研究表明，引入优质的外商直接投资，可以通过技术外溢效应、学习效应和前后产业关联效应等影响东道国的产业升级和技术进步。发展中国家吸收外商直接投资能否促进本国制造业出口技术复杂度的提升取决于所引入外资的质量和外溢效应的程度。各省（市、区）的外商直接投资数据来源于历年各省（市、区）统计年鉴中的实际利用外商直接投资额。

(3) 进口贸易（*IMP*）。进口贸易主要通过知识技术外溢效应和竞争效应影响进口国制造业出口产品的技术复杂度。进口富含高技术的中间产品或者知识密集型中间产品，既可以通过知识技术外溢效应直接影响本国最终产品的技术含量，也可以通过竞争效应间接影响本国中间产品的生产，促使本国中间产品的生产厂商加大研发投入和加快技术创新。进口知识密集型最终产品和技术密集型最终产品给国内同类型制造厂商带来一定的竞争威胁，市场竞争程度的加深会促使国内制造商加快自主创新，不断提高产品的技术含量和服务质量，以获取较高的竞争力。各省（市、区）的进口贸易数据来源于历年各省（市、区）统计年鉴中的进口总额。

(4) 金融发展效率（*FIN*）。制造业产品技术升级需要持续不断的技术创新，而技术创新是一项投资风险高且投资周期长的活动，创新活动的开展离不开金融系统的支持。一方面，发达的金融市场通过融资价格可以有效引导资金流向技术创新项目，推动技术升级和科技成果转化（Alfaro et al.，2010；Brown et al.，2009）；另一方面，完善的金融系统可以提供较好的项目风险评估服务，可以有效激励投资者对创新活动的支持，进而促使企业技术研发活动能够长期稳定地开展（Buera et al.，2011）。由于各地区金融发展水平不同，因此金融发展效率对各省（市、区）制造业出口产品技术复杂度的提升作用具有一定的差异性。总体经济实力雄厚地区的金融机构在资金供给者和资金需求者之间的调剂效率较高，能较好地满足企业技术创新投入的资金需求，有助于扩大企业技术创新的投入规模，进而更有可能提升企业出口产品的技术复杂度。而经济欠发达地区的金融资本配置效率较低，各类制造业生产企业的融资需求较难得到满足。由于技术创新投入需要融资，并且在创新过程中可能要承受短期内的收益下降，因此融资需求无法及时得到满足的情况下，企业技术创新资金投入不足会影响产品技术升级。参照已有文献研究，以各省（市、区）金融机构年末人民币贷款余额与年末存款余额的比率来衡量金融发展效率。原始数据来源于历年“中国金融年鉴”和各省（市、区）的统计年鉴。

（5）人力资本水平（*HUM*）。已有文献研究表明，拥有较高人力资本水平的国家，在技术研发和创新成果的推广及应用方面的速度也较快，同时具有较高的劳动分工和协作效率（踪家峰 等，2013）。因此，拥有较高人力资本要素禀赋的地区，通过人力资本集聚效应更能提高研发创新的产出率，制造业生产技术水平往往也较高，有助于提升制造业产品的出口技术复杂度。而人力资本要素匮乏地区的制造业生产技术研发创新较少，难以有效提升制造业的出口技术复杂度。本书用各省（市、区）居民平均受教育年限来衡量人力资本水平。根据已有文献的计算方法，小学教育程度计6年，初中教育程度计9年，高中教育程度计12年，大专及研究生教育程度计16年，将每种受教育程度的居民占各省（市、区）6岁及以上人口的比重与相应的受教育年限相乘，加总之和即为该地区的人力资本水平。各省（市、区）居民受教育程度的原始数据来源于历年“中国教育统计年鉴”。

为更好地分析和验证知识产权保护对各省（市、区）制造业出口技术复杂度的影响机制，本书构造了知识产权保护与研发投入强度的交互项，知识产权保护与外商直接投资的交互项，以及知识产权保护与进口贸易的交互项，以研究知识产权保护强度是否通过这三个渠道影响各地区制造业的出口技术复杂度。进一步考虑到出口贸易行为是一个动态连续过程，各省（市、区）制造业的出口技术复杂度不仅与当期因素有关，还可能受前一期的出口技术复杂度的影响，为此加入上一期的出口技术复杂度作为控制变量，从而构建动态面板数据模型，如式（7.4）所示：

$$\ln prody_{it} = \beta_0 + \beta_1 \ln IPR_{it} + \beta_2 \ln IPR_{it} \times RD_{i,t} + \beta_3 \ln IPR_{it} \times \ln FDI_{it} + \beta_4 \ln IPR_{it} \times \ln IMP_{it} + \beta_5 \ln prody_{i,t-1} + \beta_6 X_{it} + \lambda_i + \mu_t + \varepsilon_{it} \quad (7.4)$$

表 7.4 为各变量间的相关系数矩阵。经计算，平均方差膨胀因子（*VIF*）的值均小于 10，表明没有严重的多重共线性问题。

表7.4　变量间的相关系数矩阵

变量	ln*prody*	ln*IPR*	ln*RD*	ln*FDI*	ln*IMP*	ln*FIN*	ln*HUM*
ln*prody*	1.000 0						
ln*IPR*	0.340 9	1.000 0					
ln*RD*	0.467 3	0.420 4	1.000 0				
ln*FDI*	0.102 8	0.218 8	0.141 5	1.000 0			
ln*IMP*	0.294 1	0.220 3	0.213 2	0.280 9	1.000 0		
ln*FIN*	0.289 5	0.201 5	0.210 2	0.301 3	0.193 8	1.000 0	
ln*HUM*	0.231 8	0.228 2	0.331 4	0.230 7	0.249 2	0.184 3	1.000 0

资料来源：由 Stata 14.0 软件分析数据所得。

（二）实证结果及分析

式（7.3）是静态面板数据模型。对于静态面板模型，首先，通过 F 检验，拒绝了混合回归模型，然后通过 Hausman 检验，拒绝了随机效应的原假设，因此选择固定效应模型。对固定效应模型进行估计，通常的方法是采用虚拟变量将复合误差项中与解释变量相关的个体效应（和时间效应）参数化，把个体效应（和时间效应）从复合误差项中分离出来，使分离后剩余的误差项与解释变量不相关，进而采用 OLS 估计，即最小二乘虚拟变量法。该模型最关注的是各省（市、区）知识产权保护强度与制造业出口技术复杂度的关系，通过逐一引入各控制变量对该模型逐步进行回归。表 7.5 列示了式（7.3）的回归结果。

表7.5　静态面板模型基本回归结果

解释变量	(1)	(2)	(3)	(4)	(5)	(6)
ln*IPR*	0.163 9	0.122 4	0.107 3	0.104 6	0.083 5	0.073 9
	(4.928 4)***	(3.395 2)***	(1.523 2)	(2.358 5)**	(2.143 0)**	(1.323 8)
ln*RD*		0.201 3	0.138 6	0.134 2	0.096 2	0.082 9
		(2.159 6)**	(4.956 8)***	(3.267 5)***	(4.123 3)***	(3.958 5)***
ln*FDI*			0.092 5	0.022 4	0.018 9	0.014 8
			(1.822 5)*	(1.531 5)	(1.326 5)	(1.458 3)
ln*IMP*				0.053 1	0.042 9	0.031 8
				(2.183 3)**	(2.237 4)**	(2.275 6)**
ln*FIN*					0.026 6	0.019 4
					(1.875 3)*	(1.913 9)*
ln*HUM*						0.051 5
						(2.427 8)**
Constants	10.842 1	9.628 3	8.798 3	4.589 3	5.497 5	7.398 5
	(9.988 1)***	(6.853 7)***	(6.689 4)***	(7.829 4)***	(8.839 5)***	(7.564 8)***
模型类型	FE	FE	FE	FE	FE	FE
样本数	510	510	510	510	510	510

注：每个变量估计值下面的小括号中报告的是 t 值；***、**、* 分别代表1%、5%、10% 的显著性水平。

表 7.5 第 (1) 列回归方程只有解释变量各省（市、区）知识产权保护强度，无控制变量，知识产权保护强度的系数在 1% 的置信 水平下显著为正，表明各省（市、区）知识产权保护强度的增强显著提升了各地区制造业的出口技术复杂度。第 (2) 列回归方程加入了控制变量研发投入强度，该变量估计系数符号为正，且通过了 5% 的显著性检验，加入该变量后，知识产权保护强度变量的回归系数符号未变，仍保持统计显著性。第 (3) 列回归方程是在第 (2) 列的基础上加入了外商直接投资，该变量系数符号为正，通过了 10% 的显著性检验，研发投入强度系数在 1% 的置信水平下显著为正，但是加入该变量后，知识产权保护强度的回归系数却变得不

显著了。第 (4) 列回归方程加入了控制变量进口贸易，回归结果显示该变量对各省（市、区）的制造业出口技术复杂度的影响在 5% 的置信水平下显著为正，知识产权保护强度系数也在 5% 的置信水平下显著为正，研发投入强度系数仍然在 1% 的置信水平下显著为正，但外商直接投资变量却不显著。第 (5) 列回归方程加入了金融发展效率，回归结果显示该变量的估计系数在 10% 的置信水平下显著为正，加入该变量后，知识产权保护强度和进口贸易两个变量的回归系数均在 5% 的置信水平下显著为正，研发投入强度系数在 1% 的置信水平下显著为正，但外商直接投资变量的回归系数仍然不显著。最后加入人力资本水平变量，该变量的回归系数在 5% 的置信水平下显著为正，但加入该变量后，知识产权保护强度的系数却变得不显著了。从表 7.5 中各列回归结果来看，知识产权保护强度和外商直接投资两个变量的回归系数虽然都为正，但显著性不稳定，这可能是由于该模型存在内生性问题，使得估计结果出现非一致性。

各地区知识产权保护强度对制造业出口技术复杂度有影响，但也可能是因为制造业出口技术复杂度较高的地区更重视知识产权保护，才会采取更严格的知识产权保护措施，即知识产权保护强度与制造业出口技术复杂度之间可能存在双向因果关系，因此，式 (7.3) 存在一定的内生性问题。存在内生性问题的面板数据模型，如果用最小二乘虚拟变量法估计，估计结果是有偏的。内生性问题会影响回归结果的准确性，可采取的应对方法之一是寻找一个与知识产权保护强度相关但又独立于行业出口技术复杂度的变量作为工具变量。但是由于与内生解释变量相关的变量通常与因变量的扰动项也相关，因此很难寻找到合适的工具变量。可行的另一种方法是使用内生解释变量的滞后项作为该模型的工具变量。此外，考虑到各省（市、区）制造业出口贸易行为的惯性特征，式 (7.4) 包含被解释变量的滞后项，该模型为动态面板数据模型。由于个体效应的存在，模型中滞后一阶的被解释变量将无法满足严格外生性的条件，因此动态面板数据模型存在固有的内生性问题。动态面板数据模型的估计方法通常有三种，即 GMM、偏误直接修正方法、变换的似然估计方法，其中应用最广的是 GMM。GMM 有两类：一阶差分 GMM 和系统 GMM。系统 GMM 由于利用了更多的样本信息，通常比一阶差分 GMM 更有效，因此，本书将使用系统 GMM 来估计。估计结果的准确性与内生解释变量的滞后阶数选择相关，可以采用 Sargan 检验来识别所选取的工具变量是否有效，同时需检验残差项是否存在二阶序列相关。

首先，将制造业出口技术复杂度及知识产权保护强度变量作为内生变量，以这两个变量的滞后项作为模型的工具变量；其次，依据自相关检验决定滞后项的阶数以确定这些工具变量的有效性；最后，用 Sargan 检验来判定是否存在过度识别。Sargan 检验的原假设为模型中采用的工具变量是有效的，AR(2) 检验的原假设为差分方程的残差项不存在序列相关。表 7.6 报告了式（7.4）采用系统 GMM 的全国总体样本回归结果及分地区的回归结果。表 7.6 中方程 1 至方程 4 的 AR(1) 检验的统计量在 5% 的置信水平下显著，AR(2) 检验的统计量在 10% 的置信水平下不显著，表明所有回归方程均不能拒绝原假设“差分方程的残差项不存在二阶自相关”。同时，方程 1 至方程 4 均通过了 Sargan 检验，表明模型估计中选取的工具变量是有效的。

表7.6　系统 GMM 估计回归结果

解释变量	方程 1（全国）	方程 2（东部地区）	方程 3（中部地区）	方程 4（西部地区）
L.ln*prody*	0.293 5	0.344 1	0.228 6	0.240 4
	(4.625 6)***	(3.102 1)***	(2.482 3)**	(2.108 3)**
ln*IPR*	0.053 2	0.068 7	0.050 1	0.034 2
	(3.691 8)***	(5.463 2)***	(4.523 1)***	(3.310 9)***
ln*RD*	0.043 3	0.059 8	0.042 1	0.023 2
	(4.190 5)***	(3.594 2)***	(3.921 3)***	(4.334 2)***
ln*IMP*	0.022 6	0.031 2	0.022 1	0.013 4
	(2.532 1)**	(3.056 5)**	(3.421 3)***	(2.234 6)**
ln*FDI*	0.010 3	0.003 2	0.013 5	0.014 2
	(1.892 3)*	(1.124 2)	(1.106 2)	(1.120 5)
ln*IPR*×ln*RD*	0.034 3	0.012 9	0.015 4	0.019 3
	(3.933 5)***	(3.953 1)***	(2.264 1)**	(5.492 1)***

续表

解释变量	方程 1（全国）	方程 2（东部地区）	方程 3（中部地区）	方程 4（西部地区）
ln*IPR*×ln*IMP*	0.021 3	0.004 2	0.006 9	0.013 2
	(2.485 9)**	(2.235 2)**	(4.153 2)***	(5.492 4)***
ln*IPR*×ln*FDI*	0.018 5	0.001 3	0.004 5	0.019 4
	(1.882 9)*	(2.233 3)**	(4.260 2)***	(5.301 5)***
ln*FIN*	0.008 9	0.010 9	0.013 5	0.016 3
	(2.435 5)**	(4.290 2)***	(2.236 3)**	(3.859 3)***
ln*HUM*	0.014 8	0.003 8	0.004 1	0.005 6
	(2.369 7)**	(1.403 3)	(4.343 9)***	(5.390 2)***
Constants	5.543 1	1.223 9	4.095 4	3.803 9
	(10.982 2)***	(3.138 5)***	(2.229 8)**	(2.342 7)**
AR(1) 检验 (*P*)	0.014 5	0.024 2	0.030 1	0.018 3
AR(2) 检验 (*P*)	0.622 4	0.536 8	0.569 9	0.559 3
Sargan 检验 (*P*)	0.561 3	0.625 3	0.425 5	0.570 9
样本数	510	187	136	187

注：*L*.ln*prody* 为滞后一阶的被解释变量；每个变量估计值下面的小括号中报告的是 *Z* 值；***、**、* 分别代表 1%、5%、10% 的显著性水平。

表 7.6 中方程 1 是全国总体样本回归结果，各省（市、区）知识产权保护强度的回归系数在 1% 的置信水平下显著为正，该结果表明各省（市、区）知识产权保护强度对制造业出口技术复杂度的提升作用显著且稳定，系统 GMM 较好地消除了内生性问题带来的估计结果的不一致性。已有研究证实，作为后发国家，发展中国家加强知识产权保护有利于激励技术创新，增加企业总体研发投入和创新产出（Giuseppe，2013；Naghavi et al.，2015；保永文，2017）。知识产权保护强度对于不同类型企业的技术创新激励作用具有一定的差异性。部分学者基于中国企业的数据研究发现，加强知识产权保护对民营企业技术研发创新的激励作用普遍大于非民营企业（史宇鹏 等，2013；刘思明 等，2015）。不同地区的知识产权保护程度不同，尤其是执法力度具有较大的区域差异性，弱的执法力度对研发溢出保护

较弱，倾向于鼓励企业进行模仿创新，而强的执法力度则倾向于激励自主创新（吴超鹏 等，2016）。随着《深入实施国家知识产权发展战略计划（2014—2020年）》的颁布和实施，我国各地区的知识产权保护强度不断加大，营商环境和创新环境不断优化，有效激励了制造业出口企业加快技术研发和升级。滞后一期的各省（市、区）制造业出口技术复杂度对当期影响的回归系数在1%的置信水平下显著为正，表明前一期的制造业企业出口行为对当期有连续影响，出口贸易行为具有一定的“惯性”。各省（市、区）研发投入强度对制造业出口技术复杂度的影响回归系数在1%的置信水平下显著为正，表明研发经费投入的增加显著促进了各地区制造业出口企业的技术创新，进而提升了出口产品技术复杂度。进口贸易对制造业出口技术复杂度的影响回归系数为0.022 6，且通过了5%的显著性检验，表明各地区进口贸易量的增加有效促进了当地制造业出口技术含量的增加。外商直接投资对制造业出口技术复杂度的影响回归系数为0.010 3，通过了10%的显著性检验，但该系数值小于研发投入强度和进口贸易两个变量的回归系数，表明各省（市、区）吸引外商直接投资能在一定程度上促进当地制造业出口技术复杂度的提升，但是影响作用要小于研发投入强度和进口贸易对制造业出口技术复杂度的影响。金融发展效率对各地区制造业出口技术复杂度的影响回归系数在5%的置信水平下显著为正，表明金融发展效率的提高通过减少企业融资约束，加大研发创新资金投入，进而促进当地制造业出口技术复杂度的提升。这一结果与现有关于金融发展对出口技术复杂度的实证研究文献所得结论也是基本一致的（顾国达 等，2013；齐俊妍 等，2016；刘威 等，2018）。人力资本水平变量的回归系数在5%的置信水平下显著为正，表明人力资本水平的提升有助于提高当地制造业的出口技术复杂度。这与现有文献研究的结论一致，都认为技术创新型人力资本的累积可以突破既定技术的“瓶颈”约束，实现企业产品的技术升级，扩展技术的可能性边界（戴翔 等，2014；邢彦 等，2017）。

交互项的回归结果表明了知识产权保护强度对各地区制造业出口技术复杂度的影响途径。知识产权保护与研发投入强度的交互项回归系数在1%的置信水平下显著为正，表明各省（市、区）加强知识产权保护可以激励制造业出口企业加大研发投入强度，扩大研发创新产出，进而提升出口产品技术复杂度。知识产权保护强度与进口贸易的交互项回归系数在5%的置信水平下显著为正，表明加强知识产权保护可以通过进口贸易的“技术溢出”效应促进国内技术研发和产品创新，这与魏浩 等（2018）的研究结论基本一致。随着高质量进口产品种类和数量的增加，进口贸易对国内制造业技术外溢的效应逐渐加强。知识产权保护强度与外商直接投资的交互项回归系数在10%的置信水平下显著为正，表明加强知识产权保护可以吸引外商直接投资，高质量的外商直接投资对国内制造业也有技术外溢效应。知识产权保护强度与研发投入强度的交互项回归系数值大于其与进口贸易和外商直接投资的交互项回归系数值，表明各省（市、区）知识产权保护强度主要是通过影响企业研发经费投入的途径来促进制造业出口技术复杂度提升的。

从表7.6中方程2至方程4的分地区回归结果可以看出，知识产权保护强度对各地区制造业出口技术复杂度的影响回归系数均为正，且均通过了显著性检验，表明加强知识产权保护显著促进了东、中、西部地区制造业出口技术复杂度的提升。从具体回归系数值来看，东部地区知识产权保护强度对制造业出口技术复杂度的影响回归系数值大于中部地区的回归系数值，而中部地区知识产权保护强度的回归系数值又大于西部地区的。这说明知识产权保护强度对各省（市、区）制造业出口技术复杂度的提升作用因各地经济发展特征不同而呈现一定的差异性。东部大部分省（市）地处沿海地区，较早实行对外开放政策，也较早开始吸收外商直接投资，承接发达国家制造业产业转移和参与全球分工，无论是地方政府还是当地企业，均较早树立了知识产权保护意识。与此同时，在供给侧结构性改革战略驱动下，东部地区不断调整制造业产业结构，积极发展高新技术产业，而这些产业大多以知识技术密集型为主（刘琳，2015）。因此，加强知识产权保护能有效激励当地制造业出口企业进行技术创新和产业升级，进而提升出口产品技术复杂度。中部地区总体发展较东部地区落后，尤其是对外开放程度较低，承接较多东部地区转移的劳动密集型制造业，较难形成良好的知识产权保护意识，因此知识产权保护强度对其制造业出口技术复杂度的提升作用有限。西部地区总体发展又较中部地区落后，在西部大开发战略背景下，虽然积极承接东部和中部地区的产业转移，但由于承接的大多是中低端产业，缺乏高新技术产业，知识产权保护意识较淡薄，因此知识产权保护强度对其制造业出口技术复杂度的提升作用也较小。东、中、西部地区滞后一期的制造业出口技术复杂度变量对当期影响的回归系数均为正，且均通过了显著性检验，表明前一期的制造业企业出口行为对当期有一定的"累积效应"。东、中、西部各地区的研发投入强度和进口贸易对制造业出口技术复杂度的影响的回归系数值均显著为正，且回归系数值呈现东、中、西部依次递减的特征，表明东部地区研发投入强度的加大和进口贸易的增加对当地制造业出口技术复杂度的影响要大于中部地区的，而中部地区研发投入强度和进口贸易对制造业出口技术复杂度的影响又大于西部地区的。这主要是由于东部地区的制造业创新研发投入强度高于中西部地区的，且进口贸易规模和质量也高于中西部地区（刘洪铎 等，2013）。东、中部地区外商直接投资对制造业出口技术复杂度的影响回归系数为正，且均通过了 10% 的显著性检验，而西部地区外商直接投资对制造业出口技术复杂度的影响回归系数值虽然为正，但未通过显著性检验。这表明东、中部地区吸引的外商直接投资通过技术溢出效应显著促进了当地制造业出口技术复杂度的提升，而西部地区的外商直接投资并未显著影响当地制造业的出口技术复杂度。这可能是由于西部地区吸引的外商直接投资较少，且所吸引的外商直接投资企业以劳动力密集型行业为主，因此未产生显著的技术溢出。东、中部地区金融发展效率对制造业出口技术复杂度的影响回归系数为正，且均通过了 5% 的显著性检验，而西部地区的金融发展效率对制造业出口技术复杂度的影响回归系数值虽然为正，但未通过显著性检验。这表明东、中部地区金融发展效率的提高显著促进了当地制造业出口技术复杂度的提升，而西部地区的金融发展效率并未显著影响当地制造业的出口技术复杂度。这主要是由于东、中部地区的金融机构分布广、金融市场竞争激烈以及金融服务体系较完善，能较好地满足制造业企业技术创新的融资需求，甚至通过信贷效应引导制造业企业积极开展自主创新（包群 等，2008），而西部地区的金融机构覆盖率较低，金融发展的效率低，难以有效促进当地制造业企业开展研发创新活动。东、中、西部各地区人力资本水平对制造业出口技术复杂度的影响回归系数均为正，且均通过了显著性检验，表明人力资本水平的提高显著促进了东、中、西部地区制造业出口技术复杂度的提升。从具体回归系数值来看，东部地区人力资本水平对制造业出口技术复杂度的影响回归系数值大于中部地区的回归系数值，而中部地区人力资本水平的回归系数值又大于西部地区的。按照OECD对人力资本的界定，人力资本是知识、技能以及内化于劳动者个体中且有助于提升劳动者竞争力的因素（王莉娜 等，2018）。人力资本是技术创新的重要源泉之一。已有文献研究表明，人力资本水平高的地区往往技术创新能力较强，技术推广和应用效率较高，能较好地推动当地产业升级和技术进步（何刚 等，2015；姚嘉 等，2016）。因此，相对于中、西部地区，东部地区较高的人力资本水平通过集聚效应对当地企业的技术创新作用更大，更能促进制造业出口产品技术复杂度的提升。

东、中、西部地区知识产权保护强度与研发投入强度的交互项回归系数均显著为正，但具体系数值呈现东、中、西部依次递减的特征，表明东部地区加强知识产权保护通过加大研发投入强度的途径对提升当地制造业出口技术复杂度的作用最大，而西部地区加强知识产权保护通过增加研发投入强度的途径对提升当地制造业出口技术复杂度的作用最小。加强知识产权保护可以激励企业进行研发创新，增加研发投入，进而改进生产工艺、引入新生产设备和开发新产品，提高产品技术含量和增加出口量（汤二子 等，2012）。东部地区知识产权保护强度与进口贸易、外商直接投资的交互项回归系数均显著为正，表明东部地区加强知识产权保护，通过扩大进口贸易的规模和吸引外商直接投资的途径显著促进了当地制造业出口技术复杂度的提升。中部地区知识产权保护强度与进口贸易的交互项回归系数显著为正，然而与外商直接投资的交互项回归系数虽然为正，但未通过显著性检验，表明中部地区加强知识产权保护主要是通过加大研发投入强度以及增加进口贸易种类和数量的途径促进当地制造业出口技术复杂度的提升，而通过外商直接投资渠道影响制造业出口技术复杂度的作用有限。西部地区知识产权保护强度与进口贸易、外商直接投资的交互项回归系数虽然为正，但均未通过显著性检验，表明西部地区加强知识产权保护更多的是通过加大研发投入强度的途径促进当地制造业出口技术复杂度的提升，而通过进口贸易和外商直接投资途径影响制造业出口技术复杂度的作用并不显著。这可能是由于西部地区实际吸引的外商直接投资规模较小，进口的“高、精、尖”产品种类较少，因此通过外商直接投资和进口贸易获取的技术外溢效应较小，对当地制造业出口技术复杂度的影响作用也就有限。

第二节 知识产权保护影响服务贸易出口技术复杂度的实证分析

进入21世纪，信息技术的快速发展促进了知识和技术密集型服务业的发展，服务贸易产品附加值不断增加。服务业出口技术含量高的国家往往比出口技术含量低的国家拥有更强的竞争力。随着现代服务业的发展，服务贸易中的知识产权含量与质量成为衡量服务贸易国际竞争力的重要因素，具有高度知识产权的服务产业成为推动服务贸易增长的内在动力（赵莉，2013）。知识产权不仅是服务贸易自身包含的内容，也是发展服务贸易的必要条件（明黎，2011）。目前关于知识产权保护水平对服务贸易出口技术含量的影响研究较少，且主要基于跨国数据做实证检验。代中强 等（2015）采用66个国家的面板数据分析了知识产权保护水平、经济发展水平对样本国家服务贸易出口技术复杂度的影响，结果发现知识产权保护对服务贸易出口技术复杂度的影响具有显著的区域差异。屠年松 等（2019）利用33个OECD国家的面板数据分析知识产权保护水平对各样本国家服务业在全球价值链上的地位的影响，结果发现加强知识产权保护对提升一国服务业在全球价值链上的地位的影响作用因各国收入水平不同而存在显著差异。第五章测算了2000—2018年中国整体服务贸易的出口技术复杂度，趋势图表明样本期间的中国整体服务贸易的出口技术复杂度呈小幅波动上升趋势。那么，中国服务贸易出口技术复杂度的变化受哪些因素影响？中国知识产权保护强度的增加对服务贸易出口技术复杂度有何影响？

一、计量模型构建与数据说明

为检验知识产权保护强度对中国服务贸易出口技术复杂度的影响，参照已有对服务贸易出口技术含量的影响因素的研究，本书综合罗立彬 等（2013）、唐保庆 等（2011）、庄惠明 等（2014）、代中强 等（2015）、许志瑜 等（2018）、齐俊妍 等（2019）的研究思路，设定如下多元线性回归模型：

$$\ln SPR_t = \beta_0 + \beta_1 IPR_t + \beta_2 OPEN_t + \beta_3 \ln SFDI_t + \beta_4 \ln GOODS + \beta_5 FUN + \beta_6 EDU + \varepsilon_t \quad (7.5)$$

式中，t 为 2000—2017 年的各年份；β_0 为常数项向量；β_1 至 β_6 为各系数向量；ε 为随机扰动项。

各变量的具体描述和数据说明如下所示：

（1）被解释变量 SPR，表示中国服务贸易的出口技术复杂度。该变量数据来源于第五章测算的国家层面的服务贸易出口技术复杂度。

（2）解释变量知识产权保护强度（IPR）。制度质量通过改变交易成本不仅会影响一国对外贸易的数量，而且会影响对外贸易的产品结构（Levchenko，2007）。知识产权保护是影响一国服务贸易出口的重要制度支持。已有文献研究表明，较完善的知识产权保护制度支持可以显著减少交易中的机会主义行为，提高行为结果的预见性，进而降低双方的交易成本（唐保庆 等，2011）。与此同时，知识产权保护制度的改善可以提高服务产品出口中知识和技术密集型产品的比重，进而优化服务贸易出口结构。该变量数据来源于前文第四章测算的中国知识产权保护强度。

（3）解释变量服务贸易开放程度（$OPEN$）。已有文献研究表明，对外贸易开放程度较高的国家，包括服务业在内的各行业全球价值链分工的参与率往往也较高（程大中，2015；刘琳，2015）。在经济全球化的背景下，服务业生产和供给的国际化程度也日趋加深，发展中国家参与全球价值链分工，通过知识、技术溢出效应和“干中学”等多种途径改善服务出口质量，实现服务产业升级（Gereffi，1999；王佃凯，2011；金晶 等，2013）。因此，一国服务贸易开放程度的提高，一方面，通过竞争效应促使国内服务行业重视提升服务贸易出口技术含量，增强出口竞争力，另一方面，通过参与全球价值链分工获得知识和技术溢出，推动国内服务贸易出口行业加快技术引进和升级。本节以我国每年服务贸易进出口总额与国内生产总值的比值来衡量服务贸易对外开放程度。该变量原始数据来源于历年“中国统计年鉴”。

（4）解释变量服务业外商直接投资（$SFDI$）。已有文献研究表明，服务业外商直接投资对服务贸易出口技术复杂度的影响途径主要有两种，一种是以东道国承接离岸服务外包为主的投资形式，另一种是服务业外商直接投资对东道国服务生产企业的技术外溢（唐保庆 等，2011；Ivus，2012）。随着发展中国家服务业发展水平的提高，其承接的离岸服务外包也逐渐由低成本劳动力密集型服务业向知识密集、高技术附加值的服务业扩展。东道国大量吸收高技术附加值的外商直接投资，可以在一定程度上扩充行业资本，获取知识和技术溢出效应，进而影响服务业发展和一国服务贸易出口技术复杂度。本节以服务业实际利用外资额的年增长率来衡量服务业外商直接投资情况。该变量原始数据来源于历年“中国统计年鉴”。

（5）解释变量货物贸易出口能力（*GOODS*）：制造业与生产性服务业协同发展的关系引起了众多学者的关注，他们认为制造业的发展引致了相应的服务需求，推动了服务业的发展（安树伟 等，2017；李蕾，2018）。货物贸易出口离不开必要的运输服务、金融服务、保险服务和知识产权使用服务等多种服务支持。因此，货物贸易出口可以带动相关的服务贸易出口，扩大服务贸易出口市场。已有文献研究证实，一国制造业出口产品技术含量的提高可以促进生产性服务业的发展，增强该国服务行业的国际竞争力，进而提升服务行业的出口技术复杂度（唐保庆 等，2011；戴翔，2013；张慧颖 等，2018）。本节以我国货物贸易出口额的年增长率来衡量货物贸易出口能力。该变量原始数据来源于历年“中国统计年鉴”。

（6）解释变量人力资本（*EDU*）：服务供给产品的技术含量与服务提供者所掌握的知识和技能密切相关（明黎，2011）。因此，从某种意义上可以说服务业人力资本质量的不同是形成差异化服务产品的重要因素之一。理论上，受教育年限较长的服务提供者由于有较好的知识积累，学习新技能的效率也较高，往往能提供具有较高技术含量的服务产品；而受教育年限较短的服务供给者则倾向于提供低技术含量的服务产品。人力资本对提升我国服务贸易竞争力发挥着重要作用。现阶段我国服务业总体人力资本结构层次偏低，服务贸易出口行业以劳动力密集型为主（李斌 等，2013）。已有实证分析较常见的衡量人力资本水平的代理变量是平均受教育年限。借鉴贺卫 等（2005）和代中强 等（2015）的研究，本节以6岁以上人口平均受教育年限来衡量人力资本水平。根据已有文献的计算方法，小学教育程度计6年，初中教育程度计9年，高中教育程度计12年，大专及以上教育程度计16年。将每种受教育程度的居民占一国（地区）6岁及以上人口的比重与相应的受教育年限相乘，加总得到该国（地区）的劳动力受教育水平。该变量原始数据来源于历年“中国统计年鉴”“中国人口统计年鉴”“中国人口和就业统计年鉴”①。

（7）解释变量网络基础设施（*FUN*）：该变量用各年互联网普及率来衡量。随着信息网络技术的发展，各服务行业与互联网的联系越来越紧密。互联网与服务业的结合使得一大批新的服务供给模式涌现，不仅提高了服务的效率和质量，而且丰富了服务需求者的多样化选择。一国互联网技术的快速发展会加速知识和技术密集型服务产业升级，加快服务产品创新，提升该国服务贸易的出口技术复杂度（于诚 等，2015）。因此，可以预期，作为服务业生产和供给的重要基础设施之一的互联网将对服务贸易出口技术复杂度产生一定的影响。该变量原始数据来源于历年“中国统计年鉴”。

本节以各变量2000—2017年的数据集作为研究样本，表7.7是相关系数矩阵。经计算，平均方差膨胀因子（*VIF*）的值小于10，表明回归模型中各变量没有严重的多重共线性问题。

表7.7　变量间相关系数矩阵

变量	ln*SPR*	*IPR*	*OPEN*	ln*SFDI*	ln*GOODS*	*FUN*	*EDU*
ln*SPR*	1.000 0						
IPR	0.254 2	1.000 0					
OPEN	0.380 5	0.312 4	1.000 0				
ln*SFDI*	0.213 6	0.129 5	0.207 3	1.000 0			
ln*GOODS*	0.325 7	0.193 8	0.128 9	0.319 4	1.000 0		
FUN	0.120 9	0.108 6	0.394 7	0.350 3	0.235 6	1.000 0	
EDU	0.378 3	0.220 7	0.361 3	0.215 6	0.235 8	0.343 9	1.000 0

资料来源：由Eviews 7.0软件分析数据所得。

① 2006年之前的数据来源于“中国人口统计年鉴”，2007年开始的数据来源于“中国人口和就业统计年鉴”。

二、实证检验及结果分析

（一）变量的协整检验

对非平稳时间序列的变量进行直接回归分析，有可能会出现“伪回归”，因此对时间序列模型进行回归分析前需要做平稳性的检验。借鉴已有实证分析，本章首先采用常见的ADF方法对各序列进行单位根检验，检验结果如表7.8所示。

表7.8 各变量的ADF单位根检验结果

变量	检验类型（c,t,n）	ADF统计量	临界值	单位根	结论
ln*SPR*	（$c,t,0$）	−1.798 9	−2.609 2*	存在单位根	非平稳
Δln*SPR*	（$c,t,1$）	−5.384 5	−4.271 2***	不存在单位根	平稳
IPR	（$c,0,0$）	−4.532 8	−3.615 5***	不存在单位根	平稳
OPEN	（$c,0,0$）	1.932 7	−2.602 9*	存在单位根	非平稳
Δ*OPEN*	（$c,0,0$）	−4.954 3	−3.615 5***	不存在单位根	平稳
ln*SFDI*	（$c,t,0$）	−7.280 2	−4.226 9***	不存在单位根	平稳
ln*GOODS*	（$c,t,0$）	−6.589 5	−4.215 5***	不存在单位根	平稳
FUN	（$c,t,0$）	−2.309 6	−3.255 6*	存在单位根	非平稳
Δ*FUN*	（$c,t,1$）	−5.123 8	−4.369 5***	不存在单位根	平稳
EDU	（$c,t,0$）	−3.640 3	−3.461 2**	不存在单位根	平稳

注：检验类型中的（c,t,n）分别表示截距项、趋势项和滞后阶数；Δ表示一阶差分；***、**、* 分别表示在1%、5%、10%的显著性水平下显著。

资料来源：由Eviews 7.0软件分析数据所得。

由表7.8可知，被解释变量（*SPR*）在1%的显著水平下一阶单整，解释变量中的*IPR*、ln*SFDI*和ln*GOODS*均在1%的显著性水平下平稳，*EDU*在5%的显著性水平下平稳，其余的解释变量*OPEN*和*FUN*均在1%的显著性水平下一阶单整。各变量的ADF单位根检验结果表明该组变量符合进行多变量协整检验的条件。接下来采用多变量模型下Johansen极大似然法进行协整检验，各变量特征值和Trace统计量的检验结果见表7.9。

表7.9　Johansen 多变量协整检验结果

原假设	特征值	Trace 统计量	5% 临界值
没有协整向量 **	0.983 53	123.103 51	69.129 43
至少有一个协整向量 **	0.875 42	69.349 62	48.093 37
至少有两个协整向量	0.683 39	29.488 53	33.499 65

注：** 表示在5% 的显著性水平下拒绝原假设。

由表 7.9 所示的协整检验结果可知，方程变量存在一个协整变量，各变量间存在长期均衡的协整关系，因此采用时间序列样本数据对模型进行回归分析是有意义的。

(二) 实证结果分析

本节使用普通最小二乘法（Ordinary Least Square，OLS）对上述多元线性回归模型即式 (7.5) 进行分析，表 7.10 是全样本回归结果。

表7.10　全样本回归结果

解释变量	系数	t 值	显著性水平
Constants	9.340 9	10.128 3	1%
IPR	0.036 8	2.563 7	5%
OPEN	0.022 4	2.987 5	1%
ln*SFDI*	0.284 6	1.923 3	10%
ln*GOODS*	0.398 5	3.034 6	1%
FUN	0.012 3	2.422 8	5%
EDU	0.052 7	2.554 1	5%
调整后的判定系数 $\overline{R}^2$	0.839 5	F 的 P 值	0.000 05

资料来源：由 Eviews 7.0 软件分析数据所得。

表 7.10 的回归结果可知，调整后的判断系数 $\overline{R}^2$ 为 0.839 5，表明模型整体拟合度较好。具体来看各个解释变量的回归系数。知识产权保护强度对总体服务贸易出口技术复杂度的影响回归系数为 0.036 8，且通过了 5% 的显著性检验，表明

知识产权保护强度的提高显著提升了服务贸易出口技术复杂度，符合理论预期。进入21世纪以来，中国服务业发展增速，服务贸易领域的出口逐渐由以简单劳动力密集型服务业为主向知识和技术密集型服务业扩张，服务贸易出口技术复杂度在样本期间也呈逐渐上升趋势。由于服务贸易的标的主要是以版权和商标权为载体，因此知识产权保护强度的不断加强，不仅增强了服务贸易出口企业在“服务提供”过程中的知识产权保护意识，降低了交易中的机会主义行为的发生率，减少了交易磋商成本，而且通过激励服务贸易出口企业加大知识产权研发投入，扩大了服务创新范围，提高了服务产品中的知识和技术含量，进而提升了服务出口技术复杂度。

服务贸易开放程度对总体服务贸易出口技术复杂度的影响回归系数为0.022 4，且通过了1%的显著性检验，表明服务贸易开放程度的提高显著提升了我国服务贸易整体出口技术复杂度。加入世界贸易组织以来，中国从货物贸易到服务贸易的开放程度均不断加深，国内服务企业参与全球价值链分工的积极性也在逐年提高。2013年“一带一路”倡议实施以来，中国服务贸易对外开放的范围进一步扩大，与“一带一路”沿线国家的交流与合作更加频繁。服务贸易对外开放为中国国内服务出口企业提供了与全球先进服务生产企业交流与合作的机会和平台。通过学习和借鉴先进的技术和服务管理经验，中国服务出口企业不仅提高了服务出口产品的技术含量，而且提升了服务竞争力。基于“干中学”的模式，国内服务出口企业从扩大的对外贸易开放市场中获取了技术外溢效应，进而提升了自身服务出口产品的技术复杂度。

服务业外商直接投资对总体服务贸易出口技术复杂度的影响回归系数为0.284 6，且通过了10%的显著性检验，表明服务业外商直接投资的增加提升了我国服务贸易整体出口技术复杂度。加入世界贸易组织以来，中国对外开放程度不断加深，营商环境不断优化，服务业吸收外商直接投资的数量呈逐渐增长趋势。一方面，中国国内服务出口企业通过吸收具有较高技术含量的外商直接投资，获得较高的技术溢出，进而提升了企业服务出口的技术复杂度；另一方面，在激烈的全球竞争环境中，为更好地承接发达国家高技术领域的离岸服务外包，国内服务生产企业对服务产品技术研发的重视程度也在不断增强。在积极承接高技术含量的离岸服务外包的过程中，国内服务生产和出口的技术复杂度得到了明显的提升。

货物贸易出口能力对总体服务贸易出口技术复杂度的影响回归系数为 0.398 5，且通过了 1% 的显著性检验，表明货物贸易出口能力的提高显著提升了我国服务贸易整体出口技术复杂度。改革开放以来，中国货物贸易出口发展迅速，无论是出口的总额还是出口的种类，均呈现较强的增长态势，总体出口产品的技术含量也呈不断上升趋势。货物贸易出口量的大幅增长推动了各类运输服务的技术升级，货物种类的多样化助推了国际结算和出口保险服务方式的创新。货物贸易出口的激烈竞争对相应的服务供给质量，尤其是服务技术含量提出了更高的要求。因此，随着中国货物贸易出口能力的大幅提升，与货物出口密切相关的服务产业的技术竞争力也得到了有效增强，进而促进了服务贸易出口技术复杂度的提升。

网络基础设施对总体服务贸易出口技术复杂度的影响回归系数为 0.012 3，且通过了 5% 的显著性检验，表明网络基础设施的完善显著提升了我国服务贸易出口技术复杂度。21 世纪以来，以网络信息技术为代表的高新技术飞速发展，网络信息技术被广泛应用于服务产业。随着中国服务产业与网络技术的结合度不断提高，多样化的新服务业态也不断涌现出来，极大地改变了传统服务贸易的供给模式。通过网络技术的使用，将原先不可存储的服务转化为可存储模式，不仅提高了服务产品的技术含量，而且增加了“可贸易”的服务产品种类。

人力资本对总体服务贸易出口技术复杂度的影响回归系数为 0.052 7，且通过了 5% 的显著性检验，表明人力资本水平的提高显著提升了我国服务贸易整体出口技术复杂度。21 世纪以来，随着中国教育体制改革不断深化，职业技术教育和高等教育的入学率不断上升，大批拥有良好知识储备和掌握先进技术的毕业生为服务生产和出口企业提供了有利的人才保障。相对于低技术水平的劳动力，具有较高水平的人力资本在学习新技能、传播新知识和应用新技术方面都更有优势，更能有效提升和保障服务出口产品的质量。因此，随着国内服务行业高水平人力资本的不断积累，服务行业整体出口技术复杂度也得到有效提升。

本章小结

本章基于中国货物贸易和服务贸易出口技术复杂度的测算数据，实证考察了知识产权保护强度对中国货物和服务贸易出口技术复杂度的影响。

结合第五章测算的2001—2017年中国国民经济30个工业制造行业的出口技术复杂度指数，本章首先运用系统GMM从总体行业、分类型行业和细分行业这3个角度实证考察了行业知识产权保护强度对行业出口技术复杂度提升的影响，得出如下结论：总体样本回归结果表明，知识产权保护可以通过研发投入、FDI和进口贸易等途径提升中国出口行业的技术复杂度。分行业类型的回归结果显示，知识产权保护强度对行业出口技术复杂度的提升作用因行业知识属性的差异而有所不同。知识产权保护强度对技术密集型行业出口技术复杂度的提升作用要大于其对劳动和资本密集型行业出口技术复杂度的提升作用，即知识产权保护的影响效应呈现一定程度的行业差异性。其主要原因是不同行业的生产技术结构不同，技术密集型行业的研发强度更大，更注重知识技术的创新，对知识产权保护制度的变化更加敏感；而劳动密集型行业大多属于低附加值加工工业，对技术创新要求较低，因而知识产权保护对其影响较小。加入WTO以来，中国以专利制度为典型代表的知识产权保护制度不断完善，对工业制造业的研发创新活动起到较好的激励和促进作用，但实践过程中仍可见不少由于知识产权保护的执法力度较弱导致的侵权现象。因此，为更好地发挥知识产权保护制度对中国行业出口技术复杂度的提升作用，需进一步加强和完善知识产权保护执法措施。由于行业的异质性，各行业的实际保护程度应该与产业发展现状相结合，对于新兴行业、高技术密集型行业，需要较严格的知识产权保护；而对于资源密集型的基础产业和劳动力密集型产业，适度的知识产权保护是较优的选择，过于严格的知识产权保护会阻碍技术追随者进行模仿创新，使得技术创新者的创新动力也会随之降低，从而影响整个行业的技术进步。

采用第五章测算的2001—2017年中国30个省（市、区）制造行业的出口技术复杂度指数，运用系统GMM从全国层面和分区域角度实证考察了各省（市、区）知识产权保护强度对省级层面制造业出口技术复杂度的影响，得出如下结论：全国总体样本回归结果表明，各省（市、区）知识产权保护强度对制造业出口技术复杂度的提升作用显著且稳定。滞后一期的各省（市、区）制造业出口技术复杂度对当期影响的回归系数在1%的置信水平下显著为正，表明前一期的制造业企业出口行为对当期有连续影响，出口贸易行为具有一定的“惯性”。交互项的回归结果表明了知识产权保护强度对各地区制造业出口技术复杂度的影响途径。加强知识产权保护可以激励各省（市、区）制造业出口企业加大研发投入强度，扩大研发创新产出，通过进口贸易和高质量的外商直接投资的技术溢出效应促进各省（市、区）制造业企业开展技术研发和产品创新，进而提升制造业出口技术复杂度。分地区的回归结果表明，加强知识产权保护显著促进了东、中、西部地区制造业出口技术复杂度的提升。从具体回归系数值来看，东部地区知识产权保护强度对制造业出口技术复杂度的影响回归系数值大于中部地区的回归系数值，而中部地区知识产权保护强度的回归系数值又大于西部地区的回归系数值。这说明知识产权保护强度对各省（市、区）制造业出口技术复杂度的提升作用因各地经济发展特征不同而呈现一定的差异性。东部大部分省（市）地处沿海地区，较早实行对外开放政策，也较早开始吸收外商直接投资，承接发达国家制造业产业转移和参与全球分工，无论是地方政府还是当地企业，均较早树立了知识产权保护意识。中部地区总体发展较东部地区落后，尤其是对外开放程度较低，承接较多东部地区转移的劳动密集型制造业，较难形成良好的知识产权保护意识，因此知识产权保护强度对其制造业出口技术复杂度的提升作用有限。西部地区总体发展又较中部地区落后，在西部大开发战略背景下，虽然积极承接东部和中部地区的产业转移，但由于承接的大多是中低端产业，缺乏高新技术产业，知识产权保护意识较淡薄，因此知识产权保护强度对其制造业出口技术复杂度的提升作用也较小。

利用第五章测算的2000—2017年中国整体服务贸易出口技术复杂度，构造多元线性回归模型，运用普通最小二乘法分析知识产权保护强度、服务贸易开放程度、服务业外商直接投资、货物贸易出口能力、人力资本和网络基础设施对中国服务贸易出口技术复杂度的影响，得出如下结论：知识产权保护强度对总体服务贸易出口技术复杂度的影响回归系数为 0.036 8，且通过了 5% 的显著性检验，表明知识产权保护强度的提高显著提升了服务贸易出口技术复杂度，符合理论预期；服务贸易开放程度对总体服务贸易出口技术复杂度的影响回归系数为 0.022 4，且通过了 1% 的显著性检验，表明服务贸易开放程度的提高显著提升了我国服务贸易整体出口技术复杂度；服务业外商直接投资对总体服务贸易出口技术复杂度的影响回归系数为 0.284 6，且通过了 10% 的显著性检验，表明服务业外商直接投资的增加提升了我国服务贸易整体出口技术复杂度；货物贸易出口能力对总体服务贸易出口技术复杂度的影响回归系数为 0.398 5，且通过了 1% 的显著性检验，表明货物贸易出口能力的提高显著提升了我国服务贸易整体出口技术复杂度；网络基础设施对总体服务贸易出口技术复杂度的影响回归系数为 0.012 3，且通过了 5% 的显著性检验，表明网络基础设施的完善显著提升了我国服务贸易出口技术复杂度；人力资本对总体服务贸易出口技术复杂度的影响回归系数为 0.052 7，且通过了 5% 的显著性检验，表明人力资本水平的提高显著提升了我国服务贸易整体出口技术复杂度。

第八章　知识产权保护影响出口贸易比较优势的实证分析

自 WTO 签署《与贸易有关的知识产权》以来，知识产权保护制度对国际贸易的影响备受国内外学者的关注。包括中国在内的许多发展中国家都陆续实施和改革本国的知识产权保护制度，以适应新的贸易形势。随着中国传统出口比较优势的弱化，国内许多企业在知识产权保护制度的激励下逐渐从模仿创新转向技术创新，以寻找新的出口比较优势。那么知识产权保护制度的实施能否显著提升中国货物和服务贸易的出口比较优势呢？从制造业和服务行业层面探讨知识产权保护制度对中国出口比较优势的影响，具有重要的现实意义。

发展中国家如何通过发挥比较优势促进出口增长，进而带动经济发展，一直以来都是学者们感兴趣且广泛研究的问题。近年来一些学者开始从制度层面研究其对一国出口竞争力的影响，这些制度主要以相关的金融和法律制度为主。Schuler（2002）采用苏联的进出口数据研究行业对制度的依赖程度对其出口的影响，结果表明，高制度依赖程度的行业，其出口波动幅度远远大于低制度依赖程度行业的出口波动幅度。Acemoglu et al.（2007）的研究表明，高质量的制度有利于一国拥有制度比较优势，而低质量的制度难以形成制度比较优势。Matsuyama（2005）研究了一国金融制度对出口的影响，发现合理有效的金融制度有助于建立该国新的比较优势，新型出口贸易模式的形成有赖于新的比较优势。Munasib et al.（2014）利用 88 个国家 1988—2005 年金融改革相关数据实证分析了融资约束对一国出口的影响，结果表明，融资约束的改善能显著提升产业化产品的出口规模。

Feenstra et al.（2013）采用中国出口贸易数据分析制度质量对贸易模式的影响，研究发现，制度质量对重视合约执行力的加工贸易和外资企业的出口贸易模式有较大的作用效应。

目前直接研究知识产权保护制度和出口比较优势关系的文献较少，但相关研究可以厘清两者之间的关系，即知识产权保护可以激励出口企业开展技术创新，促进科技成果转化和知识的积累，进而提升相关产业的竞争力和比较优势。例如，齐俊妍 等（2015）运用中国各区域2002—2012年高新技术产业的出口数据研究发现，知识产权保护水平对各区域高新技术产品出口竞争力的影响效应显著。Glass et al.（2007）认为南方国家适当的知识产权保护可以促使北方国家的企业通过FDI进行技术溢出，从而提升南方国家企业的技术研发水平，进而获得相应的比较优势。Levchenko（2007）利用贸易引力模型分析知识产权保护对高技术产业和非燃料产业出口的影响，结果表明，知识产权保护强度的提高促进了非燃料产业的出口，而对高技术产业出口没有显著的影响。Feenstra et al.（2013）的研究表明，中国的制度质量对不同类型的加工出口贸易和外资企业出口有显著的影响，高质量的制度能够有效提升进口再加工贸易行业的出口竞争力。

第一节　知识产权保护影响货物贸易出口比较优势的实证分析

一、模型设定、变量选取与数据说明

已有文献研究知识产权保护对中国货物贸易出口比较优势及竞争力的影响时，更多的是关注高新技术产业，没有体现出行业异质性，缺乏系统的研究。鉴于此，本章在现有文献研究货物贸易比较优势的传统影响因素的基础上，纳入劳动力成本、研发投入及外生宏观冲击等因素，系统地考察知识产权保护制度对货物贸易出口比较优势的影响。

本节借鉴Feenstra et al.（2013）的思路来检验知识产权保护强度、人力资本、物质资本、劳动力成本等因素对中国工业行业出口比较优势的影响。国内外学者关于金融发展、环境规则、制度变革、产权质量等多个因素对中国货物贸易出口

比较优势的影响分析结果证实了金融发展、制度变革等与出口贸易比较优势存在倒U形关系，因此本节将知识产权保护与货物贸易出口比较优势的关系也假定为倒U形关系，通过实证分析进一步检验。计量模型设定如下：

$$RCA_{it} = \beta_0 + \beta_1 RCA_{i,t-1} + \beta_2 IIPR_{it} + \beta_3 IIPR^2 + \beta_4 HU_{it} + \beta_5 CA_{it} + \beta_6 LA_{it} + \beta_7 RD_{it} + \beta_8 SK_{it} + \varepsilon_{it} \tag{8.1}$$

式中，RCA_{it}表示当期工业行业显示性贸易比较优势水平；$RCA_{i,t-1}$为上一期的比较优势，式中加入此项主要是考虑到出口贸易行为是一个动态连续过程，前期的出口表现会对当期产生影响；$IIPR$表示行业知识产权保护强度；HU表示人力资本；CA表示物质资本；LA表示劳动力成本；RD表示研发投入；SK表示外生宏观冲击；下标i代表行业[①]；t为2001—2017年的各年份；ε为随机扰动项，服从独立分布。

各个变量的具体定义如下：

(1) 行业知识产权保护强度（$IIPR$）[②]。随着知识产权保护强度的不断加强，其对出口贸易的影响可能会出现先提高后降低的趋势，即两者可能存在非线性的关系，因此在模型中加入了知识产权保护强度的二次项，以检验知识产权保护强度与出口比较优势之间是否存在曲线特征关系。

(2) 人力资本（HU）。人力资本通常包括劳动者的知识技能水平、个人能力和工作经验等。一般认为企业的人力资本水平越高，劳动生产效率就越高，其在行业中的竞争力也就越强，预期该变量系数符号为正。对于人力资本的衡量，本节借鉴朱平芳 等（2006）的做法，采用科技人员占职工总数的比重表示人力资本。该变量数据来源于历年“中国科技统计年鉴”。

(3) 物质资本（CA）。Cole et al.（2005）的研究发现，物质资本强度与产业比较优势呈正相关关系。本节借鉴李小平 等（2012）的做法，用行业不变价资本存量与职工人数的比值表示物质资本强度。如果某行业的物质资本强度大，通常意味着该行业拥有更多的设施设备及更高的技术水平，因此可以预期该变量的系数符号为正。该变量数据来源于历年“中国工业经济统计年鉴”。

① 各行业划分标准及行业出口比较优势指数的数据来源于第五章。

② 各行业知识产权保护强度的数据来源于第四章。

（4）劳动力成本（*LA*）。一般认为行业劳动力成本高会削弱其竞争力，而劳动力成本低则有助于提高其比较优势，因此可以预期劳动力成本与产业比较优势可能呈负相关关系。本节采用行业在岗职工平均工资与工业总产值的比值来表示劳动力成本。各行业在岗职工人均工资数据来源于历年“中国劳动统计年鉴”，工业总产值数据来源于历年“中国工业经济统计年鉴”。

（5）研发投入（*RD*）。研发投入用各行业大中型工业企业每年的科技研发经费与该行业工业总产值的比值来衡量。各行业研发投入是影响创新的重要因素，研发直接推动行业知识资本的积累，从而进一步提高劳动生产率和技术水平，进而提高该行业的出口比较优势。因此，预期该变量系数符号为正。各行业研发经费内部支出的数据来源于历年“中国科技统计年鉴”。

（6）外生宏观冲击（*SK*）。中国出口行业曾遭受2008年全球金融危机的冲击，当时由于海外需求锐减，这些行业的出口量大幅减少，出口比较优势也面临不同程度的下降。本节设定该冲击为虚拟变量，2008年之前赋值为0，2008年及以后年份赋值为1。

表8.1为各变量的相关系数矩阵。经计算，平均方差膨胀因子（*VIF*）的值均远远小于10，表明没有严重的多重共线性问题。

表8.1　变量间的相关系数矩阵

变量	*RCA*	*IIPR*	*HU*	*CA*	*LA*	*RD*	*SK*
RCA	1.000 0						
IIPR	0.312 2	1.000 0					
HU	0.202 9	0.189 9	1.000 0				
CA	0.122 9	0.081 2	0.112 4	1.000 0			
LA	−0.089 6	0.009 3	−0.031 2	0.112 9	1.000 0		
RD	0.138 9	0.193 2	0.375 2	−0.298 7	0.099 3	1.000 0	
SK	−0.029 4	−0.016 5	−0.013 3	0.142 9	−0.165 3	−0.182 1	1.000 0

资料来源：由Stata 14.0软件分析数据所得。

二、实证检验与结果分析

由于模型设定中含有行业比较优势水平（因变量）的一阶滞后项，它与随机误差项不独立，因此采用简单的 OLS 方法进行估计，会使得参数估计出现非一致性。为了解决模型的内生性问题，获得无偏估计量，需要使用广义矩估计方法。广义矩估计方法分为差分 GMM 和系统 GMM。由于差分 GMM 需要较大的样本容量，通过一阶差分会造成部分样本信息的损失，导致估计结果出现有偏。因此，差分 GMM 在实证分析中用得不多。系统 GMM 是通过一阶差分方程和水平方程构成的方程组进行参数估计，解决了弱工具变量和有限样本偏差问题，因此其在动态面板模型参数估计中得到了广泛应用。

模型估计前首先进行平稳性检验。本节采用常用的 IPS 检验方法，利用 Z 统计量进行面板残差的平稳性检验。Z 统计量检验的原假设为存在单位根，为了相互验证，本节另给出了 B reitung t 检验统计量，具体见表 8.2。由表 8.2 的检验结果可知，在 1% 的显著性水平下，拒绝原假设，表明面板数据是平稳的。

实证检验中，Sargan 检验的原假设为总体矩条件是正确的，该检验主要用于判断是否存在过度识别约束。Hansen 检验的原假设为额外矩条件是有效的，该检验主要用于判断额外矩条件的有效性。AR(2) 检验的原假设为差分方程的残差项不存在序列相关，该检验主要用于判断差分方程的残差项是否存在二阶序列相关。

表8.2　面板单位根检验

检验方法	IPS 检验	B reitung t 检验
检验结果	−5.498 5	−5.517 3
P 值	0.000 01	0.000 02

资料来源：由 Stata 10.0 软件分析数据所得。

（一）总体样本回归结果

本节首先对核心解释变量行业知识产权保护强度及其平方项进行估计，结果见表 8.3 的第 (1) 列，然后逐步加入人力资本、物质资本、劳动力成本、研发投入和外生宏观冲击等控制变量。表 8.3 中的第 (2)、(3)、(4)、(5)、(6) 列列示了相应的估计结果。

表8.3　总体样本的回归结果

变量	(1)	(2)	(3)	(4)	(5)	(6)
L.RCA	0.470 9	0.451 3	0.432 6	0.418 6	0.402 3	0.385 1
	(3.925 1)***	(4.925 1)***	(3.973 1)***	(3.692 4)***	(3.285 6)***	(3.637 2)***
IIPR	0.111 4	0.108 2	0.097 4	0.071 2	0.051 9	0.045 6
	(3.352 3)***	(3.644 1)***	(3.200 2)***	(3.652 2)***	(3.405 3)***	(4.210 5)***
$IIPR^2$	−0.031 2	−0.029 4	−0.027 8	−0.026 1	−0.019 7	−0.008 9
	(−3.230 5)***	(−3.623 1)***	(−3.302 4)***	(−3.621 8)***	(−3.754 1)***	(−4.216 2)***
HU		0.010 3	0.009 9	0.007 3	0.006 2	0.005 2
		(2.195 4)**	(2.310 2)**	(2.201 8)**	(2.223 4)**	(2.340 7)**
CA			0.006 2	0.004 3	0.002 7	0.001 3
			(2.138 1)**	(1.889 3)*	(1.919 8)*	(2.201 4)**
LA				−0.029 6	−0.023 5	−0.019 9
				(−3.260 4)***	(−4.008 5)***	(−3.226 4)***
RD					0.010 3	0.009 6
					(2.294 3)**	(2.253 7)**
SK						−0.018 4
						(−3.253 3)***
AR(2)检验(*P*)	0.245 3	0.336 2	0.266 8	0.271 8	0.250 5	0.249 1
Sargan检验(*P*)	0.312 8	0.335 2	0.379 4	0.439 1	0.468 3	0.482 9
Hansen检验(*P*)	0.572 5	0.539 9	0.561 8	0.516 3	0.540 2	0.489 3
样本数	510	510	510	510	510	510

注：*L.RCA* 为滞后一阶的被解释变量；每个变量估计值下面的小括号中报告的是 *Z* 值；***、**、* 分别代表1%、5%、10% 的显著性水平；AR(2) 检验、Sargan 检验和 Hansen 检验给出的是检验统计量相应的 *P* 值。

表 8.3 中第 (1) 列至第 (6) 列的 AR(2) 检验、Sargan 检验和 Hansen 检验的统计量在 10% 的置信水平下都不显著，表明差分方程的残差项不存在二阶序列相关，模型估计中总体矩条件是正确的，额外矩条件是有效的。

从表 8.3 所列的参数估计结果来看，上一期的行业出口比较优势对当期的影响系数均为正值，且在 1% 的置信水平下显著。这表明行业出口比较优势的提高与上一期比较优势水平高度相关，行业出口比较优势保持一定的“惯性”。表 8.3 中第 (1) 列至第 (6) 列中知识产权保护强度指标 *IIPR* 的回归系数都在 1% 的置信水平下显著为正，说明行业知识产权保护强度的加强有助于中国制造业行业出口比较优势的提升，越是注重知识产权保护的行业，其出口比较优势也越高。第 (1) 列至第 (6) 列中 $IIPR^2$ 的系数符号均在 1% 的置信水平下显著为负，表明当知识产权保护强度超过一定水平时，行业出口比较优势会随着知识产权保护强度的加强而下降，说明显示性比较优势与知识产权保护强度呈现倒 U 形的关系。这一结论与 Hudson et al.（2013）的研究结论相似。若知识产权保护水平低或者不进行知识产权保护，那么没有创新能力的企业就可以免费利用现有企业的创新成果，导致有能力的企业不愿意进行研发创新。而严格的知识产权保护强度一方面能促使创新型企业获得更大的加价空间，另一方面约束企业进行模仿创新，限制其接触前沿知识技术。没有雄厚的资本和技术实力的企业，常常会陷入两难境地。不支付技术转让费用、自身又缺乏研发实力的企业只能通过非合理的途径获得新技术，甚至倾向于模仿或以低成本生产“山寨”产品，进而降低其比较优势。丁文君 等（2014）构建了扩展的南北贸易模型，并运用该模型研究发现，南方国家如果执行最严格的知识产权保护，不仅会削弱其竞争力，而且会减少社会的总体福利。因此，只有维持合理的知识产权保护水平，方能促使各方达到相对的平衡。

接下来看其他控制变量的参数估计结果。人力资本的系数值均为正，且都通过了 5% 以上的显著性检验，表明人力资本可以显著提高行业的出口比较优势。一般认为出口行业更需要掌握外语、具有商务沟通等技能的人员，因此较高的人力资本有助于提高行业竞争力和比较优势。物质资本的系数值均为正，且都通过了 10% 以上的显著性检验，意味着物质资本也能显著提高行业出口比较优势。通常认为物质资本雄厚的企业往往拥有较完善和先进的设施和设备，而这些物质资本都有一定的提升行业出口比较优势的作用。劳动力成本的系数在 1% 的置信水平下显著为负，表明行业劳动力成本的上升会削弱出口比较优势。鉴于中国劳动力密集型行业的出口所占比重较大，劳动力成本的上升对行业出口比较优势有明显的抑制作用。研发投入的系数值均为正，且都通过了5%的显著性检验，与理论预期相符。研发创新活动可以推动企业进行技术升级，从而提升其出口比较优势。外生宏观冲击的系数在1%的置信水平下显著为负，表明2008年全球金融危机给中国出口贸易带来不小的冲击，发达国家由于经济疲软导致消费需求下降，这对中国行业出口比较优势有较明显的消极影响。

(二)分行业回归结果

由于不同行业的要素禀赋不同，对知识产权保护的敏感度不同，因此可以预期知识产权保护强度对各工业制造行业出口比较优势的影响具有一定的差异性。表8.4是分行业的回归结果，AR(2)检验、Sargan检验和Hansen检验的结果表明系统GMM是有效的。

表8.4 分行业的回归结果

变量	劳动密集型行业	资本密集型行业	技术密集型行业
L.RCA	0.336 4(3.842 7)***	0.305 4(4.566 8)***	0.409 2(3.379 8)***
IIPR	0.001 2(1.891 3)*	0.002 8(2.112 5)**	0.034 6(3.655 1)***
$IIPR^2$	−0.000 8(−1.180 5)	−0.003 1(−4.263 3)***	−0.005 9(−3.520 6)***
HU	0.009 3(4.355 1)***	0.003 4(2.250 3)**	0.005 5(3.329 9)***
CA	0.001 4(4.085 5)***	0.002 7(3.825 4)***	0.002 2(2.112 7)**
LA	−0.033 2(−3.791 1)***	−0.019 5(−4.214 2)***	−0.007 3(−1.368 5)
RD	0.001 2(1.420 4)	0.007 5(2.124 5)**	0.029 9(3.793 8)***
SK	−0.020 2(−3.164 3)***	−0.025 1(−3.587 3)***	−0.003 8(−1.150 2)
AR(2)检验(*P*)	0.418 5	0.423 8	0.394 9
Sargan检验(*P*)	0.472 9	0.526 3	0.593 7
Hansen检验(*P*)	0.450 2	0.346 4	0.328 6
样本数	153	153	204

注：*L.RCA*为滞后一阶的被解释变量；每个变量估计值下面的小括号中报告的是*Z*值；***、**、*分别代表1%、5%、10%的显著性水平；AR(2)检验、Sargan检验和Hansen检验给出的是检验统计量相应的*P*值。

分行业回归结果显示，上一期出口比较优势的系数估计结果与总体样本估计结果相似，均在1%的置信水平下显著为正，表明劳动密集型行业、资本密集型行业和技术密集型行业均存在前一期出口比较优势的动态影响效应。行业知识产权保护强度（*IIPR*）对不同类型行业比较优势的影响不完全相同，其中对技术密集型行业的出口比较优势影响最大，而对劳动密集型行业的出口比较优势的影响最小。具体而言，行业知识产权保护强度对劳动密集型行业的贸易比较优势的影响系数为0.001 2，且在10%的置信水平下显著；而对技术密集型行业出口比较优势的影响系数为0.034 6，且在1%的置信水平下显著。这主要与行业对知识产权保护的依赖程度不同有关，劳动密集型行业大多属于简单加工制造业，技术含量低，对知识产权保护的要求不高，因此知识产权保护强度的提高对其比较优势的提升作用就不太明显。而技术密集型行业通常拥有较多的发明专利，依赖知识产权保护制度给予其发明专利严格有效的保护，进而促进行业的研发创新和相应的结构升级，因此知识产权保护强度对其比较优势的提升作用会非常显著。行业知识产权保护强度平方项的回归系数与*IIPR*的回归系数非常相似，该变量对资本和技术密集型行业的出口比较优势均在1%的置信水平下显著为负，表明随着知识产权保护强度由弱转强到一定的水平时，知识产权保护强度对资本和技术密集型行业的出口比较优势会产生倒U形的影响趋势。人力资本和物质资本的回归系数表明这两者对劳动密集型、资本密集型和技术密集型三类行业出口比较优势的提高都有促进作用。劳动密集型行业中研发投入变量的回归系数符号虽然为正，但是不显著，表明其对劳动密集型行业出口比较优势的影响不显著。这主要是由于劳动密集型行业的研发创新活动较少，简单重复的劳动居多，因此研发投入对其的提升作用不太显著。研发投入对资本和技术密集型行业出口比较优势的提升作用显著。外生宏观冲击，即金融危机对中国劳动力和资本密集型行业的贸易比较优势产生了消极影响，对技术密集型行业贸易比较优势的影响虽然为负，但是统计上不显著。这主要是因为计算机、通信行业等技术密集型行业受金融危机等外生冲击的影响较小。

三、稳健性检验

为考察模型估计结果是否存在变量选择偏误，本节也采用净出口指数（Net Export，NEX）来衡量行业出口比较优势，将其作为因变量引入式（8.1）中，进一步分析知识产权保护强度等因素对行业出口比较优势的影响。显示性比较优势指数只衡量了一国某行业出口产品相对于世界总出口的比较优势，而净出口指数同时考虑了进出口产品对比较优势的影响，其计算公式如下：

$$NEX_{it} = (X_{it} - M_{it}) / (X_{it} + M_{it}) \tag{8.2}$$

式中，X_{it} 和 M_{it} 分别是各个工业行业的出口额与进口额。NEX 取值范围在负 1 到正 1 之间。如果测算出来的 NEX 大于 0，则表示该类产品具有比较优势。如果测算出来的数值小于 0，则表示该类产品不具有比较优势。

表 8.5 报告了稳健性检验的估计结果，AR(2) 检验、Sargan 检验和 Hansen 检验 P 值均大于 0.1，表明不存在二阶序列相关，选取的工具变量是有效的，即系统 GMM 有效。

表8.5　稳健性检验的估计结果

变量	总体行业 (1)	劳动密集型行业 (2)	资本密集型行业 (3)	技术密集型行业 (4)
L.NEX	0.381 3	0.370 2	0.341 1	0.395 5
	(4.907 5)***	(3.647 8)***	(4.047 3)***	(5.645 3)***
IIPR	0.039 1	0.000 8	0.002 1	0.039 5
	(5.061 7)***	(1.168 3)	(3.856 3)***	(3.945 6)***
$IIPR^2$	−0.004 8	−0.000 5	−0.003 4	−0.005 6
	(−3.818 8)***	(−1.193 7)	(−5.405 4)***	(−3.958 7)***
HU	0.002 7	0.004 6	0.002 8	0.004 1
	(3.529 9)***	(3.998 1)***	(2.381 1)**	(3.896 7)***
CA	0.002 3	0.001 9	0.002 5	0.003 4
	(3.730 2)***	(2.150 8)**	(3.924 4)***	(3.629 5)***
LA	−0.011 9	−0.025 9	−0.022 4	−0.005 7
	(−3.848 5)***	(−4.283 2)***	(−3.658 3)***	(−1.193 4)

续表

变量	总体行业 (1)	劳动密集型行业 (2)	资本密集型行业 (3)	技术密集型行业 (4)
RD	0.011 2	0.001 3	0.004 7	0.028 4
	(2.330 9)**	(1.448 4)	(2.212 9)**	(4.003 8)***
SK	−0.020 9	−0.028 9	−0.011 6	−0.002 1
	(−3.457 9)***	(−3.776 4)***	(−3.861 4)***	(1.467 3)
AR(2) 检验 (*P*)	0.330 9	0.301 1	0.419 4	0.435 4
Sargan 检验 (*P*)	0.583 4	0.420 6	0.496 7	0.563 7
Hansen 检验 (*P*)	0.409 3	0.338 5	0.342 1	0.346 5
样本数	510	153	153	204

注：*L.NEX* 为滞后一阶的被解释变量；每个变量估计值下面的小括号中报告的是 *Z* 值；***、**、* 分别代表 1%、5%、10% 的显著性水平；AR(2) 检验、Sargan 检验和 Hansen 检验给出的是检验统计量相应的 *P* 值。

表 8.5 中第 (1) 列至第 (4) 列因变量 *NEX* 滞后项均在 1% 的置信水平下显著为正，表明上一期的净出口能显著影响当期的出口。总体行业的回归结果显示，中国行业出口比较优势受知识产权保护的影响系数为 0.039 1，且在 1% 的置信水平下显著；知识产权保护强度平方项对行业出口比较优势的影响在 1% 的置信水平下显著为负，这进一步证实了比较优势与知识产权保护强度呈现倒 U 形的关系。分类型行业的回归结果显示，知识产权保护强度对资本和技术密集型行业出口比较优势的影响在 1% 的置信水平下显著为正，对中国劳动密集型行业出口比较优势的影响仍然不显著。不管是对总体行业的回归还是对分行业的回归，知识产权保护强度平方项及各控制变量系数符号都与预期一致，且与表 8.4 中列出的回归结果也保持基本一致。采用两种不同衡量出口比较优势的指标进行估计的结果仅是估计系数大小的不同，两者的显著性是一致的，因此，可以在一定程度上证明本节估计结论的稳健性。

第二节　知识产权保护影响服务贸易出口比较优势的实证分析

进入21世纪以来，信息技术的进步推动了服务产业的发展，增强了服务的可贸易性。全球范围内以计算机信息服务为代表的高附加值新兴服务贸易所占比重呈逐年上升趋势，而运输和建筑等传统服务贸易所占比重则呈下降趋势。随着劳动力成本的上升，原先以廉价劳动力为基础的传统比较优势正逐渐被知识、技术、制度等要素禀赋所替代。已有文献研究表明，以契约制度、法律制度、产权制度、金融制度等为代表的制度的质量是一国新型出口比较优势的重要来源（Chor，2010；Costinot，2009）。契约执行力越高、法律规章制度越完善、产权制度越明晰的国家，往往其制度依赖程度越高的行业出口越多，进而产生相应的出口比较优势（Moser，2005；Levchenko，2007；Manova，2013）。相对于劳动力、资本等传统有形生产要素，作为无形生产要素的各种制度对服务贸易出口的影响同样不可忽视，尤其是对知识和技术密集型服务贸易出口竞争力的提升具有重要影响（邱斌等，2014；余长林，2016）。第五章测算了2001—2018年中国服务贸易出口比较优势，趋势图表明在样本期间，中国整体服务贸易出口比较优势呈小幅波动趋势。那么，中国服务贸易出口比较优势的变化受哪些因素影响？中国知识产权保护强度的增加对服务贸易出口比较优势有何影响？

一、计量模型构建与数据说明

为检验知识产权保护强度对中国服务贸易出口比较优势的影响，参照已有对服务贸易出口比较优势影响因素的研究，本节综合张自然（2011）、胡超 等（2011）、许和连 等（2015）、余长林（2016）、费娇艳（2018）的研究思路，设定如下多元线性回归模型：

$$RCA_t = \beta_0 + \beta_1 IPR_t + \beta_2 LAB_t + \beta_3 EDU + \beta_4 \ln SFDI + \beta_5 OPEN + \beta_6 FUN + \varepsilon_t \quad (8.3)$$

式中，t 为2001—2017年的各年份；β_0 为常数项向量；β_1 至 β_6 为各系数向量；ε 为

随机扰动项。

各变量的具体描述和数据说明如下所示：

（1）被解释变量*RCA*表示中国服务贸易出口比较优势。该变量数据来源于第五章测算的国家层面服务贸易出口比较优势指数值。

（2）解释变量知识产权保护强度（*IPR*）：已有文献研究表明，良好的制度质量可以成为影响一国（地区）出口比较优势的无形生产要素。知识产权保护是影响一国服务贸易出口的重要制度安排。较完善的知识产权保护制度可以通过降低交易双方的磋商成本，提高契约的执行效率（Levchenko，2013）。知识产权保护制度的创新降低了国际服务贸易的法律壁垒，扩大了全球服务贸易的规模（罗立彬 等，2019）。对于服务生产和出口企业来说，知识产权保护制度的改善有利于促进服务产品的研发创新，提升服务出口质量，进而影响整个服务行业的出口比较优势。该变量数据来源于前文第四章测算的中国知识产权保护强度。

（3）解释变量服务业劳动力数量（*LAB*）：劳动力作为各行业必要的生产投入要素，在三大传统服务部门（运输、旅行、建筑服务）的要素投入中一直占据着重要的地位。劳动力成本是影响劳动力密集型服务业竞争力的重要因素之一（尹翔硕 等，2005）。如果一国拥有丰富的劳动力资源，大量低成本劳动力要素投入到劳动力密集型服务业，则该行业更易获得规模经济效应，使得服务供给成本低于世界平均成本，进而在服务出口价格方面拥有较强的竞争力。因此，对于劳动力密集型服务业占主导地位的国家或地区，丰富的劳动力资源将成为影响其服务出口比较优势的重要因素。本节以第三产业就业人数占总就业人数的比重来衡量我国服务业劳动力投入数量。该变量原始数据来源于历年“中国统计年鉴”。

（4）解释变量劳动力受教育程度（*EDU*）：由于服务的提供是一个过程，服务不是一个有形的产品，因此，同一服务供给者在不同的时间和地点提供的服务也可能存在品质差异。服务提供者所掌握的知识和技能直接影响每次服务供给的质量（王晓先，2010）。从某种意义上可以说，服务业人力资本质量的不同是形成差异化服务产品的重要因素之一。与物质资本的折旧和损耗不同，服务业人力资本具有显著的累积递增特征（李杏 等，2018）。理论上，受教育年限较长的服务提供者由于有较好的知识和技能积累，往往能提供较稳定的高品质服务。随着服务次数的增加，服务提供者积累的经验会更丰富，进而能提高服务核心竞争力和服务创新性。而受教育年限较短的服务供给者由于积累的知识和技能较少，倾向于提供品质不那么稳定的服务产品。因此，一国总体人力资本水平会影响服务业供给的质量，进而影响一国服务出口比较优势。借鉴贺卫 等（2005）和代中强 等（2015）的研究，本节以6岁以上人口平均受教育年限来衡量我国劳动力的受教育程度。根据已有文献的计算方法，小学教育程度计6年，初中教育程度计9年，高中教育程度计12年，大专及以上教育程度计16年。将每种受教育程度的居民占一国（地区）6岁及以上人口的比重与相应的受教育年限相乘，加总得到该国（地区）的劳动力受教育水平。该变量原始数据来源于历年"中国统计年鉴""中国人口统计年鉴""中国人口和就业统计年鉴"①。

（5）解释变量服务业外商直接投资（*SFDI*）：已有文献研究表明，服务业外商直接投资对东道国服务业经济增长的影响路径主要包括技术外溢效应、资本积累效应、贸易效应及就业效应，且由于不同服务行业的异质性及利用外商直接投资的非均衡性，服务业吸收外商直接投资带来的经济增长效应呈现明显的差异性（仲伟周 等，2018）。随着全球服务外包和发达国家跨国服务企业国际投资的增加，发展中国家承接离岸服务外包的数量和种类也在不断增加。通过承接国际服务外包，发展中国家的服务产业获得了向高端产业链延伸的机会，提高了服务出口企业学习和吸收先进技术的效率，进一步增强了服务产业的出口比较优势（王晓红，2008；Fernandes，2009；李伟庆 等，2015）。随着东道国服务业发展水平的提高，吸收外商直接投资的服务业类型逐渐由低成本劳动力密集型服务业向知识密集型服务业扩张。吸收高质量的外商直接投资，可以在一定程度上扩充投入资本、增加研发创新和获取专业分工收益，进而影响服务业出口比较优势。本节以服务业实际利用外资额的年增长率来衡量服务业外商直接投资情况。该变量原始数据来源于历年"中国统计年鉴"。

① 2006年之前的数据来源于"中国人口统计年鉴"，2007年开始的数据来源于"中国人口和就业统计年鉴"。

（6）服务贸易开放程度（*OPEN*）：随着全球服务业价值链分工的深化，发展中国家不断加大服务贸易开放的程度。一国服务贸易开放程度的提高，不仅有利于增加服务进口，而且有利于服务技术扩散和降低服务业技术跨国转移的成本。服务进口扩张对国内相关服务行业构成一定的竞争威胁，促使国内服务行业不断改进服务质量和提升服务效率，增强比较优势。服务业技术跨国转移成本的下降增加了国内服务出口企业学习先进技术的便捷性，提高了服务技术创新研发的效率（Sirari et al.，2011）。因此，在经济全球化的背景下，服务贸易对外开放程度的扩大有利于促进一国服务业生产和供给的国际化，通过参与全球价值链分工获得技术外溢效应，提升服务业生产要素的相对优势，进而增强出口比较优势。本节以我国每年服务贸易进出口总额与国内生产总值的比值来衡量贸易对外开放程度。该变量原始数据来源于历年“中国统计年鉴”。

（7）网络基础设施（*FUN*）：随着以云计算和物联网为代表的新一代信息通信技术（Information Communication Technology，ICT）的发展，数字化服务贸易的市场需求不断增强。在信息网络技术快速发展的时代背景下，服务行业与互联网技术的紧密结合衍生出了众多新的服务业态，增强了服务产品的可贸易性。已有文献研究表明，随着一国的网络基础设施不断完善，ICT 的应用范围逐渐扩大，该国承接离岸服务外包的国际竞争力也得到有效提升，网络信息技术的发展正逐渐成为影响承接离岸服务外包比较优势的重要因素之一（魏方 等，2019）。网络基础设施越发达的国家或地区，其信息技术的推广和普及率往往也较高，越有利于新服务业态的发展和服务供给质量的提升。因此，可以预期作为服务业生产和供给的重要基础设施之一的互联网将对服务贸易出口比较优势产生一定的影响。本节以我国各年互联网普及率来衡量网络基础设施。该变量原始数据来源于历年“中国统计年鉴”。

本节以各变量 2001—2017 年的数据集作为研究样本。表 8.6 是相关系数矩阵。经计算，平均方差膨胀因子（*VIF*）的值小于 10，表明回归模型中各变量没有严重的多重共线性问题。

表8.6 变量间相关系数矩阵

变量	*RCA*	*IPR*	*LAB*	*EDU*	*lnSFDI*	*OPEN*	*FUN*
RCA	1.000 0						
IPR	0.132 9	1.000 0					
LAB	0.421 1	0.146 5	1.000 0				
EDU	0.395 8	0.108 7	0.263 3	1.000 0			
lnSFDI	0.220 9	0.201 4	0.139 5	0.203 2	1.000 0		
OPEN	0.262 5	0.216 9	0.187 9	0.273 4	0.468 4	1.000 0	
FUN	0.303 6	0.221 5	0.199 7	0.103 6	0.308 2	0.324 8	1.000 0

资料来源：由 Eviews 7.0 软件分析数据所得。

二、实证检验及结果分析

(一) 变量的协整检验

对非平稳时间序列的变量进行直接回归分析，有可能会出现“伪回归”，因此对时间序列模型进行回归分析前需要做平稳性的检验。借鉴已有实证分析，本章首先采用常见的 ADF 方法对各序列进行单位根检验，检验结果如表 8.7 所示。

表8.7 各变量的 ADF 单位根检验结果

变量	检验类型（*c,t,n*）	ADF 统计量	临界值	单位根	结论
RCA	（*c,t*,0）	1.956 4	$-2.630\ 5^{*}$	存在单位根	非平稳
Δ*RCA*	（*c,t*,1）	−6.103 6	$-4.252\ 6^{***}$	不存在单位根	平稳
IPR	（*c*,0,0）	−4.429 8	$-3.625\ 1^{***}$	不存在单位根	平稳
LAB	（*c*,0,0）	1.897 8	$-2.625\ 6^{*}$	存在单位根	非平稳
Δ*LAB*	（*c*,0,0）	−5.438 2	$-3.645\ 6^{***}$	不存在单位根	平稳
EDU	（*c,t*,0）	−3.583 2	$-3.456\ 9^{**}$	不存在单位根	平稳
lnSFDI	（*c,t*,0）	−7.219 5	$-4.225\ 3^{***}$	不存在单位根	平稳
OPEN	（*c*,0,0）	1.898 8	$-2.610\ 2^{*}$	存在单位根	平稳
Δ*OPEN*	（*c*,0,0）	−4.893 9	$-2.621\ 9^{***}$	不存在单位根	平稳

续表

变量	检验类型（c,t,n）	ADF 统计量	临界值	单位根	结论
FUN	（$c,t,0$）	−1.936 8	$-3.270\ 3^{*}$	存在单位根	非平稳
ΔFUN	（$c,t,1$）	−5.080 9	$-4.296\ 5^{***}$	不存在单位根	平稳

注：检验类型中的（c,t,n）分别表示截距项、趋势项和滞后阶数；Δ表示一阶差分；***、**、* 分别表示在1%、5%、10% 的显著性水平下显著。

资料来源：由 Eviews 7.0 软件分析数据所得。

由表 8.7 可知，被解释变量服务出口比较优势在 1% 的显著水平下一阶单整，解释变量中的知识产权保护强度和服务业外商直接投资均在 1% 的显著性水平下平稳，劳动力受教育程度在 5% 的显著性水平下平稳，其余的解释变量服务业劳动力投入数量、服务贸易开放程度和网络基础设施均在 1% 的显著性水平下一阶单整。各变量的 ADF 单位根检验结果表明该组变量符合进行多变量协整检验的条件。接下来采用多变量模型下的 Johansen 极大似然法进行协整检验，各变量特征值和 Trace 统计量的检验结果见表 8.8。

表8.8　Johansen 多变量协整检验结果

原假设	特征值	Trace 统计量	5% 临界值
没有协整向量 **	0.962 89	121.121 33	69.233 68
至少有一个协整向量 **	0.882 23	68.748 29	47.235 75
至少有两个协整向量	0.690 56	28.365 71	32.897 59

注：** 表示在5% 的显著性水平下拒绝原假设。

由表 8.8 的协整检验结果可知，方程变量存在一个协整变量，各变量间存在长期均衡的协整关系，因此采用时间序列样本数据对模型进行回归分析是有意义的。

(二) 实证结果分析

本节使用普通最小二乘法对上述多元线性回归模型即式（8.3）进行分析。表 8.9 是全样本回归结果。

表8.9 全样本回归结果

解释变量	系数	t 值	显著性水平
Constants	11.521 3	9.839 6	1%
IPR	0.104 5	1.356 9	未通过显著性检验
LAB	0.086 2	5.113 1	1%
EDU	0.068 3	3.738 4	1%
lnSFDI	0.263 7	1.946 2	10%
OPEN	0.022 6	2.398 8	5%
FUN	0.013 4	2.463 3	5%
调整后的判定系数 $\overline{R}^2$	0.718 9	F 的 P 值	0.000 11

资料来源：由 Eviews 7.0 软件分析数据所得。

从表 8.9 的回归结果可知，除了知识产权保护强度的回归系数未通过 10% 以内的显著性检验，其余的解释变量的回归系数均通过了显著性检验。具体来看各个解释变量的回归系数。知识产权保护强度对总体服务贸易出口比较优势的影响回归系数为 0.104 5，但未通过显著性检验，表明我国知识产权保护强度的提高对服务贸易出口比较优势的影响作用不显著。笔者分析主要的原因在于：知识产权保护强度能否促进服务贸易出口比较优势的提升主要取决于两个方面，一方面，具有出口比较优势的服务部门对知识产权保护依赖程度是否高，另一方面，知识产权保护依赖程度高的服务行业的知识产权保护强度是否足够大。样本期间的中国服务贸易部门中具有出口比较优势的是运输服务、旅行服务、建筑服务、其他商业服务和计算机与信息服务部门。除了计算机与信息服务，其余的服务部门大多属于劳动力和资源密集型服务业，对知识产权保护的依赖程度和敏感性均较低。而通信服务、金融服务、保险服务、知识产权使用服务等知识和技术密集型服务部门对知识产权保护的依赖程度较高，这些服务部门在样本期间大多具有比较劣势，国际竞争力较弱，对著作权、版权、商业秘密等服务贸易中的知识产权保护重视程度不够。以承接计算机软件服务外包为例，中国在服务贸易知识产权制度和环境保护方面的建设和维护，与印度的差距仍然较大。虽然我国的计算机与信息服务出口具有一定的比较优势，但是总体竞争力还是落后于印度。相对于货物贸易，我国服务贸易领域的知识产权法律法规的重视程度还较低。因此，不够完善的知识产权保护制度难以促进服务贸易出口比较优势的提升。

服务业劳动力数量对总体服务贸易出口比较优势的影响回归系数为 0.086 2，且通过了 1% 的显著性检验，表明服务业劳动力投入数量的增加显著提升了我国服务贸易整体的出口比较优势。虽然我国服务贸易总体出口具有比较劣势，但是运输、旅行、建筑、其他商业服务等以劳动和资源密集型为主的服务业出口则拥有一定的比较优势。随着国内产业结构的优化和升级，第三产业产值占国内生产总值的比重逐渐增加，第三产业就业人员占比从 2000 年的 27.5% 上升到 2018 年的 46.32%①。中国拥有丰富的劳动力资源，大量农村剩余劳动力向以服务业为主的第三产业转移，不仅降低了服务业劳动力要素的投入成本，而且形成了一定的规模经济，降低了劳动密集型服务业的出口成本，增强了国际竞争力，进而提升了服务出口比较优势。

劳动力受教育程度对总体服务贸易出口比较优势的影响回归系数为 0.068 3，且通过了 1% 的显著性检验，表明劳动力受教育程度的提高显著提升了我国服务贸易整体出口比较优势。21 世纪以来，随着义务教育的普及以及中等职业技术教育和高等教育招生规模的扩大，我国劳动力整体受教育程度得到较大幅度的提高。服务业的快速发展吸纳了大量劳动力就业，而拥有良好知识储备和掌握熟练技能的高素质劳动力有效保障了服务供给质量。由于服务业人力资本具有累积递增的特征，我国大量受过高等职业技术教育和技能培训的劳动力资源成为促进服务贸易出口的重要生产要素，较高水平的人力资本在保障服务出口产品的质量方面更有优势。因此，随着国内劳动力受教育程度的不断提高，服务出口行业整体人力资本水平也得到了有效提升，从而加强了我国服务出口的比较优势。

服务业外商直接投资对总体服务贸易出口比较优势的影响回归系数为 0.263 7，且通过了 10% 的显著性检验，表明服务业外商直接投资的增加提升了我国服务贸

① 根据历年“中国统计年鉴”中三次产业就业人数计算得到。

易整体的出口比较优势。进入21世纪以来，我国招商引资领域改革不断深化，从给予外资优惠政策、保护外资合法权益、简化外资审批流程等多方面优化投资环境。联合国贸易和发展组织发布的2018年《全球投资趋势监测报告》显示，在全球外商直接投资持续下滑的背景下，中国仍然保持全球第二大外商直接投资流入国的地位。随着国内服务业发展水平的不断提高，中国在运输、金融、旅行、管理咨询、法律等服务行业吸引的外商直接投资也呈逐渐增长趋势。国内服务生产和出口企业通过加强与外商直接投资服务企业的合作和交流，有利于学习先进的服务知识和技能，进而不断完善服务经营理念和改进服务供给质量。此外，2010年以来，在全球服务外包市场竞争激烈程度加剧的背景下，为更好地承接离岸服务外包，国内服务生产企业会更加重视服务产品的国际竞争力的提升。在与优质外资长期合作的过程中，国内服务生产和出口的比较优势得到了明显的提升。

服务贸易开放程度对总体服务贸易出口比较优势的影响回归系数为0.022 6，且通过了5%的显著性检验，表明服务贸易开放程度的提高显著提升了我国服务贸易整体的出口比较优势。加入世界贸易组织以来，中国持续扩大对外开放，不断推进市场化、法治化和国际化营商环境的建设。“一带一路”倡议实施以来，在保持与美、日、欧等传统服务贸易伙伴合作的背景下，我国与“一带一路”沿线国家和地区的服务贸易往来逐渐增多。2017年《中国服务贸易发展报告》显示，2012—2016年间，中国与“一带一路”沿线国家和地区的服务贸易进出口总额持续增长。服务贸易对外开放程度的加深为中国服务贸易出口和转型升级提供了更多、更广阔的市场空间。通过参与开放、专业和高效的服务贸易分工体系，中国国内服务出口企业增加了学习和借鉴先进服务管理经验的机会，从而更有效地提高了服务竞争力，进一步扩大了服务出口比较优势。

网络基础设施对总体服务贸易出口比较优势的影响回归系数为0.013 4，且通过了5%的显著性检验，表明网络基础设施的完善显著提升了我国服务贸易出口的比较优势。进入21世纪以来，随着互联网和现代信息技术的发展，通信、教育、金融等知识和技术密集型服务业与互联网产业的融合程度不断加深。自2012年工业和信息化部发布《宽带网络基础设施“十二五”规划》以来，我国不断加大信息网络基础设施建设投资，推动新一代信息技术与实体经济深度融合，促进各类型服务产业的智能化和数字化转型升级。互联网信息技术的进步衍生出了多样化的服务需求，改变了传统服务贸易的供给模式，提高了服务产品的供给效率。因此，随着信息网络基础设施的不断完善，我国互联网与服务业的融合不断加速，有效延伸了服务价值链，服务生产和出口的比较优势得到了明显提升。

本章小结

本章基于中国货物贸易和服务贸易出口比较优势的测算数据，实证考察了知识产权保护强度对中国货物和服务贸易出口比较优势的影响。

结合第五章测算的2001—2017年中国国民经济30个工业制造行业的出口比较优势RCA指数，运用有限样本下的GMM，分总体行业和分类型行业实证考察了行业知识产权保护强度对行业出口比较优势的影响，得出如下结论：

（1）总体样本的回归结果表明，行业知识产权保护强度的加强有助于中国制造业行业出口比较优势的提升，注重知识产权保护的行业，其出口比较优势也能相应地提高。贸易比较优势存在显著的动态效应，即前期比较优势水平对当期的出口比较优势有显著的影响。知识产权保护强度对出口贸易比较优势的影响效果呈现先增后减的倒U形发展趋势，说明知识产权保护强度对行业出口比较优势的影响存在一定的约束或界限。当知识产权保护强度超过这个界限之后，其有减弱行业比较优势的作用效应。这意味着对于当前的中国经济发展来说，并不是越高或越严格的知识产权保护水平就越能促进工业行业比较优势的提升，只有适当的、合理的知识产权保护强度才能提升行业出口比较优势。

（2）分类型行业的回归结果显示，行业知识产权保护强度对不同类型行业出口比较优势的影响存在显著差异。知识产权保护强度对中国劳动密集型行业出口比较优势的影响不显著，对资本和技术密集型行业出口比较优势的影响显著。这主要与行业对知识产权保护的依赖程度不同有关，多数劳动密集型行业技术含量低，对知识产权保护的要求不高，因此知识产权保护强度的提高对其比较优势的提升作用就不太明显。而技术密集型行业通常拥有较多的发明专利，依赖知识产权保护制度给予其发明专利严格有效的保护，因此知识产权保护强度对其比较优势的提升作用会非常显著。

（3）人力资本、物质资本和研发投入都可以不同程度地提高企业的技术水平，进而提高劳动生产效率，因此可以提升出口比较优势。工人工资的上涨会提高企业的劳动力成本，压缩其利润空间，进而会削弱行业出口比较优势。这在劳动密集型行业更加明显。

（4）研究结论对中国工业行业的发展有重要的启示。在我国劳动力工资不断上升，传统的劳动力优势相对于其他发展中国家逐渐减弱的情况下，劳动力要素禀赋难以为加速中国对外贸易的发展提供源源不断的动力支持。随着国内法律制度环境的不断改善，"制度红利"对经济社会发展的推动作用逐渐凸显出来，为形成新的出口比较优势创造了良好的外部环境。此外，由于劳动密集型行业更容易受外在冲击的影响，因此出口企业需要重新审视当前的国际贸易环境，制定提升出口产品竞争力和比较优势的有效发展战略。

利用第五章测算的2001—2017年中国整体服务贸易出口比较优势RCA指数，构造多元线性回归模型，运用普通最小二乘法分析知识产权保护强度、服务业劳动力数量、劳动力受教育程度、服务贸易开放程度、服务业外商直接投资和网络基础设施对中国整体服务贸易出口比较优势的影响，得出如下结论：知识产权保护强度对总体服务贸易出口比较优势的影响回归系数为0.1045，但未通过显著性检验，表明我国知识产权保护强度的提高对服务贸易出口比较优势的影响作用不显著。笔者分析，主要的原因在于样本期间的中国具有出口比较优势的服务部门中除了计算机与信息服务，其余的服务部门大多属于劳动和资源密集型服务业，对知识产权保护的依赖程度和敏感性均较低。而知识产权保护依赖程度较高的通信、金融、保险等知识和技术密集型服务部门在样本期间大多具有比较劣势，对著作权、版权、商业秘密等服务贸易中的知识产权保护重视程度不够。因此，不够完善的知识产权保护制度难以促进服务贸易出口比较优势的提升。服务业劳动力数量对总体服务贸易出口比较优势的影响回归系数为0.086 2，且通过了1%的显著性检验，表明服务业劳动力投入数量的增加显著提升了我国服务贸易整体的出口比较优势。劳动力受教育程度对总体服务贸易出口比较优势的影响回归系数为0.068 3，且通过了1%的显著性检验，表明劳动力受教育程度的提高显著提升了我国服务贸易整体的出口比较优势。服务业外商直接投资对总体服务贸易出口比较优势的影响回归系数为0.263 7，且通过了10%的显著性检验，表明服务业外商直接投资的增加提升了我国服务贸易整体的出口比较优势。服务贸易开放程度对总体服务贸易出口比较优势的影响回归系数为0.022 6，且通过了5%的显著性检验，表明服务贸易开放程度的提高显著提升了我国服务贸易整体的出口比较优势。网络基础设施对总体服务贸易出口比较优势的影响回归系数为0.013 4，且通过了5%的显著性检验，表明网络基础设施的完善显著提升了我国服务贸易整体的出口比较优势。

第九章　结论与政策建议

第一节　主要研究结论

知识产权保护是激励国内技术创新和促进经济增长的重要制度安排。各国为适应《与贸易有关的知识产权协议》的要求，不断完善本国的知识产权保护制度。立足于中国实际，研究知识产权保护对中国货物和服务贸易出口的影响具有重要的现实意义。本书首先结合外部性理论、交易费用理论、产品生命周期理论、技术差距理论、比较优势及竞争优势理论，深入分析了知识产权保护制度对货物和服务贸易出口的影响机理，在对中国知识产权保护水平和对外贸易予以现实描述的基础上进行了相应的实证检验，得出如下主要结论：

（1）理论研究表明，由于知识产品存在正的外部性，知识技术创造者的私人报酬小于社会收益，因此需要赋予知识产品创造者明确的私人专有权，给予其恰当的产权保护，才能有效地激励其生产创造出满足社会需求的合意数量的产品。随着国际贸易内容的丰富，知识产权已经成为国际贸易中一种重要的要素形式。为适应知识经济时代的发展要求，中国出口企业应认清自身具有的现实的比较优势和潜在的比较优势。经济发展水平的提高引致工人的工资上升，传统的廉价劳动力带来的比较优势在逐步地被削弱。随着科技进步的加速，高新技术产品的生产和出口比重逐渐增加，而这类产品的知识产权含量较高。国际出口市场的激烈竞争促使中国的出口企业为谋求国际市场的一席之地，不得不重新发掘乃至创造出新的比较优势。对于发展中国家，借鉴发达国家较完善的知识产权保护制度，既有助于本国与知识产权保护相关的法律法规的建立和健全，也可以通过对发达国家知识产权保护制度的学习了解到最新最前沿的科学技术。总体上看，一国加强知识产权保护，会通过其对个人和企业的激励机制，促进研发创新活动的开展，进而提升一国或地区的产品的技术含量，从而提高该国的出口竞争力。发展中国家的模仿强度、研发创新投入、贸易结构调整等都会受到知识产权保护强度的影响。

(2) 总体而言，中国货物和服务贸易出口结构不断优化，出口技术复杂度和出口比较优势呈上升趋势。货物贸易方面，从初级产品和低端工业制成品占主导的出口产品结构，逐步转为以中高端知识技术密集型产品占主导的产品结构。出口产品实现了从低技术复杂度向中等略偏高技术复杂度的动态演进。出口技术复杂度的测算结果表明，中国工业制造业各行业的出口技术复杂度都有所提升，但提升的程度不同。劳动和资本密集型行业的出口技术复杂度虽然增长幅度较大，但每个时期都低于总体行业的出口技术复杂度值；技术密集型行业的出口技术复杂度虽然保持领先优势，但上升速度较缓慢。从全球产业价值链角度来看，中国更多的是仅仅参与了其中较为简单的劳动密集型的分工环节，许多技术密集型行业由中国制造业承担的仍然是加工组装业务，在一定程度上抑制了出口技术复杂度的提升。分区域层面的测算结果显示，东、中、西部各地区在样本期间的制造业出口技术复杂度呈逐渐递减趋势，这与各地区总体经济发展水平和对外开放程度基本相符。中国工业行业出口比较优势的测算结果表明，样本期间的中国工业行业总体 RCA 指数大于 1，基本具有中等出口比较优势，分类型的工业行业比较优势呈现较大的差异性。劳动密集型行业一直都具有较强的比较优势，但呈下降趋势；资本密集型行业大多具有比较劣势，而且有加深的趋势；技术密集型行业逐渐从具有比较劣势向具有比较优势转变，且呈明显的改善趋势。大多数行业受 2008 年全球金融危机的影响，尤其是劳动密集型和资本密集型行业的出口比较优势下降幅度较大，而技术密集型行业的出口比较优势下降幅度明显要小于前两者。在服务贸易方面，中国传统服务贸易部门中，运输服务出口所占比重总体呈下降趋势，旅行服务出口所占比重在近五年有上升趋势，建筑服务出口基本保持缓慢上升趋势；保险、金融、知识产权使用费、电信、计算机和信息服务等现代新兴服务贸易部门出口所占比重总体呈上升趋势。这表明我国服务贸易出口结构正在朝更加合理和优化的方向发展。服务贸易出口技术复杂度的测算结果显示，在样本期间，中国各年整体服务贸易的出口技术复杂度均低于总体平均值，表明中国服务贸易出口技术含量低于世界总体平均水平，但是中国服务贸易的出口技术复杂度与世界总体平均值的差距呈逐渐缩小的趋势。这主要得益于持续增长的中国经济和快速发展的现代服务业。服务贸易出口比较优势 RCA 指数的测算结果表明，2001—2018 年中国服务贸易总体出口 RCA 指数基本在 0.4~0.8 之间，且各年服务贸易出口 RCA 指数均小于发达经济体，与发达经济体各年平均值有较大差距，表明中国总体服务贸易出口具有比较劣势。按照日本贸易振兴机构提出的比较优势判断标准，分部门的 RCA 指数测算结果表明，运输服务、旅行服务、计算机与信息服务部门在样本期间保持中等的比较优势，建筑服务和其他商业服务部门在样本期间具有较强的比较优势，其余的服务贸易部门在样本期间均具有比较劣势。

（3）对 Ginarte-Park 等已有学者的方法进行修正，测算了 1996—2017 年中国知识产权保护的立法强度、执法力度和知识产权保护强度指数，计算结果显示，中国知识产权保护的立法强度和执法强度都呈上升趋势，说明中国知识产权保护强度在不断加大。中国的知识产权保护立法强度已基本达到发达国家的水平，但中国的知识产权保护强度受执法力度不足的影响较大。这也是中国入世以来频繁遭遇贸易摩擦的一个重要原因。行业知识产权保护强度的测算结果表明，化学原料及其制品制造业、医药制造业、电气机械器材制造业、仪器仪表及文化办公用机械制造业、电子通信设备制造业等技术密集型行业的知识产权保护强度明显高于资本和劳动密集型行业。地区知识产权保护强度测算结果表明，2001—2017 年中国各地区的知识产权保护强度总体呈增强态势，但个体之间的差异明显，东部沿海省份的知识产权保护强度都高于西部内陆省份的知识产权保护强度。

（4）基于中国货物贸易和服务贸易出口数据，实证考察了知识产权保护强度对中国货物和服务贸易出口二元边际的影响。知识产权保护对中国货物贸易出口二元边际影响的计量分析结果表明，知识产权保护强度的增强对中国总体出口贸易边际的影响显著为正，而且知识产权保护强度的增强主要是影响出口贸易集约边际，对扩展边际的影响要小得多。分行业而言，加强知识产权保护总体上显著增加了中低技术行业和高技术行业的出口贸易边际，尤其是高技术行业对知识产权保护强度的敏感度最强；相反，知识产权保护强度的增强对初级产品和劳动资源密集型行业的出口贸易扩展边际的影响却显著为负，对出口贸易集约边际的影响系数虽然为正，但未通过显著性检验。分国别而言，知识产权保护的增强对中国初级产品和劳动资源密集型行业出口发达国家的贸易扩展边际的影响显著为负，而集约边际的影响却不显著；对中国出口发展中国家的贸易扩展边际和集约边际在统计上均不显著。此外，知识产权保护对中国中低技术行业和高技术行业出口发达国家的贸易边际的影响远大于同类行业出口发展中国家贸易边际的影响。知识产权保护强度对服务贸易出口二元边际影响的回归结果表明，加强知识产权保护既有利于扩展服务贸易出口细分项的种类，也有助于集约边际的增长，且加强知识产权保护对集约边际增长的促进作用要大于对扩展边际的促进作用。分部门回归结果表明，知识产权保护强度的提高显著加深了现代服务贸易出口细分项的多元化程度，但是并没有显著影响传统服务贸易出口的扩展边际。可能的解释是相对于传统服务行业，电信、计算机和信息、保险、金融等现代服务行业往往涉及较多的知识、专利、版权等要素，因此加强知识产权保护有助于激励现代服务业企业进行服务产品创新，提升服务质量，以满足国内外消费者多样化的服务需求。知识产权保护强度对传统和现代服务贸易出口集约边际的影响均显著为正，表明加强知识产权保护，可以减少贸易壁垒和贸易摩擦，促进服务贸易整体出口集约边际的增长。

（5）基于中国货物贸易和服务贸易出口技术复杂度的测算数据，实证考察了知识产权保护强度对中国货物和服务贸易出口技术复杂度的影响。知识产权保护对中国货物贸易出口技术复杂度的影响实证检验结果表明，知识产权保护可以通过研发投入、FDI 和进口贸易等途径提升中国制造业出口行业的技术复杂度；分行业类型的回归结果显示，知识产权保护强度对技术密集型行业出口技术复杂度的提升作用要大于其对劳动和资本密集型行业出口技术复杂度的提升作用，即知识产权保护的影响效应呈现一定程度的行业差异性。其主要原因是不同行业的生产技术结构不同，技术密集型行业的研发强度更大，更注重知识技术的创新，对知识产权保护制度的变化更加敏感；而劳动密集型行业大多属于低附加值加工工业，对技术创新要求较低，因而知识产权保护对其影响较小。各省（市、区）知识产权保护强度对省级层面制造业出口技术复杂度影响的实证检验结果表明，各省（市、区）知识产权保护强度对制造业出口技术复杂度的提升作用显著且稳定；分地区的回归结果显示，东部地区知识产权保护强度对制造业出口技术复杂度的影响回归系数值大于中部地区的回归系数值，而中部地区知识产权保护强度的回归系数值又大于西部地区的，表明知识产权保护强度对各省（市、区）制造业出口技术复杂度的提升作用因各地经济发展特征不同而呈现一定的差异性。构造多元线性回归模型分析知识产权保护对中国整体服务贸易出口技术复杂度的影响，结果表明知识产权保护强度的提高显著提升了服务贸易出口技术复杂度，符合理论预期。

（6）基于中国货物贸易和服务贸易出口比较优势的测算数据，实证考察了知识产权保护强度对中国货物和服务贸易出口比较优势的影响。知识产权保护对中国货物贸易出口比较优势影响的实证分析结果显示，货物贸易出口比较优势存在显著的动态效应，即前期的比较优势水平对当期的货物出口比较优势有显著的影响。知识产权保护强度对货物贸易出口比较优势的影响效果呈现先增后减的倒 U 形发展趋势，说明知识产权保护强度对工业行业出口比较优势的影响有一个“度”的限制。分类型行业的回归结果显示，知识产权保护强度对中国劳动密集型行业出口比较优势的影响不显著，对资本和技术密集型行业出口比较优势的影响显著。这主要与行业对知识产权保护依赖程度不同有关，多数劳动密集型行业技术含量低，对知识产权保护的要求不高，因此知识产权保护强度的提高对其比较优势的提升作用就不太明显。而技术密集型行业通常拥有较多的发明专利，依赖知识产权保护制度给予其发明专利严格有效的保护，因此知识产权保护强度对其比较优势的提升作用会非常显著。构造多元线性回归模型，运用普通最小二乘法分析知识产权保护强度、服务业劳动力数量、劳动力受教育程度、服务贸易开放程度、服务业外商直接投资和网络基础设施对中国整体服务贸易出口比较优势的影响，结果表明我国知识产权保护强度的提高对服务贸易出口比较优势的影响作用不显著。

笔者分析，主要的原因在于样本期间的中国具有出口比较优势的服务部门中除了计算机与信息服务，其余的服务部门大多属于劳动力和资源密集型服务业，对知识产权保护的依赖程度和敏感性均较低；而对知识产权保护依赖程度较高的知识和技术密集型服务部门在样本期间大多具有比较劣势，对著作权、版权、商业秘密等服务贸易中的知识产权保护重视程度不够。因此，不够完善的知识产权保护制度难以促进服务贸易出口比较优势的提升。

知识产权保护对中国出口贸易量、出口贸易技术复杂度及出口比较优势的实证分析结果表明，知识产权保护作为一种重要的制度安排，为解释中国贸易量的增长、出口技术复杂度的提升及贸易比较优势的转型提供了新的思路。中国出口贸易持续、稳定的发展和出口商品结构的优化升级需要更加合理和完善的知识产权保护制度。如何进一步将出口贸易所依托的以低廉劳动力成本为主要优势逐步转为以知识产权保护等良好的制度为主要优势，是理论界需要深入研究的重大问题。

第二节　政策建议

由实证检验可知，知识产权保护、人力资本、物质资本、研发投入等对中国出口贸易规模、出口技术复杂度及出口比较优势都会产生不同程度的影响。因此，为了更好地发挥知识产权保护制度对中国货物和服务贸易出口的促进作用，进而加速贸易结构的优化和产业结构的升级，本书提出了相应的政策建议。

一、国家层面的知识产权政策建议

(1) 制定适宜的知识产权保护法规和简化授权程序。中国政府应加强知识和技术密集型行业的知识产权立法，以利于提升出口贸易品质。前文的研究结果表明，不同出口行业对知识产权保护强度变化具有不同的敏感度，劳动和资源密集型行业由于知识和技术含量较低，故对知识产权的保护要求也低，而知识和技术密集型行业则对知识产权保护有较高的要求。因此，知识产权保护立法需要考虑到不同行业的特征，针对不同行业对知识产权保护的不同敏感度实施“梯级”或者差异化的知识产权保护政策。例如，对于劳动密集型行业，制定较宽松的知识产权保护政策，既可以鼓励其发明创新，也可以促进其标准化批量生产，进一步提升劳动密集型行业的出口比较优势和扩大出口贸易规模；对于知识和技术密集型行业，需要制定较严格和细化的知识产权保护政策，既可以激励国内自主创新和研发，也可以有效保护自主知识产权免遭侵权威胁。

由于发展中国家的研发投入较发达国家低，许多出口行业的技术发展水平不高，不可避免地需要从发达国家购买或引进一些高、精、尖的专项技术，以更好地促进本国科学技术的发展和提升出口产品的质量，因此，发展中国家在制定相关的知识产权保护法律法规时需要从国情出发，这样才能充分发挥知识产权保护对其出口行业发展的促进和推动作用。中国作为发展中国家中的一个大国，也需要合理利用 WTO 等国际组织机构制定的规则，采用适宜的知识产权保护强度。由于知识产权具有一定的时间性，知识产权所有人的专有权利需要在有效期内得到严格的保护，才能激励其进一步开展创新发明活动。如果对该专有权的保护过松，那么模仿、仿制甚至剽窃都可能会大量出现，进而使知识产权所有人的权益受到严重损害；如果采取极其严格和较长期的保护，又会阻碍先进技术的传播和扩散，进而影响整个社会的发展。因此，知识产权相关立法机构需要根据不同行业性质、不同发明专利及不同保护期限，制定相适宜的知识产权保护法规。

此外，对于创新企业来说，投入大量的人、财、物进行发明创新，进而申请专利保护，常会因长时间等待专利授权而丧失获得丰富利润的机会，尤其是更新升级换代较快的产品，随着产品生命周期的缩短，其损失的程度也在不断加大。因此，需要政府合理简化专利申请受理和授权的程序，以利于企业降低专利申请、专利维持及处理专利纠纷方面的费用支出，使企业能够以较低的成本支出得到合理有效的保护。这一举措也能很好地激励企业开展研发创新活动。

（2）重视加大知识产权执法保护力度。知识产权执法是对知识产权相关的实际规则的执行。具体来说，国家行政机关根据知识产权保护的法律法规，采用法定职权对知识产权侵权纠纷等实施专业性的法律保护，其主要目的是确保一国知识产权法律制度合理有效地发挥作用。由于自主创新能力的局限，伴随着我国对外贸易高速增长而出现的知识产权纠纷日益增多。因此，加大知识产权执法力度，采取积极有效的知识产权执法措施，就成为一项重要的议题。

以美国为代表的发达国家，一直都是世界知识产权的重要输出国，其推出的《跨太平洋伙伴关系协议》将知识产权执法标准提高到一个远远高于 TRIPs 的水平。这在一定程度上也暗示着国际知识产权执法制度的高标准趋势将不可避免。为了适应新的形势变化，中国政府一方面需要善于利用当前的 WTO 规则，维护 TRIPs 执法规则中的弹性空间，面临知识产权纠纷时能积极有效地利用 WTO 的争端解决机制；另一方面，需要加强与其他国家的合作，尤其需要充分联合广大的发展中国家，共同争取成为国际知识产权执法新规则的制定者。只有成为规则的制定者，才有可能获得更多的主动权，才能更好地维护本国的利益。

为更好地解决知识产权执法力度不足的问题，一方面需要建立知识产权保护协调机构，加强各执法部门之间的沟通；另一方面需要借鉴和吸收他国在知识产权执法方面的良好经验，努力提高本国的知识产权执法水平。例如，美国政府对严重的知识产权侵权犯罪给予刑事处罚，如此重的惩罚使得个人和企业都不敢轻易侵权；欧盟国家逐渐赋予海关更大的权力，积极完善知识产权边际保护的处理程序，扩大海关保护的知识产权范围，同时加强知识产权执法方面的培训；韩国建立了专利法院，作为专门的知识产权行政法院。

(3) 加强知识产权人才的培养。改革开放至今，中国开设知识产权本科专业教育的国内高等院校非常少，培养的人才数量根本无法满足社会经济发展的需要。由于知识产权是一门综合性很强的学科，因此专业型人才需要具备法律、经济、科技、管理等多学科交叉融合的知识结构。目前我国的知识产权人才培养仍以专业法律知识为主，且偏重法学理论教育，轻实践环节的教学。在这方面，德国较成熟和完善的知识产权人才培养模式值得我国借鉴。德国政府极其重视知识产权人才队伍的培养和建设，除了通过大学、研究所等科研机构加强对专业型人才的培养以外，对行政官员、执法人员、企业法律人才也不定期地开展知识产权实务培训。德国法学院知识产权专业的学生完成学业后必须通过国家司法考试获得法律见习员的身份，然后以见习生身份到法院、检察院和律师事务所完成两年至两年半的见习，再通过一次国家司法考试，才能成为完全有资格从事法律事务的工作人员。因此，德国将法律实践完整纳入知识产权人才培养方案中，要求学生必须将理论与实践相结合，才能成为专业型人才。此外，德国政府还对现有从事法律、经济、技术等工作的专业人员进行跨学科的培训，鼓励非法律专业的技术人员参加专利律师资格培训课程，进而培养出具有多学科背景的复合型专业人才。目前我国既懂法律、经济，又掌握技术且熟悉国际知识产权规则的专业型人才非常稀缺，因此有必要认真地借鉴德国的知识产权人才培养模式，用以缓解我国知识产权人才大量缺口的问题。

除了需要加强知识产权服务型人才培养外，关于知识产权教研型人员、行政管理和执法人员的培养也是不容忽视的。因此，一方面，需要定期加强对知识产权教学研究人员的进修学习，例如可以分批次到德国等知识产权人才培养较完善的国家进行交流与学习；另一方面，需要为行政管理和知识产权执法人员制定合理的实务培训规划，以适应经济发展形势的变化和更好地提升我国的知识产权保护水平。

二、行业协会层面的知识产权政策建议

行业协会是中观层面实施知识产权保护制度的重要力量之一，在加强企业与政府之间的沟通和联系，促进知识产权信息在企业间交流，组织企业进行共同维权等多方面发挥着重要的中介作用。强化行业协会在知识产权创新和保护方面的政策建议主要有如下几点：

(1) 积极协助知识产权立法和执法工作，完善知识产权制度建设。

首先，行业协会要积极推动政府在知识产权立法方面的建设工作。

一是行业协会要积极承接政府在制订知识产权相关法律法规时需要进行的企业调研。相对于政府部门，行业协会与企业的联系更紧密，对所属协会成员的技术创新、专利申请和授权等信息的掌握更加充分。行业协会要积极发挥政府与企业之间的纽带作用，一方面，要以主人翁的精神较全面地收集和整理企业在知识产权保护立法建设方面的各种诉求，另一方面，要及时将诉求转化为合理的意见和建议，

然后反馈给相关政府部门，以便有效促进知识产权相关立法的修改和完善。

二是行业协会要充分挖掘已经在协会内部制订并开始实施的知识产权行规行约等自律性规范化文件，形成建设性的立法建议，推动知识产权立法改革与创新。企业作为协会成员单位，大多能遵守行业协会的相关规定，对协会制订的知识产权保护相关的规范基本达成共识。因此，这些知识产权自律性规范化文件可以为知识产权立法提供有利的借鉴。

其次，行业协会要发挥在知识产权执法方面的支持与协助作用。知识产权执法工作是知识产权保护制度建设方面的重要一环，完善的知识产权保护立法必须与有力的执法相结合，才能构筑牢固的知识产权保护体系。行业协会要积极协助政府执法部门在执法过程中的调查取证和信息收集工作，发挥中介桥梁作用。行业协会协助执法既有利于降低执法部门的执法成本，也有利于对违法企业进行协调和再指导，提高执法效率。此外，行业协会通常掌握了本领域较全面的专业知识，对知识产权违法行为一般有初步的判定意见，要及时发现政府执法部门在执法过程中出现的问题并提出合理的修改建议，促进知识产权执法工作有序进行，提高企业对知识产权执法的满意度。

(2) 积极协调和搭建知识产权信息服务平台。由于商标注册、专利申请等与贸易相关的知识产权信息专业性较强且信息量较大，单家企业难以在短时间内搜寻和收集所需的专业信息。代表企业共同利益的行业协会要起牵头和引路人的作用，积极与政府相关部门，尤其是与国家及各地方的知识产权局沟通，建立行业性知识产权专有信息服务平台。一般而言，行业协会的各企业成员是自愿加入的，协会领导人是经过成员大会推举产生的，在协会中具有较高的声望，因此，协会领导人要充分利用协会成员给予的信任和支持，协调各方力量，按照细分专业领域进行商标注册、专利申请与授权等基础数据信息的统计和整理，以此建立更细化的行业知识产权信息数据库。除知识产权专利信息外，信息服务平台还应将本行业发展趋势、国内外市场变化情况、企业知识产权成果推广等重要信息及时对企业成员发布，以便各成员能更迅速、更全面、更准确地获得可靠的相关信息服务。由于新技术和新发明产品对市场需求和利润率的影响通常较大，对于一些技术更新和升级较频繁的出口产品，行业协会及时收集和发布相关统计信息对企业生产和出口决策安排非常重要。行业协会要充分利用在知识产权成果推广方面具有的优势，及时发现行业内新的技术发明、组织开展技术成果的鉴定和推荐高新技术产品，让信息平台发挥真正的“共享”和“服务”作用。此外，行业协会可以利用信息服务平台，定期邀请知识产权专家开展公益性讲座和知识产权研讨，积极向企业宣传与知识产权相关的法律知识，尤其是让企业理解什么样的技术改进和产品创新才是符合法律要求的，不断提高企业的知识产权保护意识。

（3）行业协会要积极发挥集体维权和行业调解的作用。知识产权海外维权的众多实践表明，涉外应诉费用高昂且耗时长，高额的应诉成本让很多国内企业“大伤元气”，其中有不少企业因为无力承担高额诉讼费而直接放弃认输。由此可见，单家企业独立应诉的力量是非常薄弱的。实践中，同一行业内经常出现多家企业同时面临知识产权诉讼纠纷的困扰，一方面，这些企业可以联合起来，相互合作共同应诉，另一方面，行业协会要积极采取行动，维护本行业企业的合法权益。行业协会的领导人通常是本行业的专家，具有丰富的专业知识和应对相关知识产权纠纷的组织应变能力。随着中国制造的产品和提供的服务越来越多地进入海外市场，中国在激烈竞争的国际市场上不可避免地会面临知识产权壁垒及相关调查。国际社会中的行业协会作为本行业企业共同利益的维护者，在解决企业集体纠纷方面有着大量的先例。许多知识产权诉讼案件往往耗时长达数年，单家企业“单打独斗”的方式不适合打“持久战”，而行业协会可以充分整合成员企业的资源，主动与政府相关部门沟通和协调，集中力量去应对纠纷，在维权方面充分发挥集体的力量和优势。此外，行业协会内部可以成立知识产权纠纷调解领导小组，广泛吸纳复合型知识产权人才。由于专利申请、知识产权成果转化及技术应用推广等各环节都会面临许多技术和法律方面的问题，因此纠纷调解领导小组需要既掌握产品专业技术知识，又拥有法律知识的复合型知识产权人才。知识产权纠纷调解领导小组专门负责设计各种类型的知识产权纠纷处理方案和流程，以提高解决纠纷的效率，尽可能地减少纠纷给企业带来的不必要损失。通过制订本行业内部的维权规范章程，行业内企业成员之间发生的知识产权纠纷可在纠纷调解领导小组的指导下较快速地解决，对类似的侵权行为起到一定的警示作用。对于出口海外市场中遭遇的行业集体知识产权纠纷，纠纷调解领导小组应及时采取相应的应对策略，与国外相关协会积极沟通，为国内企业提供合理的帮助，充分发挥协会的集体力量和优势。

三、企业层面的知识产权政策建议

（1）建立企业专有知识产权人才库。随着知识经济和经济全球化的深入发展，现代企业之间的竞争已经不再局限于土地、劳动力、资本等传统生产要素之间的竞争，无形的知识产权逐渐成为企业乃至一国或地区的核心主导生产要素之一。因此，为适应新的竞争形势，企业必须构建知识产权保护战略，以赢得更加广阔的生存和发展空间。

首先，企业需要树立良好的知识产权保护理念，完善知识产权保护相关人才的配备。思想决定行动，企业自身只有具备了强烈的知识产权保护意识，才会积极采取各种有力措施。已有统计数据显示，我国大部分企业的知识产权保护相关人员的配备远远不能够满足实际需求。表面上看来，许多企业都设置了知识产权保护管理机构，也建立了一些规则和规章，但是知识产权管理人员大多是兼职的，专门管理和研究知识产权保护的人员配备较少。尤其是非科技制造型企业，其知识产权管理机构大多未安排相应人员，几乎是形同虚设。还有一部分企业只有在自身遇到侵权被起诉或者发现被侵权，需要寻求法律援助时才开始意识到知识产权保护的重要性。在知识竞争如此激烈的环境下，企业从开始成立之初就需要建立较完备的知识产权人才储备库，特别是要重视专有知识产权人才队伍的建设。其次，利用激励机制促使企业员工自觉增强知识产权保护意识。企业可以通过多种途径对员工进行相关的知识产权保护培训，提高每一位员工的知识产权保护意识，形成良好的企业文化。如果只有专职的知识产权保护管理人员具备知识产权保护意识，而其他部门员工不具有或者说只有非常薄弱的知识产权保护意识，那么决策层在做与知识产权保护密切相关的企业研发、生产等决策时很可能就会遭遇到较大的阻力，由此可能导致两个方面的不良后果：其一，有可能因为阻力过大，而终止原本可行的决策；其二，可能需要投入更多的时间和人力去做解释说明才能执行初始的决策。由于知识产权保护涉及的不仅仅是法律专业知识，还与经济、技术等多学科联系紧密，因此企业各部门管理人员需要有知识产权保护相关知识背景，才能更科学、更有效、更经济地管理好企业。非知识产权保护管理部门的新员工入职时，企业须重视并加强对其进行知识产权保护相关的教育、培训和实践，通过有效的教育和培训使员工的知识产权保护意识能够得到较大幅度的提升，进而逐步形成自觉遵守知识产权保护制度的良好企业文化。为了让员工能更自觉地参与与知识产权保护相关的培训和学习，企业需要采取适当的激励机制，例如在绩效考核等方面增加知识产权保护培训学习的考核，评选年度“知识产权保护学习之星”等。

其次，企业领导者要加强对知识产权保护相关内容的学习。企业领导者的一举一动都关乎企业的发展。一方面，具备知识产权保护专业知识的领导者在遇到知识产权保护相关纠纷时通常会保持较冷静和客观的心态，也会更加积极地去面对困难，寻求合理的帮助，有效地处理纠纷；另一方面，经历过知识产权保护相关培训的领导者会更加重视企业自身的研发创新，鼓励专利发明并将其转化为新的企业竞争力，使企业在激烈的国际市场竞争中立于不败之地。对于出口外向型企业而言，领导者是否具有知识产权保护相关知识背景就显得更加重要了。出口产品是否受到进口目的国的知识产权保护，是否会侵犯进口国其他企业的知识产权，这两个问题是任何一家出口企业在做出口决策时必须考虑的核心问题之一。

(2) 加大研发投入，开展自主创新。专利发明离不开创新，创新需要大量的实验和充足的资金，因此需要企业加大研发投入，积极开展自主创新活动。首先，生产出口制成品的企业应该根据自身的产品性质，及时通过专利查询检索，了解并掌握最新的科技成果动向。这样既可以回避已有专利，又可以通过掌握前沿动态更快速地进入创新阶段。由于经济发展水平较低，中国企业的独立研发能力较薄弱，其出口产品的自主知识产权含量较低，在国际市场上缺乏足够的竞争力。基于此，国内出口企业不仅需要加大研发生产环节的资金投入，也需要加强对科技创新人才的培养和激励方面的投入。企业自有的研发团队人数是有限的，遇到研发瓶颈时需要积极借助外力。例如，企业可以与国内外相关科研机构、高等院校开展合作，共同攻克研发难题。与此同时，加强对科技人员的培养和给予科研人员适当的激励也可以为企业的技术创新提供源源不绝的动力支持。鼓励企业研发人员参加科研机构和高等院校开办的多种形式的学习和培训班，让员工始终保持“与时俱进”的工作状态。采取物质、精神等各种激励方式对企业内部的发明创新给予肯定和奖励，让员工深刻认识到发明创造能够获得相应的报酬，形成良好的发明创新型企业文化氛围。其次，需要及时为自主研发创新成果申请专利，将创新成果的知识技术优势转化为企业的市场竞争优势。在技术日新月异的时代，发明创新成果若不能及时申请专利，就不可能得到相关知识产权的保护。而一旦被别的国家或别的企业抢先申请专利，带来的损失将是无法估量的。特别是需要长时间和重投入的产品或技术，其付出的代价更是巨大。此外，由于知识产权具有明显的地域性特征，国内出口企业将产品出口到其他国家时一定要先了解清楚目的市场国的知识产权保护政策，明确该产品是否涉及侵权；如果未侵权，属于自己研发创新的产品，需要主动申请国外专利，以期获得有效的专利保护，避免不必要的纠纷和损失。及时有效地为发明创新成果申请专利也是企业获得知识产权优势的必要途径。在此基础上，企业需要进一步将知识产权优势转化为企业持续的市场竞争力。

（3）大幅提升出口产品的竞争力。近几年中国劳动力成本持续上升，“两头在外”的加工贸易不再拥有传统的劳动力比较优势了，中国出口产品在国际市场上的竞争力因此不断减弱。与此同时，东南亚、拉美等地区由于仍然拥有充足的劳动力，其出口制造业依然可以保持低生产成本，由此导致中国在国际市场上面临强劲的竞争对手，中国作为“世界工厂”的历史有可能会被改写。低端制造业需要充足廉价劳动力的支持，而当今的中国越来越不具备这一优势，因此必须转变思路，借助知识产权制度优势来提升出口产品的竞争力。

首先，知识产权具有排他性和独占性。出口企业需要充分利用知识产权的这些特性，加强研制新产品、新工艺，及时申请专利保护，使其具有自主知识产权，才能获得更高的出口竞争力。

其次，充分利用现有的行业比较优势来提升出口竞争力。要结合中国产业发展的现状特征，积极探索和发现各行业的比较优势，尤其是具有中国特色的比较优势。在现有行业比较优势的基础上，探寻新的发明创造，以期获得知识产权优势。例如，中国的中医药行业，应进行合理有效的规划，改进中医药配方或将其融入现代化制药方法，以研制出众多的新药，为攻克各种疾病提供新方法和新经验。由此生产制造出来的药品具有较强的出口市场竞争力，因为中药制药技术不容易被模仿。而这些新的研制方法和新的药品都可以申请专利，在专利有效保护期内可得丰厚的利润。

最后，企业需要充分利用国家提出的新兴战略性产业扶持政策，抓住机遇，不断提升相关行业的出口竞争力。中国企业目前处于政治环境、制度环境和发展机遇都相当好的时期，能否合理利用当前国家的政策支持关系到能否实现产业升级转型和出口产品竞争力的有效提升。

第三节　研究的不足与展望

本书研究知识产权保护对中国出口贸易的影响，具有较强的理论意义和现实意义。本书对影响机制进行了系统的理论分析和实证检验，所做的工作还只是一种粗浅尝试，主要存在以下几个方面的不足，有待进一步更加深入地研究和拓展。

（1）本书使用计量分析方法，仅对中国加强知识产权保护强度对其出口贸易量、出口贸易技术复杂度和整体出口比较优势的影响效应进行了初步的研究，分析方法比较单一。关于知识产权保护对出口贸易的影响机理的分析较浅显，没有构建一个全面且系统的模型框架，属于比较静态的分析，且分析不够完整。例如，不同行业的知识产权保护期限有差异，不同产品的生命周期有差异，经济发展也有阶段性，这些在理论分析时没有进行细化考虑。上述这些都需要在后续的研究中考虑进去。

（2）关于知识产权保护立法强度的测算，本书主要借鉴 Park（2008）对 G-P 指标体系的修正方法。在计算专利法覆盖程度指标得分时考虑是否可以申请专利，计算参与国际条约程度指标得分时增加了《布达佩斯微生物条约》和 TRIPs 两项的评分。本书构建知识产权执法强度指标时借鉴韩玉雄 等（2005）和姚利民 等（2009）的研究，分别从社会法制化程度、法律体系的完备程度、政府的执法效力、公众的知识产权保护意识等方面选取适当的变量进行测算。由于执法力度的衡量比较复杂，这些变量的选取不可能采用完全客观的方法，也不能完全精确地衡量中国现有的知识产权执法力度，因此综合构建一个更加全面的执法力度指标体系并加以实证检验，将会大大增加研究结论的准确性与可信性，这也是下一步研究中值得拓展的方向。

（3）本书第六章实证分析知识产权保护对中国货物贸易出口二元边际的影响效应，只重点考察了知识产权保护对中国产品层面的出口贸易扩展边际和集约边际的影响，并没有检验知识产权保护对中国企业层面出口贸易的影响。根据异质性贸易理论，企业的出口行为具有显著的差异性。因此，运用企业层面的出口数据，分析知识产权保护对其出口行为的影响是下一步研究的重点方向。当然，这一拓展需要建立在完善的企业数据基础上。

（4）本书的研究视角局限于中国，研究中国知识产权保护对出口贸易的影响，但是每个国家都有自己的独特国情，因此所研究的结果并不适用于其他发展中国家。将中国的情况与其他发展中国家进行对比分析，可以丰富本书的研究结论，是下一步值得拓展的一个方向。

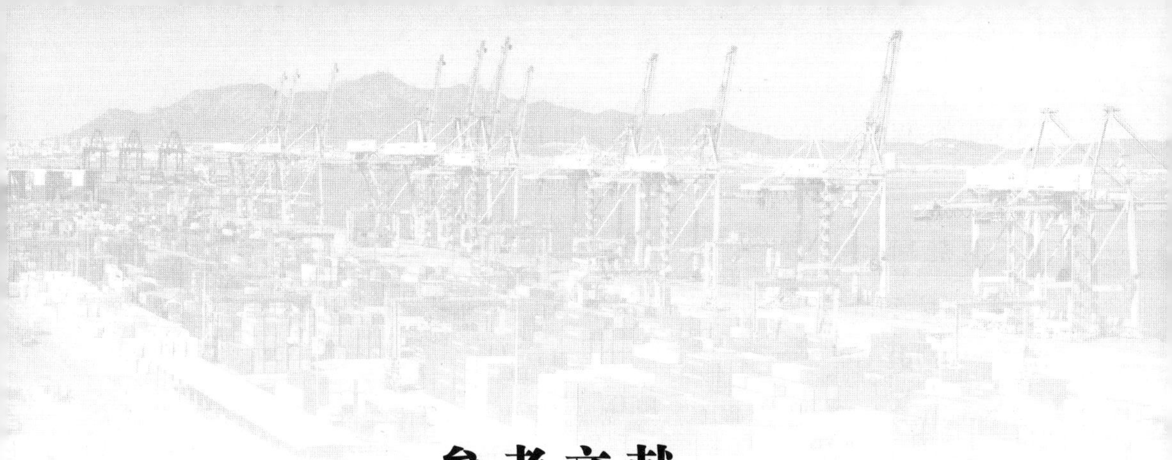

参考文献

◎ 安树伟，常瑞祥，2017. 中国沿海地区生产性服务业与制造业空间关系演变研究：基于 113 个城市面板数据的分析 [J]. 中国软科学（11）：101-110.

◎ 包群，阳佳余，2008. 金融发展影响了中国工业制成品出口的比较优势吗 [J]. 世界经济（3）：21-33.

◎ 保永文，2017. 知识产权保护、技术引进与中国制造业技术创新：基于面板数据的实证检验 [J]. 国际贸易问题（6）：38-49.

◎ 陈虹，章国荣，2010. 中国服务贸易国际竞争力的实证研究 [J]. 管理世界（10）：13-23.

◎ 陈启斐，2013. 扩大内需与出口贸易：基于中国省级数据的分析 [J]. 中国经济问题（4）：3-11.

◎ 陈启斐，王晶晶，岳中刚，2014. 扩大内需战略能否扭转我国服务贸易逆差：来自我国和 23 个 OECD 国家的面板数据分析 [J]. 国际贸易问题（2）：86-95.

◎ 陈勇兵，陈宇媚，周世民，2012. 贸易成本、企业出口动态与出口增长的二元边际：基于中国出口企业微观数据：2000—2005[J]. 经济学（季刊）（4）：1477-1502.

◎ 程大中，2015. 中国参与全球价值链分工的程度及演变趋势：基于跨国投入—产出分析 [J]. 经济研究（9）：4-17.

◎ 代中强，2010. 实际知识产权保护、模仿创新与自主创新 [J]. 经济评论（6）：85-97.

◎ 代中强，梁俊伟，孙琪，2015. 知识产权保护、经济发展与服务贸易出口技术

复杂度 [J]. 财贸经济（7）：109-122.

◎ 戴翔，2013. 中国服务贸易出口增长的数量、价格及种类分解 [J]. 国际贸易问题（9）：101-110.

◎ 戴翔，金碚，2014. 产品内分工、制度质量与出口技术复杂度 [J]. 经济研究（7）：4-18.

◎ 丁平，2007. 中国服务贸易国际竞争力的影响因素分析与对策 [J]. 世界经济研究（9）：49-56.

◎ 丁文君，庄子银，2014. 南方最优知识产权保护水平与南方企业自主创新 [J]. 技术经济（4）：33-43.

◎ 费娇艳,2018. 中国服务贸易国际竞争优势比较研究 [J]. 国际经济合作（5）:4-40.

◎ 顾国达，郭爱美，2013. 金融发展与出口复杂度提升：基于作用路径的实证 [J]. 国际经贸探索，29（11）：101-112.

◎ 韩玉雄，李怀祖，2005. 关于中国知识产权保护水平的定量分析 [J]. 科学学研究（23）：377-382.

◎ 何刚，吕金梅，衡连伟，等，2015. 人力资本对区域经济发展的贡献率研究：以安徽省为例 [J]. 江淮论坛（3）：76-80.

◎ 何树全，2007. 中国服务出口比较优势与出口结构的变化：基于显示性比较优势指数的实证分析 [J]. 山西财经大学学报（12）：29-35.

◎ 贺卫，伍星，高崇，2005. 我国服务贸易竞争力影响因素的实证分析 [J]. 国际贸易问题（2）：43-47.

◎ 胡超，张捷，2011. 制度环境与服务贸易比较优势的形成：基于跨国截面数据的实证研究 [J]. 南方经济（2）：46-60.

◎ 金晶，戴翔，张二震，2013. 全球要素分工背景下的中国产业转型升级 [J]. 中国工业经济（11）：57-69.

◎ 李斌，刘会红，彭星，2013. 异质型人力资本对我国服务贸易竞争力的影响：基于“钻石”模型的实证分析 [J]. 经济经纬（6）：100-106.

◎ 李凤新，刘磊，倪苹，2014. 中国产业专利密集度统计报告 [J]. 科学观察（1）:7-24.

◎ 李蕾，2018. 制造业升级对服务业发展的影响与启示 [J]. 区域经济评论（6）: 54-62.

◎ 李蕊，巩师恩，2013. 开放条件下知识产权保护与中国技术创新 [J]. 研究与发展管理（6）: 1-9.

◎ 李伟庆，唐铁球，2015. 服务外包对我国制造业与服务业升级影响的实证研究 [J]. 经济问题探索（12）: 68-72.

◎ 李小平，卢现祥，陶小琴，2012. 环境规制强度是否影响了中国工业行业的贸易比较优势 [J]. 世界经济（4）: 62-78.

◎ 李杏，侯佳妮，2018. 人力资本结构、创新与服务业企业 TFP：基于世界银行微观企业调查数据的实证研究 [J]. 山西财经大学学报（7）: 58-67.

◎ 刘洪铎，吴庆源，李文宇，2013. 市场化转型与出口技术复杂度：基于区域市场一体化的研究视角 [J]. 国际贸易问题（5）: 32-44.

◎ 刘琳，2015. 全球价值链、制度质量与出口品技术含量：基于跨国层面的实证分析 [J]. 国际贸易问题（10）: 37-47.

◎ 刘庆林，高越，韩军伟，2010. 国际生产分割的生产率效应 [J]. 经济研究（2）: 32-44.

◎ 刘思明，侯鹏，赵彦云，2015. 知识产权保护与中国工业创新能力：来自省级大中型工业企业面板数据的实证研究 [J]. 数量经济技术经济研究，32（3）: 40-57.

◎ 刘威，杜雪利，李炳，2018. 金融发展对中国出口复杂度的影响渠道研究 [J]. 国际金融研究（2）: 87-96.

◎ 刘岩，王健，杨伟，2017. 知识产权保护与高质量产品出口增长 [J]. 世界经济与政治论坛（3）: 25-42.

◎ 罗立彬，郭芮，2019-07-03. 充分挖掘中国服务贸易的比较优势 [N]. 经济参考报.

◎ 罗立彬，孙俊新，2013. 中国文化产品贸易与文化服务贸易竞争力：对比与趋势

[J]. 财贸经济（2）: 91-101.

◎ 马涛，刘仕国，2010. 产品内分工下中国进口结构与增长的二元边际：基于引力模型的动态面板数据分析 [J]. 南开经济研究（4）: 92-109.

◎ 明黎，2011. 对外服务贸易中的知识产权保护问题 [J]. 商业经济研究（5）: 78-81.

◎ 柒江艺，许和连，2011. 知识产权政策的进口贸易效应：扩张或垄断？基于中国高技术产品进口贸易的实证研究 [J]. 财经研究（1）: 68-78.

◎ 柒江艺，许和连，2012. 行业异质性、适度知识产权保护与出口技术进步 [J]. 中国工业经济（2）: 79-88.

◎ 齐俊妍，高明，2019. 服务业市场开放与服务贸易出口复杂度提升：基于 OECD-PMR 指数的实证分析 [J]. 广东社会科学（2）: 5-17.

◎ 齐俊妍，王晓燕，2016. 金融发展对出口净技术复杂度的影响：基于行业外部金融依赖的实证分析 [J]. 世界经济研究（2）: 34-45，135.

◎ 齐俊妍，王晓燕，孙静，2015.IPR 对中国高新技术产品出口竞争力的影响分析 [J]. 现代财经（1）: 92-102.

◎ 邱斌，唐保庆，孙少勤，等，2014. 要素禀赋、制度红利与新型出口比较优势 [J]. 经济研究（8）: 107-119.

◎ 沈国兵，姚白羽，2010. 知识产权保护与中国外贸发展：以高技术产品进口贸易为例 [J]. 南开经济研究（3）: 135-152.

◎ 盛斌，2002. 中国对外贸易政策的政治经济学分析 [M]. 上海：上海三联书店，上海人民出版社 .

◎ 盛斌，马涛，2008. 中间产品贸易对中国劳动力需求变化的影响：基于工业部门动态面板数据的分析 [J]. 世界经济（3）: 12-20.

◎ 盛雯雯，2014. 金融发展与国际贸易比较优势 [J]. 世界经济（7）: 142-166.

◎ 施炳展，李坤望，2009. 中国靠什么实现了对美国出口的迅速增长：基于产品广度产品价格和产品数量的分解 [J]. 世界经济研究（4）: 32-37.

◎ 史宇鹏，顾全林，2013. 知识产权保护、异质性企业与创新：来自中国制造业的

证据 [J]. 金融研究（8）: 136-149.

◎ 宋加强，王强，2014. 现代服务贸易国际竞争力影响因素研究：基于跨国面板数据 [J]. 国际贸易问题（2）: 96-104.

◎ 孙楚仁，王松，陈瑾，2018. 国家制度、行业制度密集度与出口比较优势 [J]. 国际贸易问题（2）: 33-42.

◎ 孙少勤,邱斌,唐保庆,2014. 法制建设强度与中国制造业出口动力新源泉研究 [J]. 中国工业经济（7）: 84-95.

◎ 汤二子，孙振，2012. 研发对企业出口贸易的影响研究 [J]. 研究与发展管理，24（6）: 87-95.

◎ 唐保庆，陈志和，杨继军，2011. 服务贸易进口是否带来国外 R&D 溢出效应 [J]. 数量经济技术经济研究（5）: 94-110.

◎ 唐保庆，黄繁华，杨继军，2011. 服务贸易出口、知识产权保护与经济增长 [J]. 经济学季刊（10）: 154-179.

◎ 屠年松，曹宇芙，2019. 知识产权保护对服务业全球价值链地位的影响研究：基于 OECD 国家面板数据的实证研究 [J]. 软科学（6）: 37-41.

◎ 王佃凯，2011. 市场开放对服务贸易竞争力的影响：基于中国服务业市场开放的分析 [J]. 财贸经济（12）: 82-89.

◎ 王莉娜，张国平，2018. 信息技术、人力资本和创业企业技术创新：基于中国微观企业的实证研究 [J]. 科学学与科学技术管理（4）: 111-122.

◎ 王绍媛，2005. 中国服务贸易竞争力分析：基于进出口数据的指标分析 [J]. 世界经济与政治论坛（1）: 23-28.

◎ 王晓红，2008. 中国承接国际设计服务外包的技术外溢效应研究：基于中国 80 家设计公司承接国际服务外包的实证分析 [J]. 财贸经济（8）: 84-89.

◎ 王晓先，2010. 服务贸易中的知识产权保护探析 [J]. 求索（8）: 184-185.

◎ 王新华，2007. 我国服务业外商直接投资的经济增长效应：基于 9 个行业面板数据的实证研究 [J]. 国际贸易问题（9）: 70-73.

◎ 王永进，盛丹，施炳展，等，2010. 基础设施如何提升了出口技术复杂度？[J]. 经济研究（7）: 103-115.

◎ 魏方，丁鹏翔，魏思敏，2019. 信息化对中国承接离岸服务外包的影响：路径分析与实证检验 [J]. 软科学（6）: 54-59.

◎ 魏浩，巫俊，2018. 知识产权保护、进口贸易与创新型领军企业创新 [J]. 金融研究（9）: 91-106.

◎ 吴超鹏，唐菂，2016. 知识产权保护执法力度、技术创新与企业绩效：来自中国上市公司的证据 [J]. 经济研究（11）: 129-143.

◎ 谢建国，吴国锋，2014.FDI 技术溢出的门槛效应：基于 1992—2012 年中国省际面板数据的研究 [J]. 世界经济研究（11）: 74-80.

◎ 邢彦，张慧颖，2017. 生产性服务业 FDI 与制造业出口技术进步：基于知识产权保护的门槛效应 [J]. 科学学与科学技术管理（8）: 29-45.

◎ 许春明，陈敏，2008. 中国知识产权保护强度的测度及验证 [J]. 知识产权，18（1）: 27-36.

◎ 许和连，成丽红，2015. 动态比较优势理论适用于中国服务贸易出口结构转型吗：基于要素结构视角下的中国省际面板数据分析 [J]. 国际贸易问题（1）: 25-35.

◎ 许志瑜，张梦，马野青，2018. 全球价值链视角下中国服务贸易国际竞争力及其影响因素研究 [J]. 国际贸易（1）: 60-66.

◎ 姚海棠，方晓丽，2013. 金砖五国服务部门竞争力及影响因素实证分析 [J]. 国际贸易问题（2）: 100-110.

◎ 姚嘉，张家滋，2016. 人力资本、技术创新与产业发展：基于浙江省县域数据的实证研究 [J]. 当代财经（7）: 100-107.

◎ 姚利民，饶艳，2009. 中国知识产权保护的水平测量和地区差异 [J]. 国际贸易问题（1）: 114-120.

◎ 易行健，成思，2010. 中国服务贸易影响因素的实证检验 [J]. 国际经贸探索（11）: 33-38.

◎ 易先忠，张亚斌，2006. 技术差距、知识产权保护与后发国技术进步 [J]. 数量经济技术经济研究（10）：111-121.

◎ 殷凤，陈宪，2009. 国际服务贸易影响因素与我国服务贸易国际竞争力研究 [J]. 国际贸易问题（2）：61-69.

◎ 尹翔硕，申朴，2005. 论中印两国要素积累对服务贸易比较优势的影响 [J]. 复旦学报（社会科学版）（5）：121-128.

◎ 于诚，黄繁华，孟凡峰，2015. 服务贸易出口复杂度的影响因素研究：基于“成本发现”模型的考察 [J]. 经济问题探索（2）：54-62.

◎ 余长林，2010. 知识产权保护、东道国特征与出口贸易 [J]. 世界经济研究（5）：39-46.

◎ 余长林，2011. 知识产权保护与中国的进口贸易增长：基于扩展贸易引力模型的经验分析 [J]. 管理世界（6）：11-23.

◎ 余长林，2016. 知识产权保护与中国出口比较优势 [J]. 管理世界（6）：51-66.

◎ 曾珠，2009. 从比较优势、竞争优势到知识优势：日本知识产权战略对我国的启示 [J]. 经济管理（1）：146-151.

◎ 张慧颖，邢彦，2018. 服务业 FDI 与服务贸易出口技术复杂度关系研究：基于知识产权保护的动态门槛效应 [J]. 经济体制改革（1）：92-100.

◎ 张自然,2011. 考虑人力资本的中国生产性服务业的技术进步 [J]. 经济学（季刊）（1）：153-168.

◎ 赵莉，2013. 企业自主知识产权对提升我国服务贸易竞争力的研究 [J]. 管理观察（12）：4-55.

◎ 赵玉娟，2011. 服务业 FDI、资本效应与经济增长：基于服务业 FDI、制造业 FDI 和国内固定资产投资实证分析 [J]. 财经问题研究（3）：46-50.

◎ 郑秉秀，2002. 国际贸易中的知识产权壁垒 [J]. 国际贸易问题（5）：26-30.

◎ 钟晓君，刘德学，2016. 服务业外商直接投资的经济效应述评与展望 [J]. 现代经济探讨（6）：89-92.

◎ 仲伟周，陈晨，2018. 制度变迁、外商直接投资与服务业增长方式 [J]. 财贸研究（1）：27-39.

◎ 朱平芳，李磊，2006. 两种技术引进方式的直接效应研究：上海市大中型工业企业的微观实证 [J]. 经济研究（3）：90-102.

◎ 庄惠明，包婷，2014. 基于服务贸易开放度的中国服务贸易竞争力研究 [J]. 华东经济管理（1）：51-54.

◎ 卓乘风，邓峰，2018. 基础设施投资与制造业贸易强国建设：基于出口规模和出口技术复杂度的双重视角 [J]. 国际贸易问题（11）：104-119.

◎ 踪家峰，杨琦，2013. 要素扭曲影响中国的出口技术复杂度了吗？ [J]. 吉林大学社会科学学报，53(2)：106-114.

◎ ACEMOGLU D, ANTRAS P, HELPMAN E, 2007. Contracts and technology adoption [J]. The American economic review, 23(3):97-102.

◎ ALFARO L, KALEMLI - OZCAN S, SAYEK S, 2010. FDI, productivity and financial development[J]. World economy, 32(1):111-135.

◎ AMURGO-PACHECO A, Piérola M D, 2008.Patterns of export diversification in developing countries: intensive and extensive margins[R]. [S.1.]:Policy Research Working Paper.

◎ ANDERSON J E, VAN WINCOONP E, 2003. Gravity with gravitas: a solution to the border puzzle[J]. American economic review, 93(1):170-192.

◎ AWOKUSE T O, HONG Y, 2010. Does stronger intellectual property rights protection induce more bilateral trade?[J]. World development, 38(8):1094-1104.

◎ BALASSA B, 1965.Trade liberalization and revealed comparative advantage[J]. Manchester school of economics and social studies(33):99-123.

◎ BERNARD A B, JENSEN J B, REDDING S J, et al., 2009. The margins of U.S. trade [J]. American economic review, 99(2):487-493.

◎ BERNARD A B, JENSEN J B, SCHOTT P K, 2006. Trade costs, firms and productivity

[J]. Journal of monetary economics, 53(1):917-937.

◎ BESDES T, PRUSA T J, 2007. The role of extensive and intensive margins and export growth[R]. [S.1.]:NBER, No.13628.

◎ BRAGA H C, WILIMORE L N, 1991. Technological imports and technological effort: an analysis of their determinants in Brazilian firms[J]. The journal of industrial economics(34):421-433.

◎ BRANSTETTER L, FISMAN R, FOLEY C F, 2006. Do stronger intellectual property rights increase international technology transfer? Empirical evidence from U.S. firm-level panel data[J]. Quarterly journal of economics, 121(1):321-349.

◎ BRANSTETTER L, FISMAN R, FOLEY C F, 2011. Does intellectual property rights reform spur industrial development[J]. Journal of development economics, 83(1):27-36.

◎ BRANSTETTER L, LARDY N, 2006. China's emergence of globalization[R].[S.1.]: NBER, No.12373.

◎ BROWN J R, FAZZARI S M, PETERSEN B C, 2009. Financing innovation and growth: cash flows, external equity, and the 1990s R&D boom[J]. Journal of finance, 64(1):151-185.

◎ BUERA F J, KABOSKI J P, SHIN Y, 2011. Finance and development: a tale of two sectors[J]. The American economic review, 101(5):1964-2002.

◎ CHEN Y, THITIMA P, 2005. Intellectual property rights and innovation in developing countries[J]. Journal of development economics, 78(2):474-493.

◎ CHOR D, 2010. Unpacking sources of comparative advantage: a quantitative approach [J]. Journal of international economics(82):152-167.

◎ CO C Y, 2004. Do patent rights regimes matter?[J]. Review of international economics (12): 359-373.

◎ COE D T, HOFFMAISTER A W, HELPMAN E, 1997. North-south R & D spillovers

[J]. The economic journal, 107(440):134-149.

◎ COLE A, ROBERT J, SHIMAMOTO K, 2005. Why the grass is not always greener: the competing effects of environmental regulations and factor intensities on US specialization[J]. Ecological economics(54):95-109.

◎ CONNOLLY M, VALDERRAMA D, 2005. Implications of intellectual property rights for dynamic gains from trade[J]. Technology, trade and investment, 95(2): 318-322.

◎ COSTINOT A, 2009. On the origins of comparative advantage[J]. Journal of international economics(77):255-264.

◎ DELGADO M, KYLE M, MCGAHAN A M, 2013. Intellectual property protection and the geography of trade[J]. The journal of industrial economics(3):733-763.

◎ DOANH N K, HEO Y, 2007. Impacts of intellectual property rights on trade flows in ASEAN countries[J]. Journal of international and area studies, 14(1):1-15.

◎ EATON J, ESLAVA M, KUGLER M, et al., 2008. Export dynamics in Colombia: transactions level evidence[J]. Borradores de economia(522).

◎ FALVEY R, GEMMELL N, 1991. Explaining service-price difference in international comparisons[J]. American economic review, 81(5):1295-1309.

◎ FALVEYR, FOSTER N, GREENAWAY D, 2009. Trade, imitative ability and intellectual property rights[J]. Review of world economics, 145(3):373-404.

◎ FEENSTRA R C, CHANG H, HONG M, et al., 2013. Contractual versus non-contractual trade: the role of institutions in China[J]. Journal of economic behavior and organization(94): 281-294.

◎ FEENSTRA R C, SPENCE B J, 2006. Contractual versus generic outsourcing: the role of proximity[R].[S.1.]: NBER, No.11885.

◎ FEENSTRA R, KEE H L, 2004. Export variety and country productivity[J].Policy research working paper series, 74(2): 500-518.

◎ FERNANDES A M, 2009. Structure and performance of the service sector in transition economies[J]. Economics of transition, 17(3):467-501.

◎ FERRANTINO M J, 1993. The effect of intellectual property rights on inter-national trade and investment[J]. Review of world economics,129 (2):300-331.

◎ FINK C, BRAGA C P A, 2005. How stronger protection of intellectual property rights affects international trade flows[R].[S.1.]: World Bank, No. 2051:1-23.

◎ FOSTER N, 2014. Intellectual property rights and the margins of international trade [J]. The journal of international trade and economic development, 23(1):1-30.

◎ FRENSCH R, 2010. Trade liberalization and import margins[J]. Emerging markets finance & trade, 46(3):4-22.

◎ GEREFFI G, 1999. International trade and industrial upgrading in the apparel commodity chain[J]. Journal of international economics, 48(1):37-70.

◎ GINARTE J C, PARK W G, 1997. Determinants of patents rights: a cross-national study[J]. Research policy(26):283-301.

◎ GIUSEPPE D V, 2013. The TRIPs agreement and technological innovation[J].Journal of policy modeling, 35(6):964-977.

◎ GLASS A J, WU X, 2007. Intellectual property rights and quality improvement [J]. Journal of Development Economics(82):393-415.

◎ GROSSMAN G, HELPMAN E, 1990. Comparative advantage and long-run growth [J]. American economic review(80):796-815.

◎ HAUSMANN R, HWANG J, RODRIK D, 2007. What you export matters[J].Journal of economic growth(12):1-25.

◎ HINDLEY B, SMITH A, 1984. Comparative advantage and trade in services[J]. The world economy, 7(4): 369-389.

◎ HUDSON J, MINEA A, 2013.Innovation, intellectual property rights and economic development: a unified empirical investigation[J]. World development (46):66-78.

◎ HUMMELS D, KLENOW P L, 2005. The variety and quality of a nation's exports[J].

American economic review, 95(3):704-723.

◎ IVUS O, 2010a. Do intellectual property rights matter for the intensive and extensive margins of trade:empirical investigation[R]. Kyiv: Kyiv School of Economics.

◎ IVUS O, 2010b. Do stronger patent rights raise high-tech exports to the developing world?[J]. Journal of international economics, 81(1):38-47.

◎ IVUS O, 2012.The quantity, price, and variety response of U.S. exports to stronger patent protection[R]. Kingston: Queen's School of Business, Queen's University.

◎ JARREAU J, PONCET S, 2009. Export sophistication and economic growth: evidence from China[R].[S.1.]: CEPII, No.34.

◎ KRUGMAN P R, 1980. Scale economies, product differentiation, and the pattern of trade[J]. America economic review(70):950-959.

◎ LANE J, 1985. An empirical estimate of the effects of labor-market distortions on the factor content of U.S. trade[J]. Journal of political economics(18):187-193.

◎ LEVCHENKO A A, 2007. Institutional quality and international trade[J]. Review of economic studies, 74(3):791-819.

◎ LEVCHENKO A A, 2013. International trade and institutional change[J]. Journal of law economics and organization, 29(5):1145-1181.

◎ LIU W-H, LIN Y-C, 2005. Foreign patent rights and high-tech exports: evidence from Taiwan[J]. Applied economics, 37(6): 1543-1555.

◎ MANOVA K, 2013. Credit constraints, heterogeneous firms and international trade[J]. Review of economic studies, 80(2):711-744.

◎ MASKUS K E, 1998. The role of intellectual property rights in encouraging foreign direct investment and technology transfer[J]. Duke journal of comparative and international law, 9(1):109-161.

◎ MASKUS K E, PENUBARTI M, 1995. How trade-related are intellectual property rights?[J]. Journal of international economics, 39(3-4):227-248.

◎ MATSUYAMA K, 2005. Credit market imperfections and patterns of international trade and capital flows[J]. Journal of the European economic association(3):714- 723.

◎ MAWALI A N, 2005. Bilateral intra-industry trade flows and intellectual proerty rights protection: first empirical evidence[J]. Applied economics letters, 12(13): 823-828.

◎ MELITZ M, 2003. The impact of trade on aggregate industry productivity and intra-industry reallocations[J]. Econometrica, 71(6):1695-1725.

◎ MONDAL D, GUPTA R M, 2006. Innovation, imitation and intellectual property rights: a note on Helpman's model[J]. Journal of economics, 87(1):29-53.

◎ MOSER P, 2005. How do patent laws influence innovation? Evidence from nineteenth-century world's fairs[J]. American economic review, 95(4):1214-1236.

◎ MUNASIB A, ROY D, 2014. Financial reforms, product differentiation, and trade[J]. Economics letters, 123(1):37-41.

◎ NAGHAVI A, STROZZI C, 2015. Intellectual property rights, diasporas, and domestic innovation[J]. Journal of international economics, 96(1):150-161.

◎ NUNN N, 2007. Relationship-specificity, incomplete contracts and the pattern of trade [J]. Quarterly journal of economics, 122(5):569-600.

◎ PARK W G, 2008. International patent protection: 1960—2005[J]. Research policy (37):761-766.

◎ POSNER M V, 1961. International trade and technical change[J]. Oxford economic papers (New Series), 13(3):323-341.

◎ PRADHAN J P, 2007. Strengthening intellectual property rights globally: impact on India's pharmaceutical exports[J]. The Singapore economics review, 52(2):233-250.

◎ RAFIQUZZAMAN M, 2002. The impact of patent rights protection on inter-national trade: evidence from Canada[J]. The Canadian journal of economics, 35(2):307-330.

◎ RAPP R, ROZEK R P, 1999. Benefits and costs of intellectual property protection in developing countries[J].Journal of world trade, 75(77):75-102.

◎ RODRIK D, 2006. What is so special about China's exports?[J]. China and the world economy(14):1-19.

◎ SCHNEIDER P H, 2005. International trade, economic growth and intellectual property rights: a panel data study of developed and developing countries[J]. Journal of development economics(78):529-547.

◎ SCHOTT P K, 2008.The relative sophistication of Chinese exports[J]. Economic policy, 53(1):5-49.

◎ SCHULER P, 2002.Institutions, international trade and the post-socialist transition [D]. Washington D.C.: The University of North Maryland.

◎ SHERWOOD R M, 1997. Intellectual property systems and investment stimulation: the rating of systems in eighteen developing countries. IDEA[J]. Journal of law and technology, 37(2):261-370.

◎ SIRARI A S, BOHRA N S, 2011. Foreign direct investment (FDI) in India service sector (a study of post liberalization)[J]. International journal of economics and research, 2(2):10-18.

◎ SMITH P J, 1999. Are weak patent rights a barrier to U.S. exports?[J]. Journal of international economics, 48(1):151-177.

◎ SMITH P J, 2001. How do foreign patent rights affect U.S. exports, affiliate sales, and licenses?[J]. Journal of international economics, 55(2):411-439.

◎ SWEET C M, MAGGIO D, 2015. Do stronger intellectual property rights increase innovation?[J]. World delopment(66):665-677.

◎ TAYLOR M S, 1994. TRIPs, trade and technology transfer[J]. Canadian journal of economics, 26(3):625-638.

◎ VICHYANOND J, 2009. Intellectual property protection and patterns of trade[R]. [S.1.]: CEPS, No. 197.

◎ WENG Y, YANG C-H, HUANG Y-J, 2009. Intellectual property rights and U. S.

information goods exports:the role of imitation threat[J]. Journal of cultural economics, 33(2):109-134.

◎ YANG C H, WOO R J, 2006.Do stronger intellectual property rights induce more agricultural trade:a dynamic panel data model applied to seed trade[J]. Agricultural economics, 35(1): 91-101.

◎ YANG G,MASKUS K E, 2001. Intellectual property rights and licensing: an econometric investigation[J]. Review of world economics, 137(1):58-79.

◎ YANG G, MASKUS K E, 2003. Intellectual property rights, licensing and innovation in an endogenous product cycle model[J]. Journal of international economics(53): 169-187.

◎ YANG G, MASKUS K E, 2009. Intellectual property rights, technology transfer and exports in developing countries[J]. Journal of development economics(90): 231-236.